南无本师释迦牟尼佛

全知麦彭仁波切

中观庄严论释

〔清〕全知麦彭仁波切 著

索达吉 译

西藏藏文古籍出版社

图书在版编目（CIP）数据

中观庄严论释 /（清）全知麦彭仁波切著；索达吉译．
—拉萨：西藏藏文古籍出版社，2019.1
ISBN 978-7-80589-482-9

Ⅰ．①中… Ⅱ．①全… ②索… Ⅲ．①中观派—研究 Ⅳ．①B946.9

中国版本图书馆 CIP 数据核字（2014）第 052987 号

中观庄严论释

作　　者　（清）全知麦彭仁波切 著　索达吉 译
责任编辑　郭晓斐　唐　傲
装帧设计　一时文化
出　　版　西藏藏文古籍出版社（拉萨市色拉路 22 号 邮编：850000）
第二编辑部（北京）：北京市东土城路 8 号林达大厦 A 座 13 层
邮编：100013　电话：010-64462318
打击盗版：0891-6649998 13908990085
印　　刷　北京盛通印刷股份有限公司
经　　销　全国新华书店
开　　本　16 开（710×1 000）
印　　张　20.5
彩　　插　4 页
字　　数　270 千
版　　次　2019 年 1 月第 1 版
印　　次　2019 年 1 月第 1 次印刷
印　　数　1—8000
标准书号　ISBN 978-7-80589-482-9
定　　价　59.00 元

目　录

中观庄严论释科判

中观庄严论颂

静命菩萨　著
索达吉　译

梵语：玛叠玛嘎阿朗嘎绕嘎热嘎

藏语：哦莫坚戒策累哦雪巴

汉语：中观庄严颂

顶礼文殊童子！

自他所说法，此等真实中，
离一及多故，无性如影像。
果实渐生故，常皆非一性，
若许各果异，失坏彼等常。
说修所生识，所知无为法，
彼宗亦非一，与次识系故。
前识所了知，自性若随后，
前识亦变后，后亦成前者。
前后之诸位，彼体若不现，
当知彼无为，如识刹那生。

设若依前前，刹那威力生，
此不成无为，如心与心所。
若许诸刹那，此等自在生，
不观待他故，应成恒有无。
非具功用力，许彼立何用？
论黄门俊丑，欲者观何益？
除非刹那性，无法说人有，
是故明确知，离一多自性。
异方相联故，诸遍岂成一？
障未障实等，故粗皆非一。
许粘或环绕，无间住亦尔。
倘若有者言：位中之微尘，
朝一尘自性，向余尘亦然。
若尔地水等，岂不得扩张？
若许朝余尘，面另居他处，
极微如何成，无分唯一性？
微尘成无性，故眼实体等，
自他说多种，显然无自性。
彼性彼组合，彼德彼作用，
彼总别亦尔，彼等与彼聚。
遣除无情性，识方得以生，
凡非无情性，此乃自身识。

一无分自性，三性非理故，
彼之自证知，非为所能事，
故此为识性，自证方合理，
境自性他法，彼将如何知？
彼性他无有，何故知己彼？
能知所知事，许为异体故。
识有相派许，彼二实异体，
彼如影像故，假立可领受。
不许以境相，转变之识宗，
彼觉外境相，此事亦非有。
一识非异故，行相不成多，
是故依彼力，境则无法知。
未离诸相故，识不成唯一。
非尔如何说，此二为一体？
于白等诸色，彼识次第现，
速生故愚者，误解为顿时。
藤条词等心，更是极速生，
同时起之心，此刻何不生？
唯一意分别，亦非次第知，
非为长久住，诸心同速生。
是故诸对境，不得次第取，
犹如异体相，顿时取而现。

火烬亦同时，起现轮妄相，
了然明现故，现见非结合。
如是结诸际，由忆念为之，
非取过去境，故非依现见。
成彼对境者，已灭故非明，
为此显现轮，不应成明现。
倘若如是许：现见画面时，
尽其多种识，同一方式生。
若尔虽认清，白等一分相，
上中边异故，能缘成种种。
微尘性白等，唯一性无分，
呈现何识前，自绝无领受。
五根识诸界，乃缘积聚相，
心心所能缘，立为第六识。
外宗论亦许，识不现唯一，
以具功德等，实等所缘故。
如猫眼珠性，诸事视谓一，
取彼心亦尔，不应现一体。
于许地等合，立为诸境根，
彼派所立宗，不合一法入。
力等性声等，许具一境相，
识亦不合理，三性境现故。

若许事体三，识现唯一相，
与彼不同现，岂许彼取彼？
诸外境虽无，现异种为常，
同时或次第，生识极难立。
虚空等何识，唯名诸显现，
现多文字故，明现为种种。
有者若承许：识非现种种。
然不应真立，见害具相故。
故现各种识，何时何地中，
如彼处异体，一性不合理。
无始之相续，习气成熟故，
虽现幻化相，错谬如幻性。
彼宗虽善妙，然许此等法，
真性或未察，似喜请慎思！
设若真实中，识将成多种，
或彼等成一，违故定各自。
相若非异体，动与静止等，
以一皆动等，此过难答复。
承许外境事，依旧不离相，
一切入一法，无以回遮也。
倘若承许识，等同相数量，
尔时如微尘，难免此分析。

若异相为一，岂非裸体派？
种种非一性，犹如异宝等。
各种若一性，现为异本体，
遮障未障等，岂成此差别？
若识本性中，无彼此等相，
真实中无相，识前错显现。
设若相无有，岂明受彼等。
与其事异体，如是识非有。
如是何无实，彼知彼非有，
如苦为乐等，诸白亦非白。
于此行相者，真知不应理，
离识本性故，如空中花等。
无无能力故，假立亦非理，
如马角无有，非能生现识。
有彼定感受，与识何相联？
本无同体属，亦非彼生属。
无因何以故，成此偶尔生？
具因何以故，摆脱依他起？
设若彼相无，彼识成无相，
如水晶球识，终究无感受。
若谓迷知此，无论依迷乱，
或由彼力生，彼皆随他转。

分析何实法，某法无一性，
何法一非有，彼亦无多体。
除一及多外，具有他行相，
实法不容有，此二互绝故。
故此等实法，持唯世俗相，
若许此体有，我能奈彼何？
未察一似喜，生灭之有法，
一切具功用，自性知为俗。
未观察似喜，依自前前因，
如是而出生，后后之果也。
故谓俗无因，非理亦不然，
设若此近取，真实请说彼。
万法之自性，随从理证道，
能遣余所许，故辩方无机。
谓有无二俱，何者皆不许，
纵彼具精勤，何过无法致。
故于真实中，何法皆不成，
故诸善逝说，万法皆无生。
切合胜义故，此称为胜义。
真实中彼离，一切戏论聚。
生等无有故，无生等亦无，
彼体已遮故，彼词不容有。

既无所破境，则无正破因。
若依分别念，成俗非真实。
若尔已了时，彼性现量故，
诸愚何不证，万法此本性？
非尔无始心，严重增益法，
故非诸有情，皆能现量证。
以能断增益，能知之能立，
比量能了知，瑜伽王明见。
抛论所安立，分别有法已，
智女愚者间，共称之诸法，
所能立此法，无余真实成。
非尔事不成，此等如何答？
我于显现性，实法未遮破，
如此能所立，安立无错乱。
故无始有续，执实无实等，
同类之种子，以比量推断。
此非以法力，以彼无有故。
万法之自性，详细尽遮破。
渐生故非客，非恒现非常。
串习如意故，初由自类生。
故诸常断见，此论悉远离，
灭尽及随生，如种芽茎等。

通法无我者，串习无自性，
颠倒所生惑，无勤而断除。
因果有实法，世俗中不遮，
染污清净等，安立无错乱。
如是而安立，因果此法故，
福资无垢智，此宗皆合理。
清净之因中，所生诸果净，
如正见所生，戒支等清净。
如是因不净，所生果非净，
如由邪见力，所生邪淫等。
有量妨害故，于事有缘者，
如阳焰等识，尽颠倒分别。
是故彼力生，修持施度等，
如倒我我所，所生力微弱。
于事无缘中，所生广大果，
增因所生故，如良种芽等。
作为因果法，皆必是唯识，
由自成立法，彼即住为识。
依于唯心已，当知外无实，
依于此理已，知彼亦无我。
乘二理妙车，紧握理辔索，
彼等名符实，大乘之行者。

遍入自在等，未享无量因，
世间首位者，亦未尽品尝。
此真纯甘露，除悲清净者，
如来善逝外，非成他受用。
是故于耽著，倒说宗派者，
随佛诸智士，悲悯油然生。
具智财者见，他宗无实义，
如是于佛陀，更起恭敬心。

中观庄严论颂，是由抵至自他宗派之大海彼岸、顶戴圣者语自在文殊菩萨无垢足莲花蕊的静命阿阇黎撰著圆满。

印度堪布色燃札哦德即天王菩提与大译师智慧军由梵语译成藏语，复对句义进行校勘，终以讲闻方式而抉择。

中观庄严论释

——文殊上师欢喜之教言

全知麦彭仁波切 著
索达吉 译

宣说稀有缘起道，无与伦比殊胜者，
令解三有之束缚，佛陀释迦狮前礼。

忆名能毁无始来，长久卧心有暗敌，
与童语日文殊尊，无二恩师庇护我！

邪见暗中各种狡猾伎俩动如闪电恶语舌，
依胜梵王利刃理智斩断蒙文殊剑灌顶者，
令世间诸倚傍我见山峦苯波外道之群兽，
闻名丧胆无所畏惧语狮子尊愿您获全胜！

彼之妙语精深中观庄严论，
汇聚十万理证江河之大海，
千万胜智龙王游戏之彼处，
劣者我亦满怀喜悦而涉足。

拥有无等妙慧诸正士，
亦经策励精进方证悟，
不失秉承智者优良轨，
依师鸿恩稍析诸法理。

车乘道轨胜妙理证火，
虽已暂眠时间怀抱中，
如焚密林于此重复兴，
信口雌黄之众当谨慎。

我等本师真实圆满正等觉释迦佛自从发起殊胜菩提心时起，以浩如烟海般的二资粮彻底净化相续，大彻大悟，已臻究竟。佛陀以其狮吼声令身为外道的大象及群兽胆战心惊，万分恐惧。而佛陀所转无倒开显空性法理之法轮所有纯洁无垢圣教的意趣，通过理证途径引出的就是这部《中观庄严论》，此论也堪为修成不可夺取的殊胜慧眼，并进一步了达诸法如影像等一般在未经观察这一侧面似乎无不存在，而真实中无有自性之理、尽断一切烦恼障与所知障，最终自在圆满行持二利的诸位学人的无上津梁。对于如是法理，我本人一方面为了自己串习，另一方面也想到劝勉与我同缘的他众，使之普沾法益，因而对此论的意义稍加分析解释。

此论分二：一、所说支分；二、所说论义。

甲一、所说支分：

在此应当追随前辈智者们的传统对著论五本略作说明：

一、由谁所造：此论是静命论师所撰著的。人们众口一词、无有争议地共称：尊者智慧超群、戒律清净、品行高尚的丰功伟绩独占鳌头，最终成就了至高无上的果位，是印度佛教、藏传佛教中宛如日月般遐迩闻名的大阿阇黎。

二、为谁而著：此论是为了那些力求对所有大乘论典之义获得以正理引发、不被他夺、博大精深之智慧的诸位后学者而撰著。

三、属何范畴：此论归属于大乘总的教法，尤其是《月灯经》等诸甚深经部的范畴内。

四、全论内容：通过二理（即世俗理与胜义理）明确开显二谛无倒真如所摄的道理。

五、有何必要：为令轻而易举对整个大乘的教义获得定解进而证得殊胜菩提。

接下来对此著论五本略微广述：

一、关于此论的作者静命菩萨，《文殊根本续》中有对佛教之施主、精勤持戒者、诸婆罗门的一段授记，而在讲到精勤持戒者的开头时云："本师教典于人间，末时世界衰落际，精勤持戒王相者，必定无疑现于世。"当然，这其中只是笼统地总说了会有数多精勤持戒之王或主尊出世。而在分别授记诸多大德的行文中，又云："名谓巴者宣净戒。"显而易见，这其中已对尊者（菩提萨埵）之名的首字作了明示。在此续的结尾又授记这所有大德均修成密宗而证菩提。在《楞伽经》中指出：在未来之时，当外道的邪见纷纷涌现之时，犹如对治般的高僧大德将会出世。此经云：“此后未来时，导师名智慧，开显五所知，大勇士现世。”其中的“智慧”实际上是静命论师的别名，这是前代诸位智者众口一声的解释。由此可知，“静命”显然是尊者出家的法名。另外也有迥然不同的多种称呼。所谓的“开显五所知”，其实是在授记（静命论师）以理抉择五法进而将所有大乘归结为同一密意的这一点。

此外，《三摩地王经》中也云：“末法浊世菩萨勇士者，护持如来教之此胜法，彼等吾子末时护正法，千万佛皆交付与彼等。”可以明显看出，此经中已经完整地指出了“摩诃萨埵绕卡达”的全名，静命论师的尊名如果用梵语来读就是如此。此处如若也同样读成“末法浊世摩诃萨埵者”就比较容易理解；而所谓的“绕卡达”可以解释为维生或护持。因而，通过此名词也使所表达的意义一同显露出来了，因为（一句话）能引出直接之义、间接之义、言外之义等多种含义，这就是佛语的特点。静命阿阇黎通过卓越的理证智慧（无误抉择）以上两部经的无垢意趣，进而开创了两大宗轨（合一之宗），由此可见，这两部经中授记的原因也在于此。

第一、智慧超群：关于众多经续中再三授记的这位开宗祖师独具特色的超胜功德，正如古大德所说：静命论师已抵达自他宗派波澜壮阔大海的彼岸，于圣者语自在（文殊菩萨）纯净无垢的莲蕊足下以头顶受。并且在以前确凿可靠的史实中也曾看过有如是记载：这位阿阇黎生为东方匝霍国王的太子，年长以后在那烂陀寺说一切有部的亲教师智藏前出家为僧，法名为摩诃萨埵绕卡达。（从此之后精进修学，）对所有明处全部通达无碍，成为那烂陀寺出类拔萃的亲教师，制胜一切外道辩论对手。自此，尊者不同凡响的智慧雄狮巨吼响彻云霄，名震天下，铺遍整个大地。

当时，南方有一位对婆罗门吠陀等所有外道典籍无所不知的人士，出奇地击败了内外道的全部辩论对手，结果谁也无法与之抗衡。这时此人心里不禁暗自思忖：现在我应当前往那烂陀寺，力争让亲教师静命一败涂地，这样一来，我在普天之下就无与伦比了。当他（经过一番旅途的劳顿）最后来到静命论师的住处时，却不见尊者的踪影，只看到有一尊宛若纯金般闪闪发光的文殊菩萨像庄严端坐，于是他走出去向别人打听论师的下落，没想到人们都说亲教师[1]就住在那儿，此人只好再度返回去看个究竟，结果发现尊者果真原地未动。他不由得大吃一惊，知道尊者已获得了殊胜本尊悉地，谁也不可能再辩得胜他，不由得生起极大信心，于是全然放弃了辩论的念头，恭恭敬敬顶戴其足，皈入佛门。诸如此类，尊者智慧超群的奇迹实在是无有能与之相提并论的。

当尊者到达藏地之时，也曾经胸有成竹地亲口承认过自己的智慧，他对赞普赤松德赞说："假设佛教内部或其他外道有谁想寻找较量的对手，那么在神变方面，可以说整个南赡部洲没有能比莲花生大士更胜一筹的了，非他莫属，因此可让那些人与他一决胜负；而在因明辩论的方面，如果与我唇枪舌剑一试高低，恐怕当今天下再没有比我更擅长的了，我足可力胜一切辩论对手，使他们一一皈入佛门，让赞普您如愿以偿。"这位大阿阇黎，开创了中观瑜伽行宗轨，在诸位班智达当中犹如胜幢之宝顶般昭彰显

1 亲教师：也就是现今人们共称的堪布。

著，首屈一指。这以上只是对尊者智慧超群的事迹作了简明扼要的叙述。

而竭诚护持这位开宗祖师之自宗的大德也委实不乏其数，就拿印度圣地来说，有狮子贤论师[1]、嘎玛拉西拉[2]（即莲花戒论师）以及法友论师等等，另外在诸班智达中也是大有人在，佛智[3]、圣解脱部[4]、狮子贤、阿巴雅嘎绕等唯一抉择般若见解。虽说在静命论师之前已有圣解脱等秉持瑜伽行中观的个别论师，然而真正建立切合外境不存在唯识法理之中观宗轨的开创者就是静命论师。关于这一点，是诸位大智者异口同声所认可的，而且凭据理证也完全可以成立，再者通过阅读印度诸大论师所著的论典也能了知。因此，人们普遍共称：龙树师徒是开创原本中观的鼻祖，月称论师[5]是中观应成派的开创者，清辨论师[6]为经部中观的创始人，静命论师则是瑜伽行中观的开宗祖师。在藏地雪域，古代的大多数有学之士都受持这一宗风，尤其一心一意地持受此宗轨的要属鄂大译师[7]、夏瓦秋桑、荣敦秋吉等最为典

1 狮子贤论师：古印度一佛学家，著有《现观庄严论注释》与《般若八千颂注》等书。

2 嘎玛拉西拉：约于公元八世纪出生于东印度，是瑜伽行中观自续派论师。应吐蕃王赤松德赞之邀请入藏，以菩提萨埵（静命论师）等人所持渐门之见，与持顿门见汉僧摩诃衍进行辩论，获得胜利。著有《修道次第论》三篇。

3 佛智：印度的一位著名班智达，创立佛智密集派。

4 圣解脱部：五世纪印度一位佛学家，生于中印度，出家后依止世亲论师及僧护，著有《般若波罗蜜三万五千教授现观庄严论疏》。

5 月称论师：公元七世纪生于南印度一婆罗门家，出家后学龙树中观论等，后为那烂陀寺亲教师，著有《中论释显句论》《入中论》等，承佛护之传，开中观应成派。

6 清辨论师：昔印度一中观论师，著有《般若灯论》，立自续因之理，创中观自续派见。

7 鄂大译师：指鄂 · 勒巴西绕与鄂 · 洛丹西绕叔侄两位译师的合称。叔父鄂 · 勒巴西绕先从色尊学经，后与纳措译师同往迎阿底峡大师，师事之。曾译有《中观心论注》等。1073年建奈托寺，即后来著名的桑普寺。其侄洛丹西绕（1059−1109）：幼从鄂 · 勒巴西绕听受阿底峡尊者所传诸法，先后在克什米尔学经十七年，译出《量庄严论》等书，并校订旧译甚多。聚集徒众两万余人。鄂氏叔侄以讲授《定量论》与《慈氏五论》为主，尤侧重于讲授因明，故桑普寺在长期内为研习因明学中心。

型。据说，这部《中观庄严论》的传讲与听闻曾于宗喀巴大师师徒在世期间开展得极为广泛，兴盛一时。宗喀巴大师的传承弟子对此也格外重视，并作了不同程度的记录等等。此外，法王萨迦班智达[1]等诸位中观论师也将阿阇黎静命师徒的教言当作智慧的结晶，倍加珍重。

总而言之，凡是具有法眼的智士仁人，如果有幸品尝到尊者的理证深要之甘美佳肴，必然会情不自禁地为之倾倒，深深地被她（指《中观庄严论》）所吸引，定会像蜜蜂迷恋莲园般如饥似渴地取受。然而，不胜遗憾的是，当今时代在各宗各派之中，暂且不说讲闻，就连看一眼此论经函的人也可谓是寥寥无几。因此，诸位有智之士理当将着眼点集中在时时刻刻将此论广弘各方之上。简言之，无有偏袒而受持大乘之二理，特别是研习中观并对因明有着浓厚兴趣的学人对这位祖师的宗轨更会自然而然欢喜雀跃、欣乐投入。

第二、戒律清净：印度圣地，在好似重峦叠嶂之金山般的众多持戒大德之中，尊者净护戒律、一尘不染的高风亮节宛若妙高山王一般，堪称为一切守戒者之王，被人们交口赞为戒律清净的典范。

第三、成就卓越：本来，成就的标准必须取决于现量成就圣果的断证功德，但由于这并非普通人的行境，因此依据经中所说：可以通过身语的外相来比量推断是不退转菩萨。这位大阿阇黎总的调化整个赡部洲的芸芸

1 萨迦班智达：全名萨迦班智达根嘎嘉村，是萨迦五祖之第四祖。幼从其伯父赤策思巴嘉村广学显密教法，二十三岁起又从迦湿弥罗班禅等遍学大小五明，成为西藏获得“班智达”称号的第一人。有《分析三戒论》《量理宝藏论》《智者入门》《格言宝藏论》等诸多著作。

众生，尤其是教化暗无天日的边地有情（这里指藏地）。尽管大乘二大宗轨的教义早已开创，然而尊者为了开拓将此二宗密意合而为一的第三道轨而特意化现为人相。据史料记载：由于当时藏地的赞普赤松德赞尚未诞生于世，世尊教法在北方弘扬的授记时间也还没有到来，因而尊者一直加持自己的寿命，住世长达九百年之久。由此可以推知，静命论师已获得了内寿自在。当年在桑耶寺开光之际，赞普赤松德赞亲眼看见尊者现为文殊金刚。并且所有的佛像都变成了真正的智慧尊者，大显神通，变化莫测，不可计数。通过诸如此类为人们有目共睹的事实足可证明尊者已获得了外境自在。特别是，能够从容不迫地在谁也无法调伏的此藏地雪域如璀璨日轮般弘扬佛教这一点显然可作为这位大菩萨之成就超胜他人的果因[1]。

第四、品行高尚：所谓的品行高尚也就是指弘法利生的高山景行。正因为这位亲教师内在的菩提心已经尽善尽美，故而称呼为菩提萨埵的确名副其实，他的这一尊名也犹如日月一般家喻户晓，尽人皆知。本体与文殊菩萨无二无别的这位大戒师住世长达数百年，先后在那烂陀寺、印度东方以及汉地等广阔地域将佛法传播开来。当然，最主要的还在于，创立了二理（即中观唯识）融会贯通的纯净无垢宗派之轨道，以强有力的事势理折服邪说谬论，摄受有缘信徒，讲经示道，辩经析理，著书立说，再加上智慧超群、戒律清净的无与伦比之处，使得尊者的善妙事业遍布整个人间。尤其是依靠往昔的宏愿以及佛菩萨之发心因缘聚合的威德力而来到了谁也难以调化、黑暗笼罩的雪域，见到了赞普赤松德赞，当时，提起与赞普

1 果因：真因之一，能证成有所需三性完全具备之因。如云："有烟之山后有火，以有烟故。"依于彼生相属关系，从果推因者。

（昔世）一同发愿的情景，又通过观察赞普装束的缘起而对王族的兴衰存亡等作了授记，并传讲了十善、十八界、十二缘起的法门，而且还审时度势地说：为了降伏暂时以寂静相无法调伏的所有天神鬼怪，务必要迎请莲花生大士。

（莲师入藏以后，）静命论师与莲花生大士一道对桑耶地势作了一番详细考察之后，对已竣工的殿堂及佛像等举行了开光等仪式。让预试七人[1]出家，从而建立起佛教根本的清规戒律，为诸译师教授翻译风格并讲解林林总总的内外一切法门，通过讲经说法与听闻的方式抉择所有佛经与论典的密意。就这样，使佛法的万丈光芒普照整个藏区。对于那些与此佛教背道而驰的外道教徒，则通过颠扑不破的理证予以一一制服，最终使之徒剩虚名而已，依此使佛教纯正无瑕。

尊者在即将圆寂之时，也留下了如此珍贵的遗嘱：通过法体安放的缘起可预示出藏地出家僧众的状况；有朝一日见解上出现争执不休的局面时，要迎请班智达嘎玛拉西拉（即莲花戒论师）来清源正本，重建清净教法，并（命人）将此信函交付班智达莲花戒。至此，尊者无碍彻知三世的情形已昭然若揭。（从以上的字里行间，我们不难看出，）尊者尤以大慈大悲教化藏土群生的深恩厚德实在令人难以想象。其中所提到的这位莲花戒论师，其实就是静命论师的得意弟子，他对尊者有关中观与因明的论典也作了注疏。

1 预试七人：法王赤松德赞时，为观察藏族人能否守持出家戒律，命试从静命论师依说一切有部出家的七人：巴 · 色朗、巴 · 赤协、贝诺匝那、杰瓦却阳、款 · 鲁益旺波、玛 · 仁钦却和藏勒竹。藏传佛教史中对预试七人名称有许多不同说法。

综上所述，这位亲教师最初在藏地开创佛教之宗轨，中间大力广泛加以弘扬，最终层出不穷地示现护持这一教法的化身，乃至佛法住世期间源源不断。诚如阿底峡尊者所说：正是在藏地树立起佛教的这位伟大亲教师才使亲教师的源流代代延续、一脉相承，乃至未来佛法住世期间，凡是化现为亲教师身份的诸位大德，实际上与尊者静命论师均是一味一体。

因此毋庸置疑，藏地佛法得以住留完全来自于这位大师发心与宏愿的威德力。可是，在千差万别的人们心目中，却认为这是由各自的一位上师及寺院的事业所致，这也是情有可原的。比如说，包括刀能理发与衣能着色在内，完全来源于佛陀事业的加持，但人们却对此一无所知。

这位大师的功德声誉以及胜妙功勋在整个大地无所不及，犹如日月一般众所周知，并不是像如今藏地有些人只是侥幸荣获了震耳欲聋的名声那样，而是在印度圣境内外道数目可观的班智达如同千锤百炼纯金般经过再三观察而确定无疑认定为上师的。在当时的印度，一个强过一个、一个胜过一个的大智者大成就者不计其数，之所以法王（赤松德赞）幻化的诸位班智达一开始就能在全然陌生的地方轻车熟路毫无疑义地寻找、迎请到尊者，这完全是由宛若众星捧月般遍及四面八方每一个角落的这位伟大宗师无比美名自身的光芒无碍照耀之威力所感召的。

本来，对于我等本师的这一教法最为广泛弘扬的杰出代表即是八大佛子与十六罗汉，他们则幻化为六庄严等众多大德出世。而这位大师正是诸佛大密意金刚的唯一结集者密主金刚手菩萨，因此其传记与功德即便是住地菩萨也难以一一说尽，更何况说普通凡人呢？但是，在共同（所化众生）

的面前，无论在印度佛教还是藏传佛教中，到处都流传着尊者无可比拟、不可思议、精彩神奇的感人事迹。只可惜的是，并没有见过详细的文字记载等。在此，从古老的历史中收集出只言片语，作了简略的叙述，意在感念这位亲教师的宏恩。诸位有智之士如果能从尊者的善说论著及无量恩德来推测，必定会对其生起真佛之想。

归根到底一句话，我们要清楚，印度佛教、藏传佛教中人们无有异议一致共称的这位开宗祖师就是本论的作者。

依怙佛陀善说法，广大行宗无著释，
甚深见派龙树诠，共称二祖如日月。

护彼法理诸菩萨，善说百川遍各方，
于佛胜乘大海宴，尚未圆满得品尝。

您以锐智之一口，饮尽二理之汪洋，
尔时您如碧蓝天，大乘法云作装点。

证如虚空胜义智，具德月称饰三界，
名言似虹无杂见，法称周遍此大地。

开显此理诸智者，纵驾妙论之乘骑，
无垢二量辽阔处，一时测度力微弱。

您以观察之三步，跨越二谛之大地，

尔时您如广袤原，众多理证作庄严。

是故二理宗轨道，合而为一大宗风，
佛胜乘教妙津梁，此三余派不容有。

诸佛教法结集您，于此胜乘理智摄，
深要精髓一红日，摧散世间诸迷雾。

不可思议胜乘要，依简理证一幻变，
轻易明示此宝论，我知金刚大密咒。

二、为谁而著。如果有人心里思量：到底什么是大乘？大乘的要义又是指的什么？如何才能对大乘之义生起以理引发的智慧呢？

所谓的大乘，就是以菩提心之意乐作为因，通过具足十度之道而究竟圆满、成熟与清净三种功德，最终成就二身双运之佛果。

大乘的要义则无外乎一致共称的大乘二轨中观与唯识所涉及的教义。如此善妙的要义远远超越了外道以及声闻、缘觉的行境，完全称得上是最真实、最甚深的。

对于如此谛实与深奥的教义，不只是凭着信心，而是通过确凿可靠的正理途径生起根深蒂固的定解，这就是所谓的因。由此因所生的无垢智慧之本体有甚深与广大两个方面。其中甚深就是说将一切万法犹如蜂蜜之一味般抉择为远离诸边的大中观；广大：了知大乘中观与唯识的经论字字句句无一遗漏而统统归摄为一要诀来圆满包含一切论典，由此而称为广大。

智慧的作用，即是指能对自己所学修之处生起不被他夺的诚信，获得所谓的解信，从而踏上正确的轨道。并且要明白在入道伊始，具备如明目般的正见智慧是必不可少的。本论正是针对（于以上大乘奥义正见智慧）百般寻觅、求之若渴之人而撰著的。

三、属何范畴。这部论典是要抉择所知五法的自性，关于其中涵盖所有大乘的道理正如下文中所展开的论述那样，由此可知，她要解释的显然是整个大乘的意趣，但尤为侧重的是《楞伽经》与《月灯请问等持经》等诸甚深经藏的无垢教义。关于名言中承认唯识的这一道理，《楞伽经》中所说的“外境色实无，自心现外境，未通达心故，凡愚执有为[1]……”已再三表明了。对于二谛的观点，此经中也云：“世俗有诸法，胜义无自性，错谬无自性，彼即世俗谛。”关于二谛圆融的观点，此经又云：“依于唯识已，不观察外境，安住真所缘，唯识亦超越。越过唯识已，无现尽超脱，住无现瑜伽，彼士睹大乘。悟入任运成，依愿而清净，无我妙智慧，无现不可见。”有关胜义无自性的道理，《楞伽经》中也有说明，尤其是在《三摩地王经》中宣说得更为详细，此经云：“知心自性故，再度生智慧。”“智晓有为无为法，尽毁一切相之想，彼若安住无相中，彻知万法皆空性。”“所谓有无为二边，净与不净亦是边，是故尽断二边后，智者亦不住中间。”“离言词道无所宣，犹如虚空法自性，若知如此胜妙理，彼之辩才亦无穷。”诸如此类所述的道理已经极其透彻地阐明了相似胜义

1 有为：指有为法。此偈宋译：外义悉无有，妄想种种现，凡愚不能了，经经说妄想。

与真实胜义的自性。《中观庄严论自释》中云："愿以正理及经藏，种种珍宝作严饰，精心证悟此义后，具月灯等甚深经，真实智慧之珠宝，诸智者修无畏法。"正如这其中所说，我们务必要掌握并非随声附和而是凭借真实可信之正量所抉择的无垢正教此等意趣的道轨要诀。

四、全论内容。如果有人心想：二谛的无谬真如到底是什么？二理指的又是什么呢？所谓的二谛自性也就是所应了知的，而二理则是如实决定二谛之义的途径。此等所知由真实与非真实两方面来分析可完全囊括于二谛之中。通过智慧衡量这两种意义，由于颠倒分别、片面理解以及真实了达的差别，从而出现了内外各自迥然有别的各种宗派。

首先简述一下外道的观点：

（一）数论派：这一外道将三德平衡的自性主物与神我二者许为胜义，而认为其中主物所变化的一切现象是欺惑性的世俗有法。一旦通过修道而获得禅定眼后再来观看，便会现量照见所有现象的本来面目，由此使诸现象全部融入主物境界中。这样一来便使明知之士的神我与似乎欺骗诱惑的对境一刀两断，不再有任何关联，从而独自逍遥而住，这就是所谓的解脱。

（二）密行派：这一外道宗派认为，如同广大虚空般周遍一切并且是心识自性、独一无二的胜我即为胜义谛；多种多样的显现都是不真实的，实际上与明知的我一味一体，因而所显现的器情等形态各异的万事万物则为世俗谛。瑜伽行者通过如理修持胜我而使本性与非本性的无明脱离开来，如同瓶子破碎后其中的虚空回归大虚空一般融入大我之中。

（三）吠陀派等承许各自所推崇的梵天、遍入天及大自在天等所有天神是常有胜义谛，而由其神变所造出的万物则是不稳固、欺惑的本性（即是世俗谛）。并且认为当获得这些天尊的果位时便已永久解脱了。于是这些外道徒便开始凭依修道苦行、种种禁行、供养布施、禅定观风等五花八门的瑜伽修法。

还有说什么常我与虚空等本来自然就存在的原始派等等，宗派的名称与观点虽然各不相同，多之又多，可是归纳而言，他们均承认轮回束缚与解脱之因是常有的实法。这些常有派也都是说解脱存在的宗派，因此全力以赴精勤于自以为是修道的颠倒禁行。

对于以上所有宗派，只要遮破常有实法就可以一并破除。有关对各个宗派进行破斥的情节在正论中可逐一了知。

（四）顺世派：这一外道认为，显于现量对境中的四大明明存在，它是境、根与识之因，所以这就是胜义。由此所生而再度灭亡的有法——万事万物则是毫不稳固、欺惑的自性。他们振振有词地声称："修道等前生后世的业果根本就不存在，现今的这一神识只不过是从胎位四大聚合的凝酪等中突然出现的，就像酒曲中新生出迷醉的能力一样，并不是来自于已故前世的神识；在这个世界无论留住多久，于此期间便会出现心识与气息，而一旦命归黄泉，则如同油尽灯灭般身体将散为微尘，内心融入虚空，而绝不会再有什么后世；业果、道、解脱这些都是不存在的；所感受的苦乐等不同显现就像豌豆的圆形与荆棘的尖锐谁也未制造一样均是无因无缘由本性而生的。"因此，这一派的信徒在身心聚合尚未死亡前的有生之年唯一追求的目标就是一己私利。在遮破此观点的过程中，对于他们所承认的四大存在依据破析微尘的正理；而要驳倒他们所许的前后世不存在的观点，则凭借破斥无因的理证。关于此等内容从本论阐述世俗谛的正文论证中便可一清二楚。

显而易见，上述外道的这些观点全部是有实见。所有的常派一致认为我等是恒常实有的，而断见派也是同样，对现今现量所见的万事万物具有浓厚实执的同时顽固地认为此生灭尽一了百了，前世根本不会再结生到后世。因此，尽管他们也将其中个别的法立为虚妄、迷惑性之法，但终究只是依赖有实法而安立的，换句话说，一切世间道都仅仅是由与无始以来俱生无明相应的观现世的平庸分别心安立的，形形色色的观点虽然无边无际，可是都不可能超离实执的局限，就像胆病患者尽管见到海螺、明月、白银等各种各样的事物，但除了黄色以外别无所见一样。因而，固执颠倒邪见的这些外道徒谁也无法堪忍无我的狮子巨吼声。他们即便再如何分析真实、虚假的种种道理，也对实执这一根本无有任何损害，只能称作是相似的空性，而对二谛纯粹是一无所知、颠倒妄执。

（接下来介绍佛教各派的宗义：）远远胜过世间道的自宗内道佛教之中，也因为对二谛之义的大概了达与如实证悟的不同而层层递进。

其中有实二宗内部的观点虽然不尽相同，但实际上均是如此承认的：经过摧毁与分析可以抛弃执著之心的粗大诸法为世俗谛；而无法舍弃的无分刹那心识与无分微尘无情法在胜义中必然是存在的。他们觉得：假设无分刹那心识与无分微尘也不存在，那么所有的这些粗大无情物与心识显然就失去了赖以存在的基础。这样一来，如是显现的万法也就不合情理了，如同无有毛线的氆氇一般。

其实，有部与经部的论师们只不过是缘众多极微尘与刹那心识聚集、刹那生灭自性的此近取五蕴而想当然地认为是我而已，认为除此之外的我（指外道所许之我）不可得，由于这（指外道的我）与他们自诩的我（指五蕴之我）之法相不符合，因而与它绝非一体。所以，他们认定（外道所许的）具有恒常、唯一、自在等特征的我实属子虚乌有。（从胜义的角度来说，）此宗承许以我而空的所有最极微尘与最极微识是的的确确存在的，而且极微尘也是刹那性，并认为通过修人无我的正道便可使以坏聚见为根本的轮回烦恼荡尽无余，依此脱离三界轮回，无取而证得涅槃果位。

这些有实宗论师在讲述无实空性等经文时，则一概解释成微量或鲜少之义等。他们讲解说：一切有实法是下劣的，故而称无实（意为以下劣加否定词，其实还是不空的），因为在现阶段此等均是无稳固性可言的缘故。或者说，由于一切有实法中多数无有实质（意为经中是就大多数而言的），因此说是无实，其原因是前际已经过去、后际尚未产生。

唯识宗：这一宗派认为，无而显现的能取所取是遍计所执法，为世俗谛；而能取所取之现基——最究竟的自明自知依他起心识，则是以外境所取与执著它的能取来空的，是圆成实，也就是胜义谛。他们认为：如果作为轮涅所有现分之现基的这一心识也不存在，那就成了空中鲜花一样，为此说唯识是胜义谛。对于心识以外异体的无情法，他们依据遮破微尘的理证等予以推翻，由此证明外境不成立。

有人不免产生这样的想法：那么，高山围墙、住宅房屋等真实不虚、不可否认而显现的这一切究竟又是怎么一回事呢？

这一切的一切在外界根本不存在无情法的自性，然而在迷乱者前却现似存在，犹如迷梦中的现相一般。如此显现的原因也在于，明觉本体的心识本来犹如无垢宝珠一般，却被清净不清净的各种习气涂料染得面目全非，致使心识显出这样那样的行相，这就叫做依他起心识，与缘起的含义相类似。

如同长久串习贪欲、恐怖、不净观等一样，以无始时来久经熏染的习气作为缘，造成心识显现为身体、受用、住处等千状万态的事物，然而愚痴凡夫全然不知这实际上就是自心的本性，反而认为外境在那边，内心在这边，所取能取各自分开、互相隔离、真实成立，其实这并非事物的本相，完全是一种遍计妄执或错乱幻觉，好似不了知梦中的大象为自现而执为外界真正的大象一样。

如是二取正在显现时，依他起心识的究竟本相不会超离自明自知，仅此一点从二无我的反体而言已完全探究到了真正圆成实本相的堂奥。如果详细分析心识显现形形色色万物的道理，首先务必要从八识聚之理入手，方可弄得明明白白，为此当从无著菩萨的论著中了解有关八识聚的深入细致的论述。由此可见，如果对各论中所出现的有关依他起是胜义还是世俗的说法要点一窍不通，则势必会像巴瓦匝草一样心里杂乱无章、混成一片。

实际上，依他起如果从究竟实相意义这一立足点出发，则可归属于胜义的范畴；倘若从现相的角度来衡量，则可摄于世俗谛之中。这是关键的意义。唯识宗认为，即使断除了非心自性的一切客尘，然而自性光明的心识甚至在佛地也不会消失，而依旧作为显现刹土与（色）身的本基。

唯识论师满以为自宗的二无我已经十分完美了，原因是他们已将以遍计法而空与无本性生等许为法无我。可是，当用中观理来观察分析时，就会发现，由于他们承认现基心识真实存在，因而并未彻底圆满法无我的体相，只是相近的法无我而已。

这一宗派主张：只有通过兢兢业业地修持二资粮道才能成就转依五智本性的佛果。在世俗谛名言中，菩萨要心怀救度众生脱离苦难的大愿，披大盔甲，久经无数劫再三励力修行无量无边二资粮道，从而证得一切智智的果位，满足所化有情的心愿。然而，这并不是仅仅历经一生一世就能一蹴而就的，心相续的功德需要循序渐进，最终方可圆满具足一切智慧与功德。

广大行派的这一宗旨合情合理，因此，必须以这样的名言安立方法奠定牢固的基础，再进一步拓宽广大的轨道。我们要明白，众所周知的无著菩萨所开创的广大行派是所有大乘不可或缺的一大关要。

唯识宗的这一法理作为世俗名言的真如本义可以说是千真万确，但美中不足的是，此宗耽著自明心识的自性成实存在这一点实属所破。

关于内外道对此二谛的各自观点以下行文中也稍有阐述。在此只不过是简单扼要地叙述了二谛的观点而已。

慧浅多言有何用？如命诸根之本源，
彻证各宗深要慧，似天鹅于水取乳。

此为暂停偈

由上而观，内道佛教的这些宗派，根据智力的高低程度不同，证悟空性的范围也有大小的差距。虽说从越来越靠近二谛本相来看，的确呈现逐步向上的趋势，然而所有这些宗派都有一个共同点，那就是均未能超越一个成实的现基，为此只能称得上是相似的空性。而本论在所知万法当中，自性成实的法一丝一毫也是不承认的，《月灯经》中云："诸法恒常自性空，诸佛子破所有法，一切世间尽本空，持相似空外道宗。"依据诸如此类的教证中所说，足可树立起这样的中观宗。

对于凡是所现的世俗法在未经观察分析的分别心前显现，虽说中观派也有按照世间共称来承认的宗派以及依照经部等宗义而承许的观察宗派，但这部论中名言的观点完全是随同唯识宗来承认的，这就是作者最初创立的瑜伽行中观宗轨。如果以正理来分析此世俗的安立方法，则是名言最究竟的实相真如，也是具德法称论师的意旨所在。名言与胜义各自正量所得出的结论必定截然不同，而安立名言堪为顶峰的非唯识宗莫属。关于按照如此观点来承认在名言中十分方便且另有诸多殊胜必要，下文将会给予略述。

唯识宗这一名言观点也并非是对胜义中显现成立为心与否的分析，而仅是以名言量来权衡无欺显现的一切法。

譬如有人提出疑问：梦中的这些显现是内心还是于外境中存在呢？

对此提问，一些有智慧的人经过一番详察细究，而回答说外境中存在不合道理，只是自现罢了。

可是某些人将二量衡量的道理混为一谈，而觉得除了未经观察的显现许以外，如果尚有一个观察宗派成人的话，那就与应成派大相径庭了。

千万不要这么想。无论是谁，对于此等法自相成立与否或者它的本体以量成立之类的任何问题，辨清能衡量的正量这一点都是至关重要的。也就是说，从胜义量的侧面来衡量，则如光明前的黑暗一般，在胜义中永远也不会成立，因此无有丝毫所建立之法。相反，如果从名言量的角度来分析，则名言中是真实不虚、不可否认而成立的，所以随着名言的现相无论如何观察，像因明论典中建立前后世等存在的分析等那样，绝不会成为胜义的观察。

总之，否定眼前共同显现之此法的中观派何处也无有，承认自性成实法的中观也同样不存在。然而根据证悟二谛圆融双运的智力不同，致使抉择胜义的方式也有所差异。除此之外，单单以名言的观点根本无法区分宗派的高低。例如，“瓶子无自性，是空性”这一句话，虽然没有直截了当加上胜义的鉴别，但作为精通宗派与名言的智者，从当时语言场合的意义中就能清楚地认识到这是从观察胜义的角度而言的，又能明白“瓶子以量成立及自相成立”也是指的名言，不至于生起相互错乱的愚痴之念。

相反，那些被表面词句所迷惑的咬文嚼字、持乌鸦禁行之人[1]，一门心思放在常常耽著的词句上，其实涉及多种意义、人们共称的所有词句，没有一个是决定不观待特定意义而专门表达一法的。例如，一说到“成实”，大多数人都会理解为经得起胜义观察而成立的意义，实际上所谓的“实”也可以理解为二谛，所谓的“成”如果仅从字面来考虑，没有理由不会理解为名言（，如此说来，成实应为经得起二谛观察之义）。

1 持乌鸦禁行之人：由于乌鸦经常疑虑重重，瞻前顾后，故而以此比喻耽著字面之人。

由此可见，某些添加的鉴别并非完全能避免造成他人迷惑或误解，因此根据当时语言场合的意义轻而易举地确定名言、遵照印度诸大论典的格调来解说极为妥善，为了帮助理解附加鉴别也不矛盾，因为语言本来就是表达意乐的果法。

因此，所有论典中对成实与自相成立等均无有差别地予以遮破。而讲说一些分清差别之类的言词无非是为了不让众生感到迷惑不解。每一正量都有一个衡量方式的要点，如果对此不作辨别，只凭措辞语调来分析宗派，那实在是太荒唐了。

所以，在辨别后得的过程中，务必做到有条不紊地安立二量所衡量的道理，否则，仅仅分析名言似乎也成了观察胜义的话，那么承许说入大乘的补特伽罗有成佛也好像变为承认胜义中存在了，甚至说“世俗谛”也会面临着需要犹豫不决的险隘，就连道果、宗派也难以启齿了。

假设有人认为：说补特伽罗有成佛这只是从名言的角度来讲的。

这样一来，显然就承认分开二谛的宗派了。希望你们明白，实际上这一宗派也承许名言中有实法体相成立，而且也认可唯识宗的观点。

如果对方说：那只是观待他宗而承许的，并不是真正的自宗。

倘若如此，就与自宗后得时承认道果之理以及缘起存在的说法等已明显相违，因而你们要清楚地认识到，承许名言量成的宗派是分开二谛来讲的，未分开而仅仅作分析并不至于变成胜义的观察。

总而言之，如果按照入定超越语言与分别境界所衡量之义而从究竟实相胜义无二无别的角度来说，不需要分开二谛，如是显现的一切法本来就不存在有无是非等任何破立的承认，因而正如（佛菩萨）以默然不语的方式答复一样，于真实义中由于超离一切名言、无说、离戏、平等的缘故，成立无所承认。然而，就后得时成为语言、分别对境之现相的角度而言，如果自己思索或者也需要对他人讲说基道果等法理，那么必然要分开二量而加以破立，不要觉得如此一来就与应成派大有分歧了。尽管名言的承认方式有所不同，但祖师们的究竟意趣无有二致，这一点凭借正理完全可以成立。如果懂得了这一道理，那么当今雪域中有些智者承认世俗量成立，另有些论师将其视为不可能存在的谬论；对于前辈智者的观点，有些人居然妄加诽谤说他们没有证悟应成派的真实见解；还有些人对诸大祖师的宗旨茫然不知……一系列弊病自会迎刃而解。

在抉择如是二谛的道理时，有人不禁萌生这样的想法：如果所谓的世俗说成是障碍、覆盖真实义的话，就说明不清净的一切法本是如此，而远离愚痴的真实之法——佛陀身智等不是世俗，所以这些是不空的。

实际上这种想法相当于论中所说的“于佛等微贪”一样，因此必须要断除实执，而对经中所说的“若有超胜涅槃之一法存在也当视为如梦如幻”生起定解。

所有经论中安立二谛的方法有两种，其一是从观察实相胜义量的角度，将空性立为胜义、显现立谓世俗；其二是从分析现相名言量的角度，将实相与现相完全一致、真实不虚的对境与有境安立为胜义，其反方面立为世俗。后一种安立方法的胜义，本体也是空性的。此处按照前一种安立方法，也就是将世俗的含义安立为真实与非真实二者中非真实的方法，所谓真实的意思是说事物的本相——自性不成立的空性。

因此，必须明白：所谓的世俗仅仅是指生等现相在诸凡夫前似乎成了隐蔽、遮障空性的法，而不要误解为在何时何地都是欺惑、虚妄的，也不要误认为它恒常遮障空性，因为对于诸位圣者来说，空性与缘起其实是交相辉映的关系，所以显现并非障碍空性。但由于随着实执显现的愚痴牵引势必导致颠倒缘一切对境的自性，也正是为了推翻所化众生的颠倒妄执，善巧方便、大慈大悲的佛陀随应所化有情的相续才将显现称为世俗，并将它假立为证悟胜义的别名。但要明白，实际上显现与世俗是同一个含义，显现是指现似存在，并非真实成立，也要清楚，所谓的无实也不必说成是一种颠倒的显现，其实就是将空性立名为无实的。如果表面的显现成立，表面的显现真实，那命名为世俗显然不合道理，（因它已）变成不空了。不空的一个所知有实法不可能存在的道理依据理证如实成立，因此在万法当中偏堕于现空一方的法绝对无有。由于万法的本性中不存在，因而凡是讲道理的人谁也不会承认其存在。

总之，所谓“世俗”这一名词就是为了表明正在显现时即是空性的意义。那些苦苦思索所谓“世俗”的字眼而将其视为低劣的坏法进而对空性另眼相待、对世俗不屑一顾的人们实难获得甚深中观的清净见解。为此，如果明白无实的显现立名为世俗，自性不成的空性命名为胜义，这两者无有轻重之别，从色法到一切智智之间平等一味，那么就能确信万法之中再无有比这更重要的一个所知了。如果与法界无二之智慧的所有显现本体不空，显然就与法界分裂开了，正因为与法界一味平等的缘故，我们应该了知现空不可分割、极为清净的本性。

如实证悟了如是二谛的实相才是绝对的中观道，这以上对二谛之理连带附加内容作了简略的说明。

讲到这里，有人不免心想：作为大乘的修行人又该如何了达、修行这样的二谛自性呢？

应该通过踏上二量之宗的无垢轨道来获得，虽然大乘博大精深，但概括而言，则如《楞伽经》中所说："五法三自性，及与八种识，二种无我法，普摄于大乘。"意思是说，整个大乘的教义可以汇集在名、相、分别、正智与真如五法，遍计所执法、依他起与圆成实三自性，八识聚以及人无我法无我（二无我）中。关于其中三自性等后面的这些法也可圆满归属于五法之内的道理，应当按照此经所说来理解：

所谓的"相"是显现为形、色等法之法相。而对于那一法相，借助瓶子等名称来排除他法而耽著某某法并假立即是所谓的"名"。通过如此命名以后便可表明此法的所有相（特征）。名与相这两者是遍计所执法，因为它们显现在语言、分别之有境的能取所取前，若加以观察，则毫无真实性可言。执著所取境的一切心和心所的法称为"分别"，如果详细分析，则有八识聚。八识聚就是依他起，这是由于它在名言中作为形形色色现相的现基。如是内外所摄的这些法二我自性丝毫也不成立的法界，即是"真如"。随同真如、远离虚妄分别的有境——各别自证就叫做"正智"。最后的境（真如）与有境（正智）这两者称为圆成实，这并不是说它们的本体真实成立，而是从无误本相这一角度才立此名的。

由此可知：在五法当中已经囊括了唯识与中观的所有宗义，这一点依理完全可证实。为此，我们要领会整个大乘也仅此而已。名与相所包含的外界各种各样的显现在外境中根本不成立实有，之所以这样显现完全是由于阿赖耶识上存在的种种习气成熟所导致的，将这一切了知为如梦显现，即是名言的唯识之理，也就是所讲的第一理，五法中前三法可归属于其中。

如是在名言中心本身尽管显现各种现相，实际上心的自性也同样不存在实有。因此，了达从色法直至一切种智之间的万法均是无实无生，这就是胜义中观理或者说是第二理，五法中后二法归属在其内。

这二理其实并不抵触，《解深密经》中云："行界胜义相，离一异性相，若分别一异，彼非如理行。"正如此经中所说，既不承认一体也不承认异体、名言与胜义二谛圆融双运之理才堪称为真正的大乘，只有真正秉持这一观点的补特伽罗方能称得上是名副其实的大乘行人。而在成为最初听闻的语言、思维分别之对境的"名言中产生、于胜义中不生"，只能算是二谛双运中的相似胜义，原因是它只不过是作为世俗存在的对立面而引生出来的；或者说，由于它属于胜义的范畴，因而称为相似；换句话说，它是所谓二谛中的世俗谛所观待的对象；也可以说它是随同究竟胜义的相似门；抑或说，通过修习它足能摧毁无始以来久经熏染、根深蒂固之习气所致的实执，由此也可称为胜义。

我们要明白：观待这一相似胜义而言，也就有所谓"无生"的承认了。当然，如果来到究竟胜义观察量的面前，它也只是对后得生起定解的一种方法而已。从真正究竟实相的角度来讲，所谓由生引出的无生也仅仅是凭借智慧遣余的分别影像罢了。因此，唯有超离有生、无生等一切边并断绝语言、分别之诸行境的圣者极为清净的入定智慧所照见之义方可堪为至高无上的真实胜义，观待这一真实胜义而言，也就不存在任何承认了。

由于相似胜义与真实胜义接近并一致，因此也可以算在胜义的范围中，即称为随同胜义。我们务必要清楚，通过修持这一法理而有亲身体会的补特伽罗，观待后得的承认方式无论是取应成派还是自续派等任何名称，实际上证悟的高低无有尘许差别，都已达到了圣者所照见的境界，这一要点完全一致。正因为这一点极为关键，所以在下文讲必要时还有略述。

圣者这样的入定智慧之因，唯有无误通达二谛，除此之外别无丝毫他法。譬如说，燧木与燧垫没有兼而具足，以其中任何一者也不可能生火。同样的道理，如果没有将二谛融会贯通，那么根本不会对离四边戏之义生起定解，不管口头上再怎么说超离言思，也只是像外道修不可言说的我一样，不可能以各别自证智慧得到正法的奥妙内涵。因此，只有通过修成不离正理的闻思慧眼而生起定解，方可进一步修证其义、获得体悟。相反，尚未生起定解只是双目圆睁、喋喋不休地讲说离边、离言的人士恐怕仅仅是耽著字面夸夸其谈而已。如果依此便可以根除三有，那么口口声声说诸多一味平等的密行外道徒等依靠此道为什么不得解脱呢？

由此可见，唯独依照广大宗轨将名言与胜义的无垢观察量二理平等圆融的智慧火才能将二取所知的干薪焚毁无余，从而安住于离边等性之法界中。正像燧木与燧垫摩擦生火最终它们二者本身也被烧尽一样，以二谛圆融一味的智慧火最后也会焚烧分开耽著二谛的分别，进而真正安住在不偏堕现空任何一方、远离一切所缘之边的法界中。《般若摄颂》中云：“一旦有为无为黑白法，以智慧析尘许不得时，于世间界趋至智慧度，犹如虚空丝毫亦不住。”又云：“如是奉行明智之菩萨，断除贪执于众无贪行，如日离曜灿然昭然住，如烈火焚草木及森林，万法自性清净普清净，菩萨如若证悟智慧度，不得作者不缘一切法，此乃般若度之殊胜行。”此境界唯一是远离四边戏论各别自证智慧的行境，而无法言表、不可思议。《华严经》中云：“如空中鸟迹，难说难可示，如是十地义，心意不能了。”意思是说，诸位圣者由获得法界明现境界的不同而逐步跨地，最终现前远离所有二障的法界，诚如《广大游舞经》中云：“深寂离戏光明无为法，吾已获得甘露之妙法，纵于谁说他亦不了知，故当默然安住于林间。”

归纳而言，要明确了解修行三世诸佛菩萨之来源的智慧波罗蜜多的方法，即在薄地凡夫时先以闻思断除增益，再唯一平等安住于正理引发的殊胜定解中。如是二谛的安立并不是各自派别的观点，而是大乘共同的通衢大道，因为除了承认诸法自性空、名言万法唯心造这一点外否认一切他因。关于此理，《楞伽经》中云：“无始心熏染，心如影像般，纵现外境相，如实见境无。”此偈已说明外境不存在唯识之理。又云：“余说数取趣，相续蕴缘尘，自性自在作，我说唯是心。”这一颂明确地指出了万物无有其余作者，唯一是心所造。按照后面的观点，具有形形色色显现的这个无始无终的三有轮回并非是无因无缘自然产生的，而能作为此因者根本不是外道所许的时间、微尘、自在天、我等其他作者，而唯一是由自心所出生的，仅仅从这一点来讲，可以说内道佛教大乘宗轨无有分歧。月称菩萨也亲言："有情世间器世间，种种差别由心立，经说众生由业生，心已断者业非有。"

假设谁说世间的这一切显现不是由自心所生的话，那么就必须承认它的因是除心以外的他法，倘若如此，就已认可补特伽罗的心束缚或解脱轮回的一个其他因，这无疑已经坠入外道宗派里了。所以，无有其他作者且外境不存在唯是心之现相这一观点也需要渐进而成，承许名言为唯识的此观点成立是大乘的总轨。

有人心中不免会生起这样的疑问：那么，具德月称论师等为什么没有如此安立名言呢？

在相应上述的真实胜义圣者根本慧定的行境进行抉择时，现有轮涅的一切法在不经任何观察的情况下只是按照世人的所见所闻作为所量[1]就已足够了，并不必因为这一切本来安住于远离四边戏论的缘故而凭据宗派的观察对现相名言深入细致加以分析。对于这些显现，以语言、分别来衡量而说有、无、是心、非心等等，无论是肯定哪一方，在实相中都是不成立的，以如是胜义观察理的应成量便可推翻反方的颠倒妄执。而（应成派）自宗认为，任何有相的所缘都是不存在的，所以不管如何承认一概予以拒绝。

在这一问题上，对于有、无等任何方面的立宗，无需分开二谛即可一一驳倒。如果以二谛各自的任意一量来衡量的话，当然不加区分是无法进行破立的，这也完全是由于在此处是以真实胜义二谛双运的实相观察理智作为正量来衡量的。如《入中论释》中引用教证云："胜义中无有二谛，诸

1 所量：正量之所认识者。如一切瓶、柱等可知物，可以正量直接间接了知认识者。

比丘，此胜义谛乃唯一也……”因此说，月称论师一开始就着重抉择了真实胜义，因而是将缘起显现不灭这一点作为观察对境或者以它是证悟胜义之方便或途径作为辩论主题而抉择大离戏的。这样一来，在后得时，对道果的一切安立无论怎样以二量来衡量，都不至于对破立的名言造成妨害。也就是说，名言中完全承认缘起显现或缘起性。倘若以名言量来分析缘起显现，则绝不否认以顺行十二有支成立染污法以逆行十二有支成立清净法的道理。通过心性清净与不清净依他起来说明缘起性恰恰使唯识宗显得更为粲然可观。

这位大师的此论著中，着眼点却主要放在了相似胜义上，首先分开二谛来建立各自正量所衡量的承许是存在的，到最后，也必然契入远离一切承认的真实胜义中。这两种（抉择方式）相当于渐门派与顿门派。因而如果抓住了这一要点，也就掌握了应成派的究竟奥义。本论中“万法之自性，随从理证道……成俗非真实”的意义与具德月称论师的意趣完全一致，可谓异口同声。

因此，乃至在一法上尚有分开二谛的耽著之前，在他面前，名言量成以及无实这两者同等不会颠覆。只有通过理证摈除分开耽著二谛的对境，再进一步远离细微的执著，方可平等遮破这二者，达到离戏的境界。由此看来，尽管暂时在分别心前分开二谛，可是从究竟意义上讲，在以成立无二离戏之要抉择无分别智慧之行境以及辨别后得妙慧之行境的过程中，将有无承认的道理等区别开来就显得格外重要。所以，轮回涅槃、束缚解脱的一切理论在入定智慧前虽然无有立足之地，而以后得妙慧来衡量时这些作为所量必定是存在的。

为此，月称论师也并没有说学道、佛果所有观点只承认平凡世间眼前所见的名言，而平凡世间没有共称（即其他瑜伽世间共称）的一切通通否认。实际上，如果将应成派依照世间共称来承认这一点说成是与学宗派、未学宗派二者中未学宗派的平凡世间一模一样，那简直是离题千里，可笑至极。

这里所说的世间必须定为入道与未入道二者，就像寂天菩萨所说的“瑜伽之世间，平凡之世间”。因此，对于入道世间与未入道世间，依靠清净与不清净缘起而各自共称成立的千差万别之现相必然是存在的，而将自前的这些显现直接抉择为本来离戏，则不需要以宗派的观察详细分析缘起显现的这一名言，只是按照未经观察共同所许而承认即可。可见，经过以上这番辨别何等重要，否则瑜伽师在安立自宗的道果之理时，仅仅观待其他平凡世间的分别心前而立宗那未免过于滑稽了。

我们应当明确：这只不过是抉择胜义的一种方式，总的来说，诸位祖师入定后得的意趣是一致的。对于如此甚深之法理，即便是那些俱生智慧与修行智慧圆满、逍遥自在的成就者们也难以大彻大悟，那么像我这样智慧浅薄的寻思者纵然历经百年冥思苦想也实难穷究其堂奥，又怎么可能凭借自力来讲解呢？然而，依靠具德前辈荣索班智达与全知法王龙钦巴的善说等持明传承的教典而使智慧稍得展现，只不过是依此威力而作论述的。对于此等法理，入定于清净离尘之境界的人以及探索深广之处已至究竟者必定深信不疑。

称广述者虽颇多，明品深义寥无几，
若具最深智胜舌，当尝奥义此妙味。

此为暂停偈

关于唯识宗所许的观点，后来的法师们说：这位大阿阇黎并不承认与六识异体存在的阿赖耶，本来意识所分出的最细微部分就是阿赖耶，这在个别大中观与密宗相关内容中也曾多次出现过。

一般说来，这部论中的确没有承认阿赖耶的明显字眼，因而凭着自己的想法暂且如是安立也未尝不可。但实际上凡是承许万法唯心者如果坚决否认受持习气的阿赖耶，则是绝不合理的。作为唯识宗的法师，倘若依据《楞伽经》与《解深密经》等教义而承认，那必然要认同阿赖耶，因为阿赖耶相当于是唯识宗的核心。如果它成立，染污意识才能无有抵触而立足，为此必须承许八识聚。凭据本论（《自释》）中所说“二理所摄之乘简述即是如此……”以及引用的“五法三自性……”教证，我本人觉得：没有任何理由认为作者不承认唯识总轨的阿赖耶。

请问你们所说的密宗等中将细微意识称为阿赖耶是什么意思？与六识聚异体存在又是什么意思呢？无论对意识如何加以分析，如果它具备能够以所依与能依的方式受持习气之识——阿赖耶的法相，那么不管怎样，这个细微意识实际意义上都超不出阿赖耶的范畴，只是名称不同而已。（反过来说，）假设说它不具有阿赖耶的法相，则如同为马匹取名牦牛一样徒有虚名，根本无有任何必要。

再者，对于所说的与六识异体（阿赖耶不存在）的主张，请问你们究竟指的是本体还是反体？如若指的是本体，那么到底是说相续异体的阿赖耶不存在还是作用等异体的阿赖耶不存在？如果对方说，与六识相续异体的识不存在，那么不仅仅是中观，承认与六识相续异体之阿赖耶的唯识宗何处也无有。所有识如果在识之本体中还存在不同相续的话，那就有一个人兼具两个心相续的过失了。倘若与六识作用等异体（的阿赖耶）不存在，那取阿赖耶的名称又有什么用呢？因为毫无用途嘛。

仅仅在名言中从反体的角度来考虑，只是说无有阿赖耶就可以，而所谓的“与六识异体”其实并没有否定他法，因而再谈论它显然就成了多此一举的事，原因是：假设单单从反体方面也没有安立与六识异体的阿赖耶，那么到底是给谁取名阿赖耶呢？因为甚至在名言中与六识聚异体的假立阿赖耶也是无有的。在此只不过是打开一个思路而已，请诸位公正不阿地进行分析吧。

我们自宗认为：这位亲教师也是承认八识聚的，对于这一点，只要没有遭遇棍棒等迎头痛击的灾难，根本不必担心会出现理证的妨害。正因为必然承许八识聚转依的五智等，此论才成了大乘总轨的最妙庄严。名言中，不偏堕于染污意识及各自之识的明觉识本体、受持无始以来习气的一个识（阿赖耶）存在非但毫不相违，而且必须存在，这一点以理成立。但我们要清楚，由于作为遍计所执之根本的依他起本体不成立实有，因此月称论师等破遮的原因也在于此。

凡是否定自证与阿赖耶的这所有理证均是指向唯识宗承许自证成实的，何时何地都不是针对名言中承认阿赖耶与自证的观点，诚如以破除蕴界处、道果所有成实法的理证并不会妨害中观承认在名言中蕴界的安立及道果一样。当然也要明白：像外道徒所谓的恒常实有的神我等在名言中也绝对是虚无的。

总之，如果在名言量面前成立有，那么在名言中谁也无法遮除；倘若以名言量有妨害的话，谁也不可能建立它于名言中存在。同样，依靠胜义量成立无有，要建立它于胜义中存在这一点谁也无能为力。这是一切万法的必然规律。进行此番分析，对于整个大乘无论是显宗或密宗都是一个重要环节。不仅仅是显宗，就连密宗也是先抉择一切显现为自现，进而自现也抉择为心性大乐。

总而言之，开显所有大乘显密观点之根本的要诀就是此论。诚然，作为大乘行人都要按照佛陀所说整个大乘可包含在五法三自性等之中而如此承认，可是关于如何实修之道唯有这位阿阇黎所开创的宗轨。所以说，此论委实至关重要。

名言中承认实法存在并运用自续因而着重阐明有承认的相似胜义、建立宗派，从这一角度而言，阿阇黎可列于自续派的论师中。但万万不可认为其见解远远比不上应成见，因为就创立二理融会贯通的大乘总道轨而言，与二谛双运不住一切之法界要领始终一致，无有任何差异。

所以，具德月称论师的意趣——所有显现直接清净本地而令名言假相悉皆消于法界的甚深见解，等同于大圆满论著中抉择本来清净的道理，就此而论，其实就是持明传承之自宗。我本人虽然自愧不如，却对此向往不已。

这部论典堪为大乘总的通衢大道，将二大宗轨理趣汇成一流，尤其是胜义量遵循具德龙树菩萨的观点、名言量随从具德法称论师而承许，将这两条支流融入一味一体的理证大海究竟汇集为远离四边戏论之大中观的这部论已完整无缺地容纳了大乘佛经教义以及六庄严等诸大祖师诠解的深要。对于大地之上无与伦比的这一伟大善说，偏执一方的人们为何不恭敬顶戴？望诸位千方百计研修悟入。诸佛出有坏密意的源流、殊胜宗轨交相汇集成的汪洋就是此论。

姑且不谈安住一座相应法界入定的觉受，甚至闻思时也没有掌握破立之理微妙的要点，却一味高攀谈论应成派，实在难有收益，因而理当由经此论的妙道对中观要义通达无碍、了如指掌。

如果能自始至终精益求精地学修这样的论著，那么藏地共称宛若雄狮交颈般的中观与因明必然名副其实地一举两得。二谛理相辅相成的无比善说、能赐予语自在胜果的宝论在印度圣地也仅此而已，原因是将各执己见的宗派合而为一理证的胜妙精髓绝无仅有，不可多得。关于本论如何宣说二理之义，以讲论的摄义而予以阐明，即是此全论内容。

如果有人想：安立如是二理是追循龙树菩萨而承认的吗？

的确如此，《六十正理论》云："佛说大种等，正属识中摄，了知彼当离，岂非邪分别？"其中前两句讲述了世尊所说的四大种及大种所造，除识以外无有其余外境，这些现相均是心识本身而安立的，为此可摄于识中。

如果又有人想：所有大种无论是外境还是非外境的心识之本性都真实存在。

彼论中的后两句已明确指出心识的自性背离智慧之义，因为于真正的智慧前不现之故。你们的这种想法难道不是颠倒的分别吗？

宗派二理之道轨，建立一理之论典，
凡是如理随行者，必获妙理乘王位。
随声附和是或非，迎合偏执者心意，
直抒宗旨之此语，击中何人请宽恕。

此为暂停偈

五、有何必要。如果有人心想：如何才能对整个大乘之义生起定解？所谓的“轻而易举”又作何解释？如何依此而获得大菩提呢？

（一）通常而言，“乘”是以能作为趋向三解脱菩提的乘骑而得名。以所缘大等七大[1]胜过小乘的宗派即是中观与唯识宗。此二宗派并非各执一方、密意浑然一体即是“整个”之义。

对此等含义生起定解的方法：总的来说，以经久修习、亲身体验的智慧趋至究竟果法，其中必不可缺之因，即是通过如理观察而获得定解的思所生慧。思慧之因，就是闻受善说典籍。当然，只是听闻经论、了解它的内容还不足以经行地道，而必须对真义如理生起定解方能彻断自相续的颠

1 七大：所缘大、修习大、智慧大、精进大、方便善巧大、果大及事业大。

倒恶念。故而，应当随入三察清净圣言[1]与依量成立的理证之道，自己生起殊胜的解信，以不随他转、不被他夺的广大慧眼亲睹过去未来诸佛出有坏所由经的通衢大道，义无反顾而踏入。其中，并非人云亦云、盲目随从，而是凭着自己理证智慧的力量而坚信不移，无需依赖他人或仰仗他力，独立自主，即是所谓的“不随他转”；由于获得了解信，一切邪魔外道也无法使之背其道而行称为“不被他夺”。具有如此慧眼的修行人，于正法得到更超胜的定解，摈弃假法非法，获得辨别法与非法的智力，如同明目者现见色法一般。关于此理，正如怙主弥勒菩萨所说：“以理观察妙法者，恒时不被魔所障，证得殊胜摈除他，不被他夺成熟相。”因此要明确，所有正道务必要先了知、现见，再实地修行。反之，自己尚未获得定解的同时盲修瞎炼获证果位的正道是绝不可能有的。由于此理是二量论证的核心，因而只要把握住这一要领，依此不假勤作自然而然便会对佛陀深广经教的整个大乘生起解信，智慧将从方方面面得以增长，好似星星之火燎焚森林一般。

这部论著超胜一切不仅依理成立，而且依据教证也足可证明。《楞伽经》中的五法之义前文已引用过，而此经中广述的结尾又云：“谁依理证测此理，信勤瑜伽无分别，已依不住之义者，享用妙法如纯金……”二量圆融一味、依理抉择的这部论前所未有，以颠扑不破的理证足可成立将此论赞为价值连城。详细内容请参阅《楞伽经》《密严庄严经》《解深密经》《父子相会经》《月灯等持经》《象力经》《无尽慧经》《摄正法经》《海

1 三察清净圣言：如佛语量。三分宣说所量事物：于现前者，不违现量；于隐蔽者，不违比量，于最极隐蔽者，不与前后自语相违。现量、比量、自语三不相违，过患清净，称为三察清净圣言。

龙王请问经》《宝云经》《般若经》等。如果对所有这些经典的无垢意趣深入细致思索，必会更加深信不疑。

分别而言，对本论生起定解之方法：超胜其他中观之此论自宗具有与众不同的五种观点：一、真正的所量对境唯一安立为能起功用的实法；二、外境不存在，唯有自明自证之心识的独特观点；三、认为外境形形色色的显现由自心所造，承许唯心；四、胜义分为相似胜义与真实胜义；五、在抉择相似胜义时，认定各自正量所得出的意义互不相违。

于此逐一介绍它们各自的主旨：

其一、我们要了解，世俗中真正的所量对境唯一是能起功用之法，而所有无实法依靠自力无法显现，是依赖有实法以遣余的分别心而假立的，由此可确定观现世量安立的合理性，依靠观现世可抉择观现世对境中显现的所知万法为无常，同样某些人自以为是地认为虚空等是恒常之法，实际上只不过是它的无实假名成立而已。倘若是有实法，必须是能起功用的法。如果是有功用之法，就可成立是刹那性，一切实法的无常性也可轻而易举得以证实。如果懂得以显现的方式取自相、以遣余的方式取总相的道理，必会对此理解得极其透彻，这相当于是因明论的心脏与眼目。

而名言本身也分为真名言与假名言两种，其中能起作用之法许为真名言，这与经部的观点相吻合。法称论师也说：“若入观外境，我依经部梯。”对此，虽然不承认隐含的外境，但对于由心所呈现形态各异的现象必须如此进行名言分析。

其二、名言中有自证：尽管不是一体的自身分为能知与所知之对境的觉知，然而从遣除无情法、生起明觉本体的意义上安立为自证的名言实属合理，不会招致自己对自己起作用相违等任何过失。自证在名言中成立绝无妨害。依自证而建立万法唯心，感受对境的名言无有妨碍而成立。如果不这样承认，那就会由于毫不相干而不能实现领受外境等，结果一切观现世量的安立都将土崩瓦解。由此可见，自证实可堪称名言量的唯一关要。

其三、承认各种显现为心的幻化，进而了达名言究竟的本面并对流转投生、弃离轮回之理生起诚信。如是就远离一切所缘相状戏论的实相而言，万法唯心的概念也不可得，然而这纯属是超越名言的胜义。如果站在名言显现的这一立场上，“外境存在”这一点必有理证妨害，而“万法唯心”却有正理可依。因而，倘若未逾越观现世量的范围而承认一个名言，则无有较此更胜一筹的。如果对以分别妄念安立的一切法进行观察、分析，则任何法也不成立，但自前感受无欺、不灭的现相以事势理必定成立仅是心的显现或者自现。如果越过它，显然就属于超离名言之胜义的领域了。应当了知绝不会再有一个居此之上的名言。为此，法称论师开显佛陀慧眼如理如实所彻见万法实相之密意的名言道理的精髓也仅此而已[1]。即便如此，但名言量与胜义相结合而宣讲正是本论的特色。如果通达了显现为心之幻变，就会对流转轮回、了脱生死的道理获得定解，也就是说，由心中所住各种各样的颠倒习气所牵引，接连不断地涌现出形形色色如梦般的世间显现。

1 此处应指万法唯心，因为法称论师《因明七论》的究竟观点就是这一点。

万事万物除了心以外再无他因有着充分的理由：心被烦恼所左右而流转世间这一现象即便是如来的妙手也无法阻挡。一旦自心获得了自在，便可以随心所欲驾驭万法，根本不必观待外界的大自在天欢喜以及由于时世混浊、环境恶劣而远走高飞等其他因而获得忍位以后不再堕落恶趣等显现道果功德。反之，如果这一切不是以心来主宰的，而是以外界事物的威力所致，那么由于千差万别的好坏事物纷至沓来，层出不穷，结果修道的行人根本不可能彻底断绝由外界所造成的痛苦等。只有了知万法唯心者才能对流转轮回、了生脱死这一点获得坚定不移的稳固定解。因此在自心上抉择诸法，既是一切佛教宗派独具的殊胜特点，也是万法现象的本来面目，又是修道的微妙窍诀，依之必能铲除三有的根本，好似屠夫精通致命的部位、樵夫精通伐木的要领等一般。如果以殊胜方便摄持，那么在究竟金刚乘时窍诀的醍醐也仅此而已。

当今时代，未品尝到正法的根本而一味纠缠词句的人们竟然认为只是探索心的奥秘之法并不重要，应该修持相比之下更为关键的因明推理、能言善辩、讲经说法、高谈阔论之道。诚然，必须依赖闻思斩断疑网，但相对而言，似乎实修更需要放在主导地位，在对正法了如指掌的诸位大德看来，恰如《般若经》中所说的“舍本逐末、获得佳肴反寻粗食、已得大象复觅象迹，不乞求赐丰美物品之主人反讨于施微劣物之仆人”等比喻一样。意思是说，将正法之根本弃之一旁而津津有味地享受词句之糠秕的傲气十足者，反而对其他具有要诀之人轻蔑藐视，看来他们已经颠倒错乱了法的轻重。一切显现了知为自现这一点，凡是希求显密任何正道之人务必深信，除此之外再没有更重要的了。夜晚梦中所显现的种种情景，如果着手依靠其他方法予以消除，那将无有止境，只要了知这一切均来源于心，顷刻间所有景象即会销声匿迹。我们要清楚地认识到，无有终点、无有尽头的世间显现与此一模一样。

其四、将胜义分为相似胜义与真实胜义，实在是高超绝妙的立宗。如果首先未曾宣说无实，就无法铲除无始以来久经串习的颠倒实执。假设将单空说为胜义，有些智慧浅薄之人又会误解成遣除所破的单空就是实相，耽著空性而成为不可救药的见解。耽著的方式也有耽著空性为有实与耽著空性为无实两种。如果说任何边也不能耽著的话，会导致他们抛弃三有一切"疾疫"之对治——甚深空性甘露源泉理证观察引生的定解，认为作意什么都不应理，以致陷入无所忆念迷茫黑暗的困境中，难以阅览、思考、领受这一深法。诚如《中论》中云："不能正观空，钝根则自害，如不善咒术，不善捉毒蛇。世尊知是法，甚深微妙相，非钝根所及，是故不欲说。"为此，首先以此相似胜义打破实执，接着阐明真实胜义也能遣除耽著无实的这一分。总之，不加成实等任何鉴别，具有轻易认定息灭有、无、是二、非二四边此等所缘的大离戏、各别自证所悟之奥义的必要。

关于此等之理，应当依照寂天菩萨所说："若久修空性，必断实有习，由修无所有，后亦断空执。观法无谛实，不得谛实法，无实离所依，彼岂依心前？若实无实法，悉不住心前，彼时无余相，无缘最寂灭"来理解。

如果有人想：假设不存在四边以外的一个所思而遮止四边，那与一切皆不作意的和尚宗又有什么差别呢？

和尚宗等派并不是破除一切实执后未见任何所缘相而不作意的，他们只不过是制止了一切起心动念而已，不用说遣除一切边，甚至去除有边的理由也是立不住脚的，而真正的无分别并非如此，《辨法法性论》中云："远离不作意，超寻伺寂静，自性执息念，五种为自相。"理当按照此中以不杂世间不作意等五种[1]方式所说的道理来了知。

如果以理分析空性后依旧具有（无的）执著相而修持，尽管能对治有的耽执，但仍然无法抛下无实的所缘，这样一来，又怎么能算是证悟离戏空性的智慧体相呢？如果耽著遮破成实的无遮单空，有些人就会指责说"这是断见"。实际上具有实执的同时抹杀因果，才是人们公认的断见，这种单空又如何能算为断见呢？然而，虽然实有耽执之对治的执著相是合乎道理的，就像无常与不净观等一样，作为初学者是应修的法门，但与远离一切见解、承认的大中观无分别智慧本性相比较而言就显得颇为逊色了，因为它毕竟只是分别自性的单空见。

对于初学者来说，遮破所破的单空在心中可以浮现出，然而从依靠中观理切合要点来分析的修行人善加辨别无自性与单空之差异的角度而言，无自性与缘起义无二无别的殊胜定解执著相，恰恰正是遣除悬崖峭壁般常断二边的对治。乃至具有破立的执著相期间，就不属于远离分别戏论四边的自性，只有以各别自证的方式入定于依正理穷究四边皆不住的定解所引发的法界中，才能消除一切戏边。由此方可断除增益，并对更无高超之真实边、《般若经》中所说不作意的本义坚信不移。

1 不作意等五种：即五种不作意的无分别。一、只是不作意世间名言，如婴儿与牛犊；二、仅超越寻伺的不作意，如二禅以上；三、息灭分别念，如沉睡、麻醉状态、入灭尽定；四、无分别自性，如色等境、眼等根均是无分别之尘的自性；五、执著"何者亦不执著"的息念，如什么也不能作意其实也是一种执著。

如是就成为入定之行境的究竟实相而言，由于无有四边的所缘，非为语言、分别的行境，因而全然否认一切，反之，明明存在所缘反而不承认纯粹是虚伪之见，这两者尽管同是不承认，但本质上却有真假的差别，如同本是盗贼而不承认盗窃与原本不是盗贼而不承认盗窃一样。

为了趋入入定境界无可言说之义，以后得的定解用名言的词句来表示，在以借助无生、无自性、空性、离戏、无缘、离边等名称确立的方式进行宣说时，由于所有词句都是以断定自己所诠表之内容的方式而趋入的，因而永远也不能表达出除此之外的意义。它的词句表面上似乎已承认了那一含义，而且内心也随之如是执著，但实际上此等词句就是为了表明排除一切承认与所缘的行境，如（龙树菩萨在《回诤论》中）云："若我宗有者（，我则是有过，我宗无物故，如是不得过）。"又如云："佛智非为言思的对境。"本来，承许的这些词句正是为了否定有承认与言思之对境而说的。可是诸如用手指指示月亮时不看月亮反瞧手指的愚昧之人耽著词句而认为无承认本身就是承认、不可思议本身就是思维、无说本身即是言说，就像顺世外道认为比量非为正量一样将佛典中的此等词句误解为自相矛盾，这实在是大错特错，荒谬绝伦。对此，绝不可将无说之义与能诠言说的表示以及意义的无承认与词句的承认这样的两者执为矛盾，而理解要点一致十分关键。同样，依靠无生等词来表明一切所缘的行境皆为空性，只是将对于本为空性的任何法去除耽著称为无缘而已。因此，所谓的"无实"这一名词仅仅是说明万法一经观察绝不成立这一点，而并非是像瓶子等以所谓的其他成实所破等来空的，是指任何法不存在实有，必须遣除对它的耽著。因而，证悟了诸法无实后还要灭除一切执著相，如果仍旧存在耽著无实句义的妄执，那说明尚未息灭（具有执著相）见解。

在任何法上，对于彼等之空性，以遮破成实的理证足可确定执著所谓无自性的耽著对境也同样不成立，虽然无自性也无成实，但如果无法息灭对它的执著，那么瓶子等万法也无不与之相同。如此一来，甚至观察胜义的理证也只能遮破所谓的“成实”，却连一个有法也不能破除。如果它的有境所有执著均不能予以摧毁的话，那么空性也不可能打破能取所取的一切戏论。此外，圣者的根本慧定也成了毁灭诸法之因等（“等”字包括名言经得起胜义量观察以及胜义中存在生等法）三大太过也必将落到头上。如果存在一个以胜义观察来分析仍旧不能推翻、破除的法，则显然已变为成实了。所以，理当借助无生等词而悟入息灭一切戏论之义。

由此看来，无有任何所缘的甚深智慧波罗蜜多，又怎么能与和尚宗的见解相提并论呢？

远离四边之戏论就是指不偏堕有无二边，唯是各别自证之行境，而语言分别无法如理如实表达，然而，为了予以诠释而共称现空无别、二谛双运之中观。执著相是指恒常带有自己的所取境，如果离开了执著相仍不见真实义，那么依靠如所有智的有境根本慧定，以尽灭一切二取的方式也不得彻见实相了。因此，凡是恭敬此佛教之人切切不可如此评说。

此处所讲的内容极其关键，可是深奥难以证悟的本体纵然再如何讲解都仿佛成了向空中射箭，在凡愚的心里终究得不到领悟的机会，徒费唇舌又有何用呢？无谬触及此理要害的方法就是要对二谛圆融之理生起定解。

首先万法抉择为空性，其次对空性缘起显现之理诚信不移，随之，依赖空即是现、现即是空的缘起性空双运之理，以无有体悟的方式领受此离戏等性。由此可知，正是为了遣除有的耽著，经中才宣说了外空性等；同样，为了破除无实的耽著而宣说了空空等。通过此等方式而远离一切边即是此真实胜义。

对此，自续派诸论师以智力的不同首先耽著相似胜义，这是因为他们想到顽固的实执致使（众生）在轮回中蒙受欺惑、并且实执的对境也是虚妄的、胜义中本体无有任何成立，于是尤为偏重无遮的执著相。这一派系虽然遮破四边，却并非不加胜义或自性或成实的鉴别予以破析的，而是分开二谛对遣除有无边之理等进行辨别来讲的。鉴于此种原因而怀有胜义不成立之“无”的执著以及世俗万法自相成立之“有”的执著，他们觉得：如果（万法自相）不成立则成了诽谤世俗之显现。

如果有人心里想：相似的无生仅仅是生的反面，生与无生在一法上为什么会不以互绝相违方式互相抵触呢？

（这一点可以成立，）种子生芽也不存在实有的“生”，在名言中自相成立同样不成实有。这是从现相为世俗、实相为胜义的角度来讲的，所以非但不矛盾，而且极其合理，因为以事势理明显成立之故。此二理互不排斥，无论就任何一有境正量而言，都只是断定各自的法相，永远不可能确立与之相反的一方。因而运用各自的能立——自续因自然合情合理。我们要明白，正是因为分开耽著二谛而承认各自观点，才有了自续的承认，也就是承许所谓的“胜义中无有、世俗中存在”。如此分开耽著二谛的这一分恰恰是应成派的不共所破，假设自续派已离开分别耽著二谛的所破，则应成派等也再没有比此见解更为高超的了。除了远离四边戏论、无有一切承认以外还有一个要断的戏论，依理证永难成立。

所以说，乃至具有执著、二谛尚未融为一体之前，就没有超越分别心的行境，也无法获得远离三十二增益般若波罗蜜多的无分别智慧。为此，应成派首先即抉择现空双运离戏，正由于凭据理证摈除了认为虽无成实但世俗自相却成立的这一分耽著，故而息灭将二谛执为各居自地之异体的耽著，进而二谛融合成一味一体，依此必能摧毁偏执有无等一切执著相。这一宗派（应成派）对于四边无需加上成实、胜义等二谛各自的鉴别，一并推翻四边的耽著对境，从而有境之心相合圣者入定智慧而决定远离一切所缘与承认的究竟大空性实相。而在后得时，道果一切法依据二谛量所作的分析，无有妨害而安立也就更富合理性。应成派对有无承认不是一概而论，而是加以辨别来讲，这实属全知龙钦绕降独树一帜的观点，如果详细分析破他生的《回遮论》等，必定生起诚信。

亲教师的这部论中，最初以分开衡量二谛的无垢智慧建立二理，最终分开耽著二谛也予以破除，随同入定无分别智慧远离一切承认而抉择真实大胜义。因此说，此二宗派（自续、应成）究竟意趣无二无别、平等一味。

如果有人想：这样一来，应成派就毫无意义了。

并不会成为如此，因为应成派依理广泛全面地建立了远离一切承认的空性。由此可知，着重讲解具有承认的相似胜义是自续派的法相，侧重阐述远离一切承认的真实胜义则是应成派。在安立此二派别的法相时，区分承不承认名言中自相成立以及应用正因的方式等差别来安立仅仅属于支分的类别，可归属于上述的法相中。也就是说，有无承认、名言中是否承认自相成立、建立无自性采用应成因或自续因、对所破加不加胜义鉴别的这些要点都是从刚刚讲述的道理而出发的。

因此，如果应成派站在相似胜义的角度而具有分开二谛的承认，那就与自续派无法区别开来了，在名言中也破自相成立的所有理证，与你们自宗（应成派）的世俗量成也就不分彼此了，因为同样经不起观察之故。在名言中也否定自相成立只是不便于名言的安立，除此之外不会获得任何超胜利益。自续派也并不是建立自相成立经得起胜义观察。所以，根本得不出任何令人感到切实可信的超胜实例。

其实，大亲教师的这部《中观庄严论》已涵盖了应成派与自续派的宗义，因而堪称所有中观的庄严。之所以取名为“应成”与“自续”，其原因是：自己站在依据二谛各自量所衡量分别承认的立场上，而在他宗面前，主要通过运用量成自续因的方式来推翻反方的辩论，即称做自续派；自方立足于远离四边戏论、无有一切承认之地，而通过（“以子之矛攻子之盾”的方式）用立论者自己所承认的推理攻破他宗具有承认的反驳，打破对方的颠倒妄念，故称为应成派。正如龙树菩萨所说：“设若现量有，则容有破立。无破亦无立，是故我无过。”又云：“若有不空法，则应有空法。实无不空法，何得有空法？”当见到缘起显现的一切有实法自相成立以及生等在名言中也不存在、本来处于无自性中时，便已通达了毫无所立与所破、所缘与所遣、远离一切戏论之边的本性，真正悟到了远离一切承认及执著相圆融双运、不住诸边之义，这也就是月称论师的无垢教义。《中观入慧论》中也说："唯遣破立二，实无诸破立。"

通常而言，富含宣说本来无生、无有破立极其深刻意义的所有词句的教义如实赤裸显露实在是难之又难，因而必须持之以恒、经久修习。如果要受持真正的应成派，那么望诸位学人依照刚刚讲的这些偈颂之义掌握本空大离戏的道理。我们理当了知，应成派与自续派以侧重讲述入定二谛一味之智慧与后得分开辨别二谛之妙慧的方式就是如此[1]。

显而易见，将胜义分为二种之此举已将应成派自续派两支汇为一流，依后得辨别的妙观察慧所分析的结果，具有领悟入定不分别诸边的智慧等众多殊胜必要。以上述的内容为主，无论是何种宗派，如果抓住了要点，则如庵摩罗果置于手掌般抵至宗派的最深处，才能真正越过一切犹豫不决（的障碍），否则必将困难重重。我不时在想：在此藏地，承认应成派之意趣者也盘旋在自续派的领域内，难道是由昔日的特殊缘起所导致的吗？

现量断定窍诀理，文殊欢喜苍鸣声，
未辨宗派之迷梦，若逢此音顿唤醒。

此为暂停偈

其五、二谛各自承认互不错乱之必要：正由于入定智慧超离言思，因而完全超越了语言、分别之境。在尚未如理生起二谛量无垢妙慧之前，也就不可能悟入这样的智慧境界。就算是诸位圣者，在后得时进行的有无是

1 就是如此：是指麦彭仁波切以上所说的这些。

非等一切破立也绝不会超出言语、思维的行境，因此关于为他众传授、开示，口出与反方辩论之语等所说的“这种情况下有、那种情况下无……”的所有意义，一律是依靠不混淆、不错谬而辨别法的妙慧观察而表达的，所以业因果、道果之一切法理的破立无一例外均能无有妨害地安立以理而成的真实名言。依于获得无余辨别所知万法的妙观察慧眼，必将自在享受现见远离一切戏论、等性义之智慧所见的境界。

就衡量现空大等性离四边戏论之真实胜义的理智而言，分别耽著二谛也仅是分别念而已，为此在名言中也遮破世俗自相成立。相反，站在相似胜义的单空这一角度，以名言量得出的“世俗法相成立”的结论永远也不能否认。假设破除而修持单空，势必会偏堕二谛一方，诽谤显现一面。正是考虑到（此种修法）与天神派[1]修世俗也不存在等《禅定七信论》雷同的这类现象，（全知法王无垢光尊者）才在《如意宝藏论》中说：“不知此理断空者，虽称远离有无边，不晓离基有顶见，背离佛教成外道，灰涂身成虚空派。”

相续中生起远离四边戏论的方法，以初学者循序渐进而悟入为例，以无垢正理首先遣除对一切有为法无为法执为实有的耽著对境，随即遮止“无”等剩余三边的耽著对境，接着相应不住单方面的耽著对境的殊胜定解而修行，一旦无有轮番同时遮破一切戏论之边，即获得法界明相的境界。正如全知索南桑给尊者亲言：“观察实相凡夫慧，不能顿破四边戏，然轮番遮四分已，如理修生见道时，即称通达法界见。”对此远离四边戏论真

1 天神派：顺世派的异名。

实无二的实相，前译的诸位智者成就者视之为清净无垢的自宗，通过具足金刚乘的甚深窍诀要点而现前真如的方便——依靠四证因[1]等确凿理证的途径生起定解，加以修行，最终对本来清净、任运自成真实无二之义已稳操胜券现证的成就者可谓接连不断涌现。从他们智慧中流露出的伏藏法数量极其可观，证得通彻虹身果位者也屡见不鲜、纷纷现世，如同向导一般可作为正果因[2]。

若有人问：那么，这是宁玛派别具一格的观点吗？

并非如此，佛陀在所有甚深经续中再三宣说、六庄严等诸位智者以直接间接的方式广泛弘扬的远离四边戏论，实是大成就持明者身体力行的实修法门、一切智智必经的唯一大道，所以她是一切新派旧派的意趣核心。

下面引用（前辈大德的教言）教证简要说明此理：

大译师吉匝亲言："究竟殊胜见，双运皆不住，三世佛密意，许智悲脱离，堕边应遮故。……"藏地成就之王笑金刚也言："现空若无别，见解至究竟……有显现实法，无空性法性，无别一味体，自他证非有……"

文殊菩萨赐予萨迦派祖师的《离四贪窍诀》[3]中云："若生执著非正见。"对此，雪域智者之王萨迦班智达曾经讲解道："若问：哪一方是合理

1 四证因：一因、现量、文字相、加持。

2 正果因：真因之一，能证成有所需三相完全具备之因。（此处意思是说，通过这些成就者足可证明远离四边戏论真实无二的实相为自宗。）

3 《离四贪窍诀》：此乃文殊菩萨赐予萨干·贡嘎宁波的四种教言。全文为：若执著此生，则非修行者；若执著世间，则无出离心；执著己目的，不具菩提心；当执著生起，正见已丧失。（他译）

的呢？无论观待任何补特伽罗，现分为世俗，空分为胜义，现空无二无别分为双运，正如《五次第论》云：‘显现与空性，了知各自分，何者真圆融，称之为双运。’对于此三理切实通达，即是所知之处；通过方便与智慧双运的方式加以实修，即是道；证悟后暂时经行地道、究竟获得三身，即是果。这一法理正是一切不违教理了义三藏的意趣。”

至尊宗喀巴大师也正是为了用慈悲之手救护因不具备以理观察的定解而一味迷失在离戏的字面上结果对实执无有任何损害导致误入歧途的那些初学者，才暂时强调说以观察所引发的无自性执著相极为重要，并在最究竟的教言中写道：“何时分别各执著，无欺缘起之显现，远离所许之空性，尔时未证佛密意。一旦无有轮番时，现见无欺之缘起，断除一切执著相，尔时见解即圆满。”

吉祥自生金刚尊者亲口说道：“非有佛亦不照见，非无一切轮涅基，非违双运中观道，离边心性愿证悟。”

证悟自在者多罗瓦大师也曾这样说过：以辨别后得的妙慧观察时，最终果位身智自性如来藏常有、稳固、寂灭、永恒的本性，即是无欺胜义谛。在决定入定时，修持远离一切戏论。这也是极其深奥的要诀。

此外，密主珠瓦滚波怙主亲言：“如是世间愚昧众，于如兔角无所有，抑或谛实作假立，堕入常边与断边。缘起离断空离常，缘起而生故空性，空性之故现一切，空性缘起无有二。”

以上述教言为例便可知晓，诸位大德所说与佛陀、成就者的意趣完全一致。然而，侧重有无之一方的所有论著实是摧毁染污法与建立清净法的殊胜善巧方便，就究竟实相而言，并非如是成立。比如说，畏惧三有痛苦、喜乐寂灭的这两种心对初学者来说需要生起，可是作为诸大菩萨，彻见有寂等性时，惧怕轮回、喜爱涅槃的心念也务必断除。

因此，当分析究竟实相时，具有四法依[1]的行人，修成远离四边戏论本性后，能打破与之相违的一切。也有个别大德内心已达到究竟远离四边戏论的境界，但鉴于某种必要显现上却着重于有无的单方。另有一些远离四依之人，将偏执一方之道误认为是究竟实相，无有丝毫入定境界，只是耽著词句的破立戏论，如此定会招来经中所说的喜欢言谈的诸多过患，甚至舍弃正法，诽谤自方他方所敬仰的大德，造下弥天大罪。

如果有人想：诽谤他人倒也是在所难免的事，又怎么会诽谤自方的诸位大德呢？

带有片面性眼光的那些人，表面上吹嘘自方的补特伽罗至高无上，实际上却是莫大的诋毁。为什么呢？譬如，诸外道徒对于各自所推崇的本师自在天、遍入天等，大肆赞叹他们享受美女、摧毁他众的嗔怒猛烈无比、狡诈手段如何高明，这在智者看来，完全是出于烦恼污垢的驱使而评论的，因此纯粹是诋毁之举。同样，此处所说的这些人，其实已承认了自方的那些修行人并没有通达佛陀在所有最深经续中再三说的“以观察究竟实相的理智无有欺惑、不可否认而成立的离四边戏论之本性”。正是为了遣除曾出现、

---

1 四法依：学道时应当选取或依从的四事，即依法不依人、依义不依句、依了义不依不了义、依智不依识。

将出现的如此劣道，（全知法王无垢光尊者于）《如意宝藏论》中云：“论说修胜无念智，深寂离戏之实相，违其劣道今猖狂，欲解脱者当弃之。”

（二）所谓的“轻而易举”到底是什么意思呢？

是指能够迅速引生定解。换句话说，不费吹灰之力对大乘教义获得定解，即称为轻而易举。这部论典词句简明扼要，意义博大精深，也就是说，观待极其丰富的内容，此论实在是短小精悍，却如同火上加薪般能无余扫除包括唯识宗在内的内外道假立宗派的所有过失，以极其尖锐、势不可挡之理证、观察二谛之正量，对诸如《中论》与《释量论》所包括的细致入微、最为甚深的一切法义精髓无不予以阐明。其中的推理与词语极其分明，因此说轻而易举便可通达，诚如《中观庄严论自释》也说：“以明确的教理在此宣说，能点亮如牛王般佛陀之妙语明灯……”

总的来说，中观论中共称有五大因或四大因，居于榜首的理证之王要算是大缘起因，其余因虽说可归属其中，然而离一多因之理在这所有理证中恰似剑之锋与矛之尖，正是由于离一多之理富有简明易懂、便于思量、坚不可摧等多种特色及超胜之处，因此阿阇黎才唯一凭借此理将一切万法抉择为实空。此种抉择方法，犹如对症下药或刃中要害一般，达到最为关键的深处。诚如《中论》中荟萃其余二十六品实修精华的第十八品中宣说了离一多理、中观的摄要《入慧论》[1]等中也唯以离一多因建立诸法无实，诸如此类，这一因堪称是《俱舍论》等一切论典的理证中最为锐利的锋芒。由于一切万法均为缘起性，故是离一与多。正因为离一与多，因此不是独

1 《入慧论》：乃月称论师所著的一部中观论典。

立自主成立，依缘而造如幻显现，故是缘起；如果非为缘起，而是本性成立，那么不可能存在离一与多；假设一多实有，则缘起也不可能有立足之地，所以其余一切（因）实际上均可摄于此离一多因中。简言之，如（《回诤论》）云：“佛说空缘起，中道第一义，最胜无等佛，于彼稽首礼。”

认清建立空性的所有因中能以一概全的要点归根结底就是缘起，这是诸位中观论师极需明确了知的要点。对此，本论《自释》中云：“宣说缘起道，解难忍念网，彼等如来前，恒常敬礼拜。”此论是切中二量精要的论著，因此已凝聚了点缀赡部洲之六庄严及追随者所有善说的要义，只是通达此论，数十万计的论著之难点便可迎刃而解，（修学此论者的）语言智慧蒙受文殊语狮子的加持，大大增上智力，如同妙药与明咒的功效一样，具有智慧者必会现量起信，何需再多繁述。如《本论自释》中也云：“受持此尊者，传授与智者，自他普殊胜，皆令得满足。有缘鲁莽者，除自命清高，依辩无碍解，傲然居高处。深法真实性，宣说大能仁，声誉传诸方，广弘一切处。”自己对正道获得诚信后以摄受具缘者，以折服反方的辩才力胜诸方，弘扬佛法。

（三）如何获得大菩提：驾驭着大乘道轨圆满的坐骑，便可抵达菩提果位。也就是说，于三宝获得解信，通达无自性，从而断除畏惧三有、喜乐寂灭之心；以如幻的悲心与等同虚空的珍宝菩提心作为因，孜孜不倦修行无垢二资粮道；最终成为圆满自他二利的法自在如来，这是无欺的因果规律。如此究竟果位，也是以修、思、闻慧次第相联为因果的。听闻时也必须要依靠这样无垢正理的途径获得定解，准确无误加以抉择。因此，闻受如是论典，思维所闻之义，再进一步串修通过深思熟虑所得定解的意义，逐渐对深道生起法忍，正像《月灯经》中论述三安忍时所讲的那样。

对于以上所有的必要，本论直接、间接加以明示的情节在解释正文时将会了知。

关于如此著论五本，有的论著中直接完整说明，有的论典中并未全面宣说，各不相同。但此论中，关于作者在跋文中已指明，“为谁而著”通过受持深广教义的法器已间接说明了，因为本颂中有“乘二理妙车……”其余三本是正论的直接意义。如是通过五本之方式深入浅出地阐述了总义、辩论、必要等诸多内容。依靠以上文字也可对本论的绝妙之处略知一二。

时恶境劣然我等，于大祖师无垢轨，
未染倾向自宗过，明说微妙最深要。
今士寡闻智慧浅，偏堕嫉妒慢心高，
是故实难成利他，为自心修善说著。
金粪等同圣者前，供四洲富有何用？
受持彼心铭刻法，必定满足其意愿。

雪域一目彼怙主，暂时虽示圆寂相，
大悲明眸永关注，苦难重重之苍生。
胜妙刹土寂静眼，如莲瓣饰笑盈盈，
现量照见何者前，供此善说音令喜。

甲二（所说论义）分二：一、真实分析所说论义；二、如是分析之必要。

乙一、（讲述开显二谛真如之此中观庄严论真实分析所说论义）分四：一、名义；二、译礼；三、论义；四、尾义。

丙一、名义：

梵语：玛叠玛嘎阿朗嘎绕嘎热嘎

藏语：哦莫坚戒策累哦雪巴

汉语：中观庄严颂

如果将梵语藏语对应起来，则玛叠玛嘎为哦莫（汉意为中观），阿朗嘎绕为坚（汉意：庄严），嘎热嘎义为策色嘉巴或策累哦雪巴（汉意：偈或颂）。

所谓的“中观”是不住任何一边的名称，如果对由此名称所趋入的意义进行分类，则有所诠义中观与能诠句中观两种。其中所诠义中观又分为基中观、道中观与果中观；能诠句中观包括《般若经》等经典以及诠释此等密意的《中论》等论著，又通称为文字中观。

“庄严”的意思是指美化或显扬。

那么，此论是如何成为中观之庄严的呢？

所诠义中观相当于俊美之人的身体，而能诠文字中观恰如作为装点的珠宝饰品。由于通过这种方式来加以开显，所以此论好似能映出佩带装饰之身像的明镜一般，起到点睛修饰[1]的作用。这部论典实是整个中观的庄严，而并非是片面性的点缀。

如果有人想：那么，此论是否成为中观应成派的庄严呢？如果成为，就必须承认这是应成派的论典；倘若不成为，显然就与肯定是整个中观之庄严的说法相违了；尤其中观最究竟的意趣就是应成派的观点，如若不作为应成派的庄严，也就很难谈得上真正成为中观的庄严了。

这部论著虽然能成为应成派的庄严，却不会具有是应成派论典的过失，因为此论是重点讲述以理建立后得有承认的相似胜义之论的缘故。如果抉择后得二谛各自的实相，那么依此便可轻易地确立二谛双运、远离承认的中观，为此只是泛泛宣讲真实胜义这一点与应成派意趣是一致的。有关它们的要点在总义时已经宣说完毕。虽然我觉得有许多需要进一步分析的问题，可是对于具有智慧的人来说，只要笼统说明要义就足够了，因而在解释本论颂词的此时只想以简短的词句加以讲解。

总而言之，懂得应成派与自续派仅是着重强调入定、二谛平等一味之阶段与后得二谛分开显现之阶段尤为关键，并且意义重大。切合中观究竟的入定智慧决定为应成派的观点；切合后得二谛理的实相为自续派的宗义。一切佛经也不例外，有些经中宣讲远离有无等一切边、不可言思的真实胜义；有些经中宣说所谓“无色、无识”无遮单空的相似胜义。

1 点睛修饰：在诗文的前中末句里用一个表明事物类型、动作、功能或属品的言词，使前后文含义全部明白突出以修饰其词句。分为十二类：首句类型、首句动作、首句功能、首句属品、中句类型、中句动作、末句类型、末句动作、连珠、矛盾、一事和双关。

阿阇黎龙树菩萨依照佛经的密意而建立一切因缘果法不存在实有，最终依理建立远离诸边之大离戏的本性。同样的道理，应成派、自续派的诸位阿阇黎也是由分别着重强调入定与后得中观而取名的，并非自续派论师没有如实诠解经论的含义。

如果一开始未曾依赖分开辨别后得二谛的这一中观，则由于无因而难以获得果入定中观，也就是（《入中论》中）“名言真谛为方便，胜义谛由方便生”，以及（《中论》中）“若不依俗谛，不得证真谛”所说的意义。不要将这里所谓的名言当作是与相似胜义之对立的世俗，其实它是指心名用[1]之语言、分别的行境——二谛分开的这一显现。为此，相似胜义也包括在名言世俗的范畴内。

观待通达如是二谛之理的名言来说，远离一切名言、不住一切的双运大中观或超心离戏中观才可称为胜义谛或胜义也就是真实胜义。无论任何情况下出现“胜义”的字眼，那些长久闻思潜心专研论典中二谛法语等的人很容易理解成一个无遮，致使迷茫困惑，因此务必要分清不同的场合。胜义有真正胜义、假立胜义、大胜义、小胜义、相似胜义、真实胜义等诸多名称，这与阿罗汉和涅槃相仿。此外也应当明确无生、空性等所有名词。

着重强调如是远离一切名言承认的大胜义是应成派独具特色的宗旨，但此论《自释》中说：“无生等虽已归属在真世俗谛中，然而……”关于“生等无有故，（无生等亦无）……”前释中说：“为什么不直接说是胜义

1 心名用：使用名言的三种情形，即“此乃柱子”之想，为分别心；呼“柱子”之声，为名言；“是柱子故能营造家宅”为功用。

呢？胜义本是断除了有实、无实、生、无生、空、不空等一切戏论网。由于无生等随顺趋入胜义，因此相近命名为胜义（命名为相近胜义）……”这其中已明显地指出了（无生等也是真世俗的道理）。如此我们便可明白此论为整个中观之庄严的道理。

有些人会产生这样的想法：对于龙树菩萨的意趣，如果应成派与自续派各方阿阇黎解释的方式迥然不同，那么没必要将此二者结合起来吧。

对于那些能够证悟诸大祖师之意趣毫不相违的智者们来说大有必要，因而一定要结合起来讲解。

所谓的“颂”，意思是指组合成偈文，非为散文。

丙二、译礼：

顶礼文殊童子！

这是大译师智慧军于翻译之初，在此胜义对法论的开端，遵循国王规定而作的顶礼句。何者之意与法界平等、远离一切戏论之荆棘，即是“文”；以（具如所有与尽所有）二智的智慧身乃至虚空际恒常周遍任运饶益众生，也就是圆满二利的“殊”。

这样的“文殊”尽管是一切如来无分别智慧的本体，但行相却现为十地大菩萨，乃至轮回未空之间以永恒稳固、无老无衰的童子身相住世，故为“童子”。在如是怙主前，译师三门毕恭毕敬膜拜，即为“顶礼”。

丙三（论义）分二：一、抉择所知二谛之义；二、以赞如是二谛之理而摄义。

丁一（抉择所知二谛之义）分三：一、认清二谛之理；二、遣除于此之争论；三、如是通达之功德。

戊一（认清二谛之理）分二：一、宣说胜义中万法不存在；二、宣说世俗中有实法存在。

己一（宣说胜义中万法不存在）分二：一、立根本因；二、建其理。

庚一（立根本因）[1]分二：一、真实立根本因；二、旁述。

辛一、真实立根本因：

自他所说法，此等真实中，
离一及多故，无性如影像。

如此自宗内道佛教、他宗外道所说成实的一切有实法，这些在真实义中，依据正理认真细致加以分析时，远离一与多的自性，一切万法丝毫也无有自性成立，犹如现而不实的影像一般。如果对此进行推理，则自宗他派所说真实存在的内外一切法（有法），均无真实自性（立宗），远离一多之故（因），犹如镜中影像（比喻）。也就是说，自宗所说的蕴等、他宗所谓的主物等假设真实具有，那么必然是以一体或多体的方式存在，一体与

1 此处科判在藏文原文中没有再分，但译者为了让读者容易理解而根据下文的内容加以补充分类。

多体是互绝相违关系，而非为这两者的第三品成实物在万法中是不可能有的，所以此因是能遍不可得因[1]。

辛二（旁述）分三：一、分析有法；二、分析真因；三、阐明喻理。

在此略微宣说插述内容。

壬一、分析有法：

如果有些人怀有这样的疑问：这里遮破宗派所说的一切有实法，由此又如何能妨害无始以来久经串习的俱生我执呢？

（下面对此进行答复：）

本论中将自宗他派所承许的恒常实法、无为法、补特伽罗、遍、粗、细与识一切法作为有法，因而这其中已囊括了常无常、内外、境有境、遍不遍、粗细、能知所知等一切有为法与无为法。为此，只要依理证明（这一切）无实，就必定能根除两种俱生我执[2]。

本来，一切众生由相续中俱生愚痴[3]的牵引而对瓶子等一切有实法执著成立这个、那个。依赖有实法也可形成无实法的名言，对有实法与无实法执著为此，依于自相续的五蕴而认为是我，未经详察细审而执著的俱生坏

1 能遍不可得因：可现不可得统一因之一，依于同体相属关系，以能遍不可得之能破因，破除所遍之所破法者。如云：“对面的石寨中，无沉香树，以无树故。”

2 两种俱生我执：指人我执与法我执。

3 俱生愚痴：指俱生无明。

聚见也就由此产生了。如此看来，耽执似乎成立的法与补特伽罗（人）之此等本体的设施处就是蕴等。此外，（众生）还对于名言中本来无有之法而以颠倒理由妄加执著为有。也就是说，以趋入、耽著自心强行假立的常有实法、神我等种种想的锁链将所有凡愚紧紧束缚住。

遮破此等一切的“一”而能否真正破除“一”之理：凭借能破的正理尽管能推翻耽著常物的一切对境，但由于这所有对境并不是俱生我执的所依，因而依然打破不了俱生我执；而一旦认识到俱生我执的所取境“我”不存在，即可推翻被承许的常我、作者等一切遍计所执法，如同了知石女儿不存在便可断定他的容颜色泽也绝对无有一样。如果以真实的离一多因而证实补特伽罗（人）、有为无为一切法无有自性，那么怎能还会产生二我的执著呢？因为已将所知万法抉择为无自性之故。由此可知，将遍计所执法与俱生所取境综合起来作为有法，目的在于：不仅仅包含世间无害之识前显现的有实法，同时也涵盖外道所承许的遍计所执法等。

壬二（分析真因）分三：一、分析是应成因抑或自续因；二、分析是证成义理因[1]抑或证成名言因[2]；三、分析是无遮抑或非遮。

癸一、分析是应成因抑或自续因：

如果有人心里思量：这里安立的因是应成因还是自续因？倘若是应成因，此因必须为对方所承认方可成立，而此处对方并不承认离一多因，所

1 证成义理因：单独证成义理，即因与法二者无所表、能表关系之正因。
2 证成名言因：单独名言证成之正因，即因与法二者有所表、能表关系之因。如云：声是无常，是刹那性故。以所表之性相即刹那为因，证成所立之宗。

以立为应成因显然不合理；假设立为自续因，必须要以三相齐全为正量来证实，而在这里，有法的常我与常有的大自在天、无分微尘与无分心识这一切均不成立，因而有法不成，如果有法不成立，那么宗法[1]也就无法得以证实，由此三相则成了残缺不全。

（对于这一问题，）虽然印度佛教、藏传佛教中有些智者说，非为共称的他宗假立法，运用应成因建立，对于共称的所有本体，使用应成因与自续因均可。但是，按照《中观显现论》等中所说，无需进行辨析，无论依照应成因还是自续因安立都可以。

从立为应成因的角度而言，尽管对方并未直接承认说有实法离一与多，但鉴于对方承认所遍[2]实法，便可运用应成因来建立，故而除了此（离一多）因以外无需观待他因，致使对方不得不承认离一多因。例如，虽然（有外道）承认自在天常有，可是由于承许它的所有果为多种，因而依靠承认“多”果足能推翻大自在天是“一”的立宗。如果破除了是“一”，显然“多”也就不攻自破了。实际上，这就是以反方自己承认的因建立起了“离一”，由于承许“多”故成立“离一”，其余一切破析均可依此类推。

再者，运用自续因也同样应理，有法——恒常的自在天等，其实是不可能存在的，然而在分别心前以遣除自在天非恒常的遣余概念可以成立，为

1 宗法：因法立量中之第一支，于宗所有无过欲解前陈之上，依理立量，确立有此因者，名为宗法，如虽未能现见火、水，但由见有烟及水鸥，故知其地有火有水。比量中有，或于所诤前陈有法之上，定有此因能以成立。

2 所遍：内涵，意指差别，即总体中之部分，如金瓶是瓶之所遍；所作性是无常之所遍，非所作性是常之所遍。

此，通过无实的名言成立也能打破外境中存在恒常实有之自在天的耽执。常有之声立为有法等也与之相同，无论各自分别心如何安立，对此进行破除都极富合理性。自己分别心前通过遣余的方式取总相以及通过显现的方式取自相这两者浑然合一而取境、进行一切名言的破立正是因明的微妙总轨。由此而观，对于实际不可能存在的一切有法来说，所观察的外境自相虽然无有，但对于耽著似有之心目中的某一对境，通过无实的名言量成足能了知它实际不存在。

癸二、分析是证成义理因抑或证成名言因：

如果有人想：此（离一多）因到底是证成义理因还是证成名言因？假设此因是证成义理因，则无自性之义理仅是所破自性的无遮，因为遮破之余不再引出他法。如果依此仅能建立这一点，势必导致所立的一切有法如空中鲜花一般不可得。这样一来，法与有法[1]也成了无二无别。如若说此因是证成名言因，那么无自性的名言在一切有实法上建立时，恰似无瓶的地方一样，显然已成立了具有无自性的特法。

（下面对此进行回答分析：）

虽然此因是证成义理因，但不至于造成一切所立法不存在的结局。其原因是：仅仅对感受者由无始以来的实执所牵而实执的一切有实法建立为无自性，而本体可得的他法尘许也未建立，然而，针对世间一致共称的实执者前所现的这一切，无自性的有法与所立的名言实属合理。将一切所见

1 法与有法：法是指无自性；有法指所立的一切法。也就是有法与立宗。

所闻显现的内外如幻的有实法作为有法，通过正因的途径建立无自性的语言、分别之名言，就像集聚项峰垂胡等而假立为黄牛的名言一样。对于已明确者能起到督促再三忆念的作用，而对于尚未了知者，则可通过正因加以比量推理。本来法与有法就是无二无别的，因为无自性而显现其实并不矛盾，这就是有实法的必然规律，法与有法二者的比喻即是水中的月影。

关于这一问题，在其他所有书籍中只看见偏执一方的观点，但如果按照上述之理而了知，则对于理解总的尤其是此处的内容，显得格外重要。

癸三、分析是无遮抑或非遮：

如果有人想：因与所破二者是无遮还是非遮？假设是无遮，则除了遮破所破以外，（因与所立的）自本体不存在的无实单空不可能有关联，如此一来，所立无法作为所知、因也无法作为能知了；倘若是非遮，则遮遣所破之余为什么不承认尚有所立的有实法呢？

对此问题，虽然诸智者加以分析而各自分开建立，但实际上，离一多因与无实所立二者是无遮。尽管是仅仅否定所破的无遮但绝不会导致因与所立成为毫不相关，因为从遮遣所破的遣余角度来说，（因与所立）这两者同样是无我的本体，所以成立一本体的关系。

由此看来，（建立）林林总总的这些观点（的论师们）尽管饱尝了破立的千辛万苦，但事实上，如果认真分析现量取自相、遣余取总相的道理，重重的疑暗自会消失得无影无踪。否则，再如何加以分析，也难以得出如实的定论。本来，在此精通因类学[1]中所讲的遣余、三相、破立的道理极为重要，但恐繁不述，详细内容当从因明论中得知。

壬三、阐明喻理：

现而无实之比喻即为影像等，诚如《父子相会经》中云："如极洁镜中，如实而显现，无有自性像，炯巴知此法。"影像等这一切虽然显现却无实有，这只是按照所有世间人无不承认而作比喻的，依靠因推理便能了知诸法均与之相同。明镜与面容互相依存之时，就会现出面容逼真的影像，身相所具有的色泽、体形等真真切切、毫不混杂现量可见。如果在未经详察细究的情况下只凭眼见而安立这一点，似乎与真身无有差异。然而，倘若加以分析，则作为面容等的真身微尘许也得不到。不仅如此，而且亲身感受的不灭显现许也是同样。如果予以观察，影像在被见的位置——镜子的外中内、识与境之间的空间、内在识本身的一切部位均不存在，又岂能容身于他处？明明未得而执为有也是不合道理的，假设没有得到也可以执为有的话，那为何不执著石女儿也存在呢？因此应当领会现而无实比喻的道理。此外，《三摩地王经》中也说："秋季夜晚之水月，澄清无垢河中现，水月空虚所取无，一切诸法如是观。"

下面，对颠倒分别此处之比喻的观点稍作驳斥：

伺察派等外道说："眼见如是影像，只是自己的眼光照射到镜面反射回来而如此缘取自己的面容等，才假立为影像的名言。"他们认为，名言

1 因类学：叙述关于论证量学理路中正因与似因等种类的著作。

中所谓的影像只不过是依于看法而立名的，实际上其本体与真实的色法是同体相属[1]的关系。

这种说法是不合理的，如果按照他们的观点，那么当镜面朝向北方时，不见影像面朝南方，如此一来，色法与影像二者方向相违；又由于小小的镜面也能现出自己大大的容貌，可见量已不同；而且因为影像已到镜中显现，所以位置相异。再者，清澈的湖畔多种多样的山川树木枝叶顶峰向上耸立，而其影像的枝叶顶峰却倒映水中，因此它们的方位恰恰相反。这样一来，取影像的识与取色法的识二者的所缘就截然不同了，如同声识与色识一样行境是各不相同的，而取影像的识并非取自己的面容等真正的色法。这一点我们务必要清楚。

此外，有部宗论师发表看法说："影像是镜等之中出现的一种极为清净的其他色法。"

事实并非如此，原因是：由于色法是微尘的自性，而一切色法相互不可能不障碍共同出现在同一位置上，因此对境是互绝相违而存在，否则就必须承认，它们已占据同一个位置，变成相互不可分割、融为一体的自性了。此处由于影像能在镜子等表面方位被见到，结果影像也成了色法。倘若如此，则两种色法（镜子与影像）又怎么能处于同一位置上呢？就像两个瓶子不可能占据一个瓶子的位置一样。

如果对方说："此因（的推理）也是不一定的，因为风与阳光等（明明可以与其他色法并存）。"

1 同体相属：相属之一种，体性同一关系，如实有法与瓶和瓶与瓶之反体，皆体性同一而反体各异。若无实有法则无瓶，无瓶则无瓶之反体。

其实不然，风与阳光等所有微尘虽说可以（与其他色法）像灰尘与糌粑一样混在一起，但由于对境是以互绝相违的方式存在，而绝不可能变成一体。

可见，如果对于伺察外道与有部宗将影像执为色法的这一观点未能推翻，那么安立具有所立与能立二法的比喻影像就不成立了，因而务必予以破析。

再有，承许影像为识的经部宗等的论师则说："只是凭借有实法不可思议的功用力加上镜子等为缘，而由识本身产生显现为那一影像的行相罢了。"

驳斥：既然承认说此影像实际是无有对境而由识如是显现的，那么为何不承认所许的色等真实之法也在无有对境的同时而显现呢？因为你们承许色法与影像二者的显现同样仅是行相之故。

假设对方认为，影像作为能指点出行相的对境是不合道理的，由于影像本身尚不成立，因而对境的确不存在，唯一是识。

倘若如此，则依靠破析极微尘也不成立等所取的正理便可推翻你们所承认的能指点出行相的对境——外界中存在的色法等，结果色法应成与影像无有差别了。同理，幻术、梦境、阳焰、寻香城、旋火轮等比喻也可通过这种方式予以证明。

关于这一问题，云尼玛吝派等外道声称："幻术等并非不真实，到底是对泥块取名为幻术还是说它是能如此显现的识呢？如果按照第一种答复，则显然就是色法；如果依照后一种答案，也就是心识，结果无论如何都不能成立幻变的马象等不存在。同样，由于作为因的色或识都实有存在，为此梦境等一概不能充当无实的比喻。”

这种论调绝不合理。关于如是幻物等显现，不管承许有相现为识之行相还是承许无相而直接了知对境的宗派，一律是在识前如实显现的所缘境上安立的，而并非仅在它的因上以幻术等来安立显现的，原因是：如果仅仅在因上安立，那么眼根等也是因，所以它们也应成幻术等了。因与所缘是完全分开的，成为幻术等之因的色与识虽已存在，但并非是将它们作为比喻的，譬如说，尽管泥块已经具备，但如果尚未见到马与象等，则对泥土根本不会称作幻变的显现，也不能作为比喻。而当泥块本身被见为象马等时，方能立名为幻物，并可充当比喻。

一般来说，由于外境与心识这两者本来就成立无实，故而单单依靠所谓的因真实是不足以建立其真实性的。

即便暂且让你们承许作为因的色与识实有，但是幻物本身是假的，根本无法变成真的。譬如，尽管眼睛被魔术迷惑，但作为明明知晓是魔术的人，面对眼前呈现的幻变景物，绝不会生起一丝一毫“象马等真正存在”的执著。绝不会因为它的因——泥块、眼识及魔术师等样样齐备而持有“幻物也是真实”的念头。所缘境幻物本身在当时当地似乎的的确确存在，然而对于了知似现而不成立者来说，可当作比喻，因此比喻并非不成立。

这以上已明明白白地分析阐述了《自释》中所说的内容。

庚二（建其理）分二：一、建立宗法；二、建立周遍。

辛一（建立宗法）分二：一、建立离实一[1]；二、建立离实多。

壬一（建立离实一）分二：一、破周遍之实一；二、破不遍之实一。

癸一（破周遍之实一）分二：一、破别能遍之实一；二、破虚空等总能遍之实一。

子一（破别能遍之实一）分二：一、破常法之实一；二、破补特伽罗之实一。

丑一（破常法之实一）分三：一、破他宗（外道）假立之常物；二、破自宗（内道）假立之常法；三、如是遮破常法之结尾。

寅一、破他宗假立之常物：

果实渐生故，常皆非一性，
若许各果异，失坏彼等常。

上述的离一多因在自宗他派所说的欲知物—— 一切有法上成立，即称为第一相宗法；此离一多因如果具备，则彼所立无实必然存在，此为第二相同品；所立无实如果不存在，则离一多因也就不存在，这是第三相异品。

由于所立与因这两者同品与异品的特殊相属关系已确定，是故凭借此因决定（遍）能确立某一所立法，即分别称为同品遍与异品遍。周遍成立之因如果对于欲知物——任何有法来说成立，则依之所立便可无欺被证实，

1 实一：指实有的一体。

由此也已排除了二相与六相等过多过少之边。正如（《集量论》中）所说“三相因见义”以及（《释量论》中所说）“宗法彼分遍”。

为此，想逐步论述一下在立根本因时所讲的离一多因在自他宗派所说之一切有实法上成立的道理。本论《前释》中说：“切莫认为此因不成立。”

如果有人想：离一多因到底是如何成立的呢？

首先建立离“实一”，因为“一”若不成立，“多”就不可能成立，“多”的组成基础即是“一”，故而才最先确立离实有的一体。

总的来说，在所知万法当中，如果存在一个自始至终成立实有的法，那么必然是不能分为现与不现等部分、独一无二的本性，并且何时何地都不会消失。如此一来，最终时方[1]所摄的一切万法必定各自消逝，都成了唯一虚空般的一个整体。而事实并非如此，时方中无量无边、各种各样、色彩斑斓、现量而现的这些景象由于无一实有，才绝对显现的。凡是现有轮涅所摄的诸法，不可能有离一多理不涉及到的[2]。

所以，此处次第宣说此离一多因在自他所说的一切有实法上成立的道理。当然，如果就科判而言，将常与无常、外所取境与内能取心或所知对境与能知心识作总科判都未尝不可，但这里按照《难释》中所说的“遍即我与虚空等，无常摄于不遍之蕴中”而以遍、不遍此二者作为总科判。声称常物与补特伽罗存在的宗派的（常物等）这些对境如果是各自分开的，则会偏袒而不能彻底涵盖，于是归属在周遍的范畴内。

1 时方：指三时十方。

2 意思是说，诸法均可依离一多因遮破。

《自释》中云："'异体方……'颂词中的异体绝对是指遍与不遍"，这里说的显然是就真实周遍而言的。

因此，关于在别周遍之中第一类声称常物的诸外道徒所说的有实法上离实一成立的道理，前文中讲的偈颂已予以说明了，也就是说，有些外道凭心假立而认为：自在天等本身常有，并非像虚空等那样不起作用，而是一种能发挥作用的有实法。作为因的大自在天等在三时中一成不变，而在长存的同时仿佛陶师制瓶子般造出器情万物。

器情万物永远不会同时出现，具有次第性而显现这一点是无法否认的，因此你们承许为恒常的任何因都不会同时生出这一切果实，由于是一环扣一环循序渐进而结生或生起的缘故，所以被承许为常有之事物的大自在天等一切均不是实有唯一的本性。

倘若唯一、无分、一个整体的常因能产生这一切果，则在此因上就必定具备出生所有果无不齐全的能力，既然如此，为什么不在同一时刻产生苦乐等舍等一切果呢？因为一切果在因不齐全的情况下不生，一旦因的能力无所阻碍，当时岂能延迟果的诞生？如果耽搁（果的产生），果显然就不会随着因而生灭了，由此一来，安立是那一因的果也就无法实现了。

对方辩驳说：之所以一切果在同一时间不产生，是由于受俱生缘的不同所控制。

身为恒常的任何一法，不可能由一个阶段而变成无常，可见观待俱生因是不合理的，因为它不会依缘转变之故，就像用染料涂抹虚空一样。如果有了观待与转变，显然已失去了恒常的身份。就算是观待，那么具备俱生缘时的常物与远离俱生缘时的那一常物是否有差别？如果有差别，显然失坏了常有的立宗，假设无差别，正如最初阶段一样，后来也不会有离开一切俱生缘的自由[1]，好似颈上系绳子一般必由俱生缘的力量牵引而住，因此无论是前者所造的任何果，由于因完整无缺而终究不会消失。借助这种方式而将俱生缘立名为因——大自在天等的能力，依此也能驳倒“由自在天次第造作一切果”的论调，其原因是：自在天自身的本体与能力二者若是异体，则仅是将俱生因取上能力之名而已；假设是同体，则如刚刚论述的那样，以“果恒常不灭”等必有妨害。

因此我们应当明白：只要承认次第生果，无论是任何常因，都不可能存在实有的“一”；只要前后一体无实，就必定不是常有。

倘若对方发现刚刚所说的这些过失不可避免，于是主张说：“因虽然是恒常的，但并非唯一，对于各个果来说，这些因的自性均是以次第相异的方式而存在于他法中的。”

驳斥：如此一来，为什么不会失坏自在天等那些实法是恒常的观点呢？因为已变成不同阶段的他法之故。

对此，外道认为：（自在天等）尽管不是一个整体，但是自性或相续是一个，因而甚至在不同阶段也是恒常的，又怎么会矛盾呢？比如说，世间上舞蹈家虽然身著各式各样的舞装，但上午与下午本是同一个人。

---

1 意思是说，后来也一定具备俱生缘。

如果对此加以分析，只要不是唯一无分的法，是常有就不应理。因而，颂词的前半偈已遮破承许常有的“实一”。后半颂则破除了“非一”是常有。

关于这一问题，虽然有各种各样的解释方式，但真正的无谬论义就是这样。这里只是将相同的自性或相续假立为“一”而已，实有的一个“一”始终不会成立。如果是真实的“一”，就不会避开前面的过失，而假立的“一”并不是此处所破的。当然，假立的“一”实际也不存在，因而也就不存在安立常有之说了。由于不同阶段的“一”非为实有，所以对它分析而另立常一的因终究不可能存在。

寅二（破自宗假立之常法）分二：一、略说能破之理；二、广说彼理。

卯一、略说能破之理：

说修所生识，所知无为法，

彼宗亦非一，与次识系故。

自宗佛教的有部宗诸论师认为三种无为法是常有的实法。（三种无为法）即是虚空、抉择灭与非抉择灭。其中所谓的非抉择灭，并不是指虚空以及凭借分别观察抉择的力量而遮遣，可是对由于自性的外缘不具足而不生的某法它不生的这一部分，即称为能障碍其有实法产生的一种无为法非抉择灭。他们认为这种无为法非抉择灭是实体法。凭借修道的力量而远离烦恼的这一分，称为抉择灭。此宗耽著这种抉择灭也是实体法。在此三种无为法中，这里要破的是抉择灭的“实一”，依靠此理其他两种（无为法）的“实一”也就不攻自破了。

对此，有部宗承许说："成为依靠修行力所生的瑜伽现量识的对境、远离一切有为之法相的抉择灭无为法在胜义中存在，由于它是瑜伽正识之对境的缘故，虽说它于胜义中也有，然而对于它自性的存在，瑜伽识仅仅能了知，而抉择灭本身绝不会产生缘自己的意识，因为生果是有为法的特征，而此抉择灭纯是无为法。"

他们的想法是这样的：如果是对境，则并不至于变成唯一因的本体。于是他们认为，识虽然按照先后顺序而了知对境抉择灭无为法，但由于此无为法与识之间无有关联，因此抉择灭自之本体即无为法本体的"实一"是恒常存在的。

对此驳斥：承许由修所生的那一瑜伽现量识所知的抉择灭无为法成立实有的彼宗派的观点也是同样，如果依理观察，则对境某无为法并非存在实有的"一"。为什么呢？因为作为对境的这些无为法与具有前后次第的识有所知与能知的关系之故。所谓的"亦"是说不仅主张常法产生瓶子等果的外道宗不合理，而且承认虽不生果但自性常恒的有部宗也同样不应理。这是承接前文而说的，同时也表达出了"无论生果也好、不生果等也好，常法的'实一'永远不会有"的语义。

其实对方的想法是这样的：如果对境本身常有或者是实有的一法，那么其本体与有境的识就毫无瓜葛了。单单有所知与能知的关系，只是依靠有境的力量又怎么能使对境变成无常与多法呢？这是自宗佛教承认法性常有的宗派；而他宗外道则承许有法瓶子等乃至毁灭之因尚未出现之前是常有的。诸如此类，凡是认为某一对境常有之宗派的主张本质上都是一致的，如同执著昨日见到的瓶子与今天见到的瓶子这两者的有境心识尽管不同但对境瓶子却是同一个一样。

关于有境如果互为异体则对境也不会成立“实一”的道理，有必要详详细细加以说明。

卯二（广说彼理）分二：一、以前识之境跟随后者不合理而破；二、以前识之境不随后者不合理而破。

辰一、以前识之境跟随后者不合理而破：

前识所了知，自性若随后，
前识亦变后，后亦成前者。

承许无为法常有的宗派，请问你们成为前识之对境的无为法是否变成后识的对境？

关于这一问题，他们认为：对境无为法存在的这一点，除了以识来缘以外不可能有其他正量，而识决定是次第来缘的。既然有次序，要么承认前面的对境跟随后识，要么认可不跟随，再不可能有其他承认。如果认可前识的对境跟随后识，也就是说，前面的识所了知的对境无为法之自性如若跟随后识，或者说（前识的对境）在后面的时刻也存在并且（后识也）缘那一对境，则（前后识）就同缘无有丝毫差别的一个对境了，由此取它的心有差异显然不合道理，原因是：无论任何对境与识，都是相互对应而安立为某一对境的某一识，否则根本无法安立识的多种类别。如此一来，一个人的相续中取受瓶子的刹那识就不会有瓶子多种不同的有境心了。

实际上，只是在了知无为法的前识自之本体上安立为缘同一对境无为法之识的，而不能安立为他法的有境识，因而那一识上不会有一分为二的情况。同样，这里的前后二识的同一对境本体如果实有，那么前面的识也必须变成后识，后识也同样必定成为前者。

因此，说“前识的对境无为法在后时也存在而当时前识不存在，以及后识的所知在前时存在而后识不存在”均不合理。

如果对方认为：假设某一对境有时间先后的差别，则前后是一体当然不合理。而对境虽然无有差别，但由于有境心是刹那性，因而前后多体屡次三番缘那唯一的对境。

驳斥：成为各自识之所缘境的那一部分在有境尚未存在之前以及有境已灭之后如果存在，那么它的有境又怎么会没有呢？因为不同的所缘对境与能缘心识相互脱离以后不可能再取受对境之故；而且不是各自之对境的其他“实一”绝不会存在，假设存在，则有不是刹那识之对境的过失了。我们要明白，倘若如此，那个“实一”在识前也不可能得以成立。

对于这一点，并不是指仅以对境同一个就确定取它的识不可能有次第性，而是说如果对境是实有的“一”，那么取它的识就不会次第性产生。如果自以为是地说“对境同一个瓶子昨天也了知、今天也同样了知”，事实上，这只是将瓶子相同的自相刹那接连不断产生误认为是一个而假立称之为“一”的。如果认为实际上“一”是实有的，则依靠此（离一多）理证可以破析，由此使不观待因与有害因等多种因通过这种方式也可轻而易举被证明。

因此，无论是无为法还是有为法，如果承认“实一”真正存在，则凭借成立缘它的心不会次第产生的这一理证便可推翻，而假立的一体与多体在何时何地也不是遮破的对象，这是自宗也承认的。辨别这其中的法理随时随地都至关重要。

与此相同，破除恒常实有这一点，在其他论中也有宣说，《释量论》中云：“坚石金刚等，境不观待他，故众生之识，应成同时生。谓俱生缘助，故彼次第生，各刹那说他。”正如此中所说，要建立对境的实一，务必要以识缘他方能安立。当缘对境时，依靠所缘缘产生取受它本身的识，而自之本体不会有任何不同时间、不同地点的分类。可见，由于实有的一体是不观待的（即独立而存），为此也就不可能三番五次地生起多种不同的有境。

上述的这些内容虽然已妥善地予以了证明，但以迷乱之因所遮障，对方仍旧紧持“缘对境实一之识有所不同怎么矛盾呢？如缘同一个瓶子的若干识一样”的妄念。

这种耽著实在难以去除，因此再进一步对上述的意义详细加以分析：如果存在于前识之时的那一所知，正当前识了知的那一阶段，后识到底了知还是不了知它？了知是不可能的，因为当时后识尚未产生；如果不了知，那就需要有已成前识之所知、尚未成为后识之所知的一个阶段了。这样一来，在后识的当时也不能了知（对境）了，因为承认那一对境是唯一、无分的常法，如此开始怎么存在，后来也必须是那样，如果存在除此之外的一个他法，那么显然已失坏了无分与恒常的特性。

再者，同样分析后面的时刻前识是否了知（那一对境），从而也能遮遣前后对境是一个的妄念。

所以，前后识之自时的那两个对境是截然不同的，因为存在后识不知前面对境、前识不知后面对境的差别。如果没有进行这番辨析，（而认为）后识了知前面的对境、前识了知后面的对境，则由于是了知后面对境的识，因而前识也应变成后识；同样，因为是了知前面对境的识，所以后识也应变成前识，如此一来，次第性之识、过去未来、境有境等一切安立都将土崩瓦解。因此，我们应当清楚：只要对境的无分一体实有，那么缘它的识也必然是独一无二的，绝不可能存在多体。

对于这一问题，如果极其愚笨之人固执地说："识前所现的对境虽然是不同的，但外境的确是一个。"

这也绝不应理，原因是：有部宗承许以无相的方式取境，因而与此立宗相违；其他常派如此承认倒也勉强，但（按照经部宗的观点来说）能指出外境行相之法是一体的，为此眼前的对境又怎么会出现不同景象呢？出现异样显然不合理。

他们会有这种想法：就像许多人的识缘同一个瓶子那样，虽然心识是分开的，但对境是一体又怎么相违呢？

所谓的一个瓶子只是对现出大腹行相的物体以遣除其余非瓶的心而立名为瓶子的，对诸多微尘聚合的自相法假立谓"一"的，而并不是实有的"一"。如果是实有的"一"，那么不可能用众多人的不同心识来缘，因为以此（离一多）理证有妨害，故而那一例子实在不恰当。

总而言之，以不同时间、不同地点的心识缘一个有为法，就是将微尘与刹那等众多部分聚合而执谓“一”，进而自以为缘它。认为许多心来缘同一无为法实际上只不过是对否定所破的无实部分耽著为它而已，再别无他境可言。

然而，将否定有实的遣余之心所假立的无为法等名言耽著为对境，从此之后，每当想起它的名词，心中就会浮现出与之相类似的对境，只不过对此执为实有的一体罢了。诸位智者众口一词地说：对于法性常有、成实、次第净垢、前后识之对境的观点来说，再没有比这一理证更有妨害的了。正如他们所说，不管是法性也好，（还是其他也好凡是要破）恒常实有这一点，大亲教师的这一理证委实富有无比的说服力。正由于本体为空性，因此堪为所知万法之最、无欺微妙、趋入无量时空等如来身智的所有功德以理无害均能安立。此论中，虽然只是依靠“若成为观待时间的次第性前后识的对境则实一即不成立”对无为法成实予以了遮破，但实际上，对于成不成为观待不同十方三时的一切识的对境加以分析，无论有为法、无为法还是除此二者以外的法，凡是成实的万法无不破除。无论何时何地，只要说“一体”都不可能是实有的“一”，只不过将数多法假立谓“一”而已。遣除非所知后安立一个所知、否定有实的无实、否定无实的有实等均是如此。

总之，以否定非为本身的语言与分别念固然可以安立谓“一”，可是各自的“一”内部也都存在许多分类，仍旧可对每一类别立名为“一”，直至最后无情法的无分微尘、识的无分刹那之间，（每一法）均有许多分类，而终究得不到一个独立的“一”。无分微尘与无分刹那也是同样，乃至没有离开能缘（它的识）之前，实有的一体绝不成立。因此，对于所安立的任何一个“一”加以分析，都只是假立名言而已，除此之外始终不会成立一个实有的“一”。比如说“前识的对境是这个、后识的对境也是这个”，这只是将刹那的许多法假立为一罢了。再如说“你所见的是这个、我所见的也是这个”，而将同一时间，不同方向的心识的对境看作一个，其实也只不过是将那一对境的设施处的诸多法假立为“一”而已。

一言以蔽之，无论是何时何地之识的任何对境，都不可能存在实有的“一”。

如果有人想：那么，无实法该不会有所分的部分吧。

总的来说，无实具有无瓶与永无等类别，分别而言，以无瓶为例，也同样具有无金瓶等相同于有实法的数目。（无实法）只不过对于仅仅遣除各自本身所破的这一分，心如是取受而已。就拿心中显现的对境来说，除心之外，在外界中独立自主存在的法一丝一毫也是没有的。

所以，我们要知道：无论是有实法还是无实法，只要成为不同识的对境，那一对境成实或者唯一的本性就是无实的。

从假设的方面而言，倘若有像极微尘那样的一个法的“一体”实有，那么在它自己的位置上细微的实有也不存在，（假设存在，）必然要在它的本体上有一个不可分成他法的法。这样一来，仅此以外一切其他所知都必定不存在。在所知万法当中，任何法实有存在均与之一模一样。比方说，在微尘的一法上安立实有，从方向的角度来说，凡是可以安立的众生相续所摄之不同识的名言当中，有多少不缘那一对境的识存在，在那一对境的上面就会有相同于不缘之识数目的法之分类；再者，如果从时间方面来看，一切有情的劫、年、月、日、时、刹那的无量心之中，有多少心不缘它，（这一对境）就要分成等同不缘之心数量的法。非识非瓶等非本身的所知部分有多少，就能分为数目相同的法。

反过来说，以多少不同方向、不同时间的识来缘对境，也同样可以安立尽其各自能缘数目的微尘法，是细、是微、是所知……心假立的部分有多少，对境也将变成同样多的数目。

既然已剖析成了许许多多的法，那么，到底该将这其中的哪一法认定为实有的唯一呢？

如果不是这所有法之中的任何一法，而另外承认一个实有的“一”，那么何时何地的任何识都不能认知它。为此，所谓的“实一”难道不也是单单的立宗吗？由于这一切多不可量，这所有的法又怎么可能在一法的本体上存在实有的“一”呢？随随便便在这其中选取一法说“这个”，对于它来说，不可再度分割的一个部分始终不可得。如果不是将有多种分类的法立为“非一”、无可分割的法取名“实一”的话，那么安立一法的其他因在万法当中不是很难以找到吗？

概括地说，在所知万法的这一范畴内，不论本体怎样也好，如果存在一个真实独一的法，则十方三时的无量诸识只能唯一缘它，除此之外一法也不可能再缘。并且，除了唯独它以外十方三时的其他法一个也不该存在。到最后，连认知这个所谓的“唯一”、与其本身[1]异体的有境也需化为乌有，原因是，假设（这些有境）依旧存在，则唯一的对境就有非它本身

1 其本身：指此唯一的对境。

的部分可分了。缘自身对境的识如果也不存在，那么究竟由谁来缘那个实有一体的对境呢？根本不可能缘。如此一来，万事万物形形色色的显现都将如同兔角般变成子虚乌有。正因为在万法之中实有唯一的一个法过去未曾成立、现在不可能成立、未来也绝不会成立的缘故，十方三时中形态各异、丰富多彩的这些显现才合情合理。

万法若有一成实，诸所知成永不现，
万法无一成实故，无边所知了分明。

奇哉！彻知诸法之法性不可思议、妙不可言的如来所演说的等性狮吼声，一经传入耳畔，便使智慧的身躯力大无穷，似乎无边无际的虚空也能一口吞下。但愿如此身强力壮的我们，手中紧握可顷刻斩断现有一切戏论深不可测之正理的文殊宝剑，能令众生对一法不成实有而现一切的殊妙空性缘起现相生起不退转的诚信。由本论的理证加以展开，凭借自己的智慧发挥而对诸位具缘者讲述了大实空的这一道理。

辰二（以前识之境不随后者不合理而破）分二：一、对境无为法有刹那性之过，二、若如是承认则有过。

巳一、对境无为法有刹那性之过：

前后之诸位，彼体若不现，
当知彼无为，如识刹那生。

假设承认第二种观点，在前识与后识的一切分位中，某一对境独一无二的本体如果始终不出现，前识自时的对境那一无为法在后识的阶段不存在，后面的对境在前识（的分位）也无有。简言之，缘自境之不同识的对境显然是分开的，如果一个识的对境不跟随另一个识，那么具有智慧的诸位应当了知：对境那一无为法也如同生立即灭而不停留在其他时间的识一样，绝无法超出于刹那之自性中产生的范围。

已二（若如是承认则有过）分二：一、若观待缘则成有为法；二、若不观待则成恒有或恒无。

午一、若观待缘则成有为法：

设若依前前，刹那威力生，
此不成无为，如心与心所。

不同有境的对境无为法成立各自分开，因而可证明是刹那性。既然如此，那么在此向仍旧自命不凡地说“无为法存在”的那些人提出这样一个问题：作为如此各自有境之对境的所有无为法到底是否观待缘？按照第一观待缘的答复而言，也就是说，假设对境无为法依靠自身的前前刹那次第而生的威力而产生所有后后刹那，那就说明它是因缘所生的法，所以此法显然就不成无为法了，已变成如同心与心所一样的有为法了。

午二、若不观待则成恒有或恒无：

若许诸刹那，此等自在生，
不观待他故，应成恒有无。

如果承许不观待缘：即对境无为法的所有刹那在缘自境之不同识的自

时等这些时间里不需要观待前刹那等外缘自由自在而产生，则由于丝毫不观待其他因的缘故，应成恒时有或者恒常无。如果承认一个无因的有实法，那么必然成为恒有、恒无其中之一。（关于这一道理下面稍作阐述：）

作一假设句：假设一个无因的有实法会存在，那么为什么不成为永不泯灭而存在，要是先前存在、后来消失的其他一切有实法，随着因消失果即灭亡而会存在有、无的阶段，由于此法无有因，当然也就不会有它的灭亡，自本体已一次性出现，因此未来也就不可能再度消逝。再者，对于此法来说，它的未生之时也不可能存在，作为其他有实法，未生完全是由于因不齐全而延误的，既然此法不需要因，那为什么不永久存在呢？而且，也需要在一切方向都存在。或者说，一切有实法都是由各自的因所造，就像未播撒种子也就不会有五谷丰登而尽情享受的结局；倘若播下良种自然会现量出现庄稼丰收的场面。同样，凡是观待因的有实法依靠因的力量可以使得现量存在、呈现。相反，无因的任何法由于不随着因而行，所以要做到永久恒存实在无能为力，就像兔角等一样根本不可能存在。

由于（对方）担忧所有刹那性的无为法都变成有为法，于是便承认不观待因。这样一来，他们就不得不承认诸多恒常有的刹那或恒时未曾有的刹那，恐怕再没有比这更大的矛盾了，实为可笑之处。

事实上，只是将唯一排除有实法的遣余分别心的影像称作对境无为法，并自以为它是实有的“一”而已，而对境自身的本体甚至在名言中也不具备起作用的能力，更何况说在胜义中成立了。为此，对于在无害根前现量显现的、能起功用的一切有实法，众生各自耽著也是理所当然的，而对明明见所未见、以量不成的常有实法等，心里一直念念不舍实在太不应理了。

寅三、如是遮破常法之结尾：

非具功用力，许彼立何用？

论黄门俊丑，欲者观何益？

常我、自在天、无为法等，只是有些人想当然而安立的，其实对境本身并非具有丝毫起功用的能力，而以认为这样对境是作者等的心强行假立它存在到底有什么用途呢？譬如，缘一个不能依之行淫的黄门，而谈论品评这位黄门相貌英俊还是丑陋，作为具有淫行欲望并百般希求的女人，观察那一对境又有何利益呢？如果她们想要实现的愿望就是交媾的话，则因为黄门根本不具备交媾的功用力，故而无法如愿以偿。同样，作为常有实法这样的对境，无有功用可言，虽说认可它，但依照所认可的意义将永远不会得到收益。因此，具有智慧的人们将有功用的一切有实法作为破立的基础，并非是对原本无有的法强行假立、枉费心机加以建立，（这些本无的法）就像健康无病无需服药般也就不存在破立的问题，因而不置可否、持中庸之道为妙。

如果有人问：那么，前文中不是破斥了常法吗？

那纯粹是为了打破他人的颠倒分别，假设他众没有这样妄加执着，也就无需予以破除。为此，务必要清楚，所进行的遮破完全归咎于他们自己。有功用被称作有实法的法相，在这样的有实法上，可以正确无误地展示出人无我与法无我等二量的能立，并能破除与之相反增益的有实法。以能起作用作为观察的对境，而按照破立的正量进行判定，结果必能无欺达到目的，就像具有贪欲的女士观察男人一样。

如果有人认为：那么，仅仅在有实法上建立无我，并未说明一切万法无我。

事实并非如此，所谓的“一切”已不折不扣地说出了想要表达的全部内容，而想要表达的无非是有功用的有实法。如果理解了有实法无我，那么怎么还会不通达无实法呢？无实法也就是指排除有实的无遮，除此之外别无其他。因此，甚至以名言量在不具功用的法上建立独立自主的对境，也决定无有丝毫成立。如果将独立自主的无实法本身立为对境（甚至在名言中也）无法破立，那么在胜义中不成立就更不言而喻了。对有实法经过一番审慎观察而否定有实的那一点，即立名为无实法。除此之外，所谓的无实主动现在心中始终是不可能的。既然如此，诸位智者又怎么会执著它独立自主存在呢？如果不加执著，又有何必要攻破它呢？建立又到底建立什么呢？对于像石女儿等一样的法，理应不置可否、保持中立。（要清楚的是，）无实法等的名言是存在的，并且是依赖有实法而产生，除此之外，没有必要在这上面花费精力。

因此，世俗唯一安立为有功用的有实法，由于它是有功用的缘故，决定（遍）是刹那性，原因是，非刹那性与次第性相违，无实法与起作用相违。这一法理在讲世俗时极其关键。

对名言进行这般分析之后，对于将实有[1]执为世俗的宗派来说，由于假有[2]不具备独立自主的本体，也就无需另立名目，如瓶子与瓶子的总相等一

1 实有：体外实有，不需观待别的事物确定以后，自身始能确定的事物。
2 假有：仅由照了自境之名言及分别心安立为有的事物，如时间、补特伽罗等不相应行。

样。我们要认识到，虽然在胜义中常无常何者也不成立，但在名言中一切有实法必定是无常的，恒常的名言仅是就遣除无常而安立为常的，只是将接连不断的同类相续而命名为常有。

为此，我们应该了知，在分析实相的智慧前，一切万法仅仅依缘假立才得以立足，缘起性的一切现相在本不成立的同时不灭而现，如水中月一般，因此不容有成实的一体。可见，此离一多因在何时何地都是否定实有的“一”，而并非破斥名言假立的“一”。假立的“一”只不过是将多法取名为“一”而已，实际上“一”绝不成立，所以假立的“一”对实有的“一”并无妨害。同样，辨别真正的成实、名言假立的成立等在一切时分都异常重要，就像桑达瓦的名称一样，如果没有懂得辨清不同场合，一概直接从字面上理解，那么即便传讲、听闻、思维论典，也会如同菟丝草一样杂乱无章，势必造成对一切问题分不出个所以然，因而理当详加辨别。

丑二、破补特伽罗之实一：

除非刹那性，无法说人有，

是故明确知，离一多自性。

成为轮回连续不断、束缚解脱名言之设施处的一切众生相续被耽著为一，于是便有了补特伽罗的名言，因为将众多前后刹那综合一起而安立谓“补特伽罗漂泊轮回、获得解脱”的缘故。对于凡是以心来缘进而借助我与士夫等异名来表达并属于自相续的某法，众生未经观察分析而妄执是我。

也就是说，诸如所有外道徒固执己见地承许我具有食者、常物、现象之作者等的法相，本体也是无生固有的。在他们当中，有些认为我是能遍、有些视为不遍、有些看作无情法、有些说是心识，在诸如此类众说纷纭的俱生铁镣上钉上各式各样遍计所执法的钉子，立宗创派。犊子部认为：那个我存在于有实法中并且是业果的依处，它与蕴既不是一体也不可说为异体，常、无常等何者也不可言宣。

所有真正秉持佛教宗派的佛教徒，也仅是将五蕴的聚合及相续认为是我而已，其实我本来绝不成立。下面依理抉择这其中的道理：

除了是刹那刹那性生灭的这个近取五蕴以外，绝对无法说所谓的补特伽罗有尘许合乎道理之处。因此，凡是具有智慧的人都会极其明确地了知，所说的补特伽罗只不过是依赖设施处的五蕴而假立的，实际上远离真实的一与多之自性，由于与蕴异体的“我”不成立，而且蕴是众多、无常之法，因而“我”不应是真实一体的自性。

再者说，如果我是刹那性，则一再形成其他自性，而将变为多体，如此一来，作者与受者也成了截然分开的；假设我不是刹那性，则因为前不灭尽、后不产生而成为永恒、唯一的自性。这么一来，束缚解脱、痛苦快乐等均成荒谬，也根本不会出生，而且有实法也不可能有得以存在的时机，都成了石女儿一样。

一般来说，（人我）要凭借破常法的理证予以推翻。

作为无可言说的“我”，真实的能遍一旦消失殆尽，真实的所遍岂能留存？由于一体与异体始终不存在，犹如空中鲜花等一般，也就无需煞费苦心加以证实。如果在名言中是有实法，那么观待一个对境决定（遍）可以安立一体或异体。但因为我原本就不存在，而说我实有存在的立宗，无有能遍而承认所遍，显然是极其愚昧之举，如同承认无树的同时认可沉香树存在一样。因而，正如世尊亲口所言：“如诸支分聚，承许名谓车，如是蕴为因，世俗说众生。”由于所谓的补特伽罗远离一体与多体的自性，因此在胜义中真实不存在。然而，在世俗名言中，以五蕴作因而视为“我”，仅是未经细致分析而将五蕴执为一体立名为补特伽罗（人）的，将五蕴的所有刹那相续执为一体而叫做相续，并非是分析成方向、时间的部分。当然，将属于其相续的一切法假立为一体完全可以谈论说“这个人昔日从此离世，后来投生于此”。

依赖俱生我执的五蕴而视为假立的“我”，并不是将五蕴剖析为部分而明明确确认定的，因为不是将所缘相一一分析而仅是以串习力来取境的缘故。然而，由于假法补特伽罗（人）的设施处是五蕴，故而单单的五蕴可以立名为补特伽罗（人）。如果观察所缘相，那么必须这样安立：仅仅是取瓶子之识的所缘境——假立的瓶子也必须要缘设施处色等自相来安立。为此，在观察成为业果之依处的那个我到底是什么的过程中，有些人认为它是意识的相续，有些人则承许为蕴的相续，虽然观点各不相同，但实际上业只会成熟在作者身上，而他者不可能受报应，所谓造业的作者也只是将众多聚合的一法称为作者而假立一体的罢了，在胜义中，作者与业果等绝不存在成实。正因为成实不存在，业因果才会毫厘不爽，也就是说，已做不虚耗，未做不会遇。假设说这不是假立而造业的作者确实存在，那么它就成了常有，这样一来，造业成熟果报都将成为非理；如果是无常，那么作者与受者显然就是各自分开的，所以感受果报也不应理。只有将若干法假立为一的我才既可以充当作者，又合乎作为报应的受者。比如，口中说“我以前作过此事，现在播下这一种子，等到秋季便可享用”，这完全是以未剖析时间的部分而耽著为一体、未经观察分析的我为出发点的，也就是经中所说的“自作自受”。然而经中又说在胜义中现在的这个我也是不存在的。可见，这里业果之依处（的“我”）并不是依靠观察理证而得出的结论。

认为我往昔饱尝了这种痛苦、现在享受安乐的想法其实也是未分析以前的五蕴与现在五蕴而假立为一个的，如此直至无始无终的三有之间统统假立为一个整体而认为是我，从这一角度而言，未经观察分析时间、地点等各个部分的我立为业果的所依是天经地义的事。如果加以分析，则因果同时是绝不可能的，如此一来，报应成熟在造业的作者身上这一点恐怕也无法建立了。把以前的造业者与现在的受报者以及未来将受报应者假立为一个“我”，这个“我”实际上是将若干法假立为一个的。如果详细分析，那么过去、现在、未来的所有蕴除了次第为刹那性以外不可能是一体，因此从这一分析的侧面而言，业之作者与受者的相续可以假立为一个。虽然只是安立相续，但由于同为一种衡量方式，因而不存在相违之处。可是，如果对所谓“单单相续”的蕴再加以分析，也同样仅是假立而已。不是对若干法假立的“实一”终究得不到。

简而言之，实有一体的补特伽罗（人）不可能有，他只不过是将若干法假立为“一”的补特伽罗（人）。依靠此理我们也可明白业果的安立法等诸多要义。

此处是观察业果的所依也就是经中所说的自作自受“我”到底是什么，千万不要理解成是熏染习气的根本等。

子二、破虚空等总能遍之实一：

异方相联故，诸遍岂成一？

一般来说，所谓的遍，有一体遍与异体遍两种。一体遍：是指若干法以一体的方式跟随着它的自性，诸如总法与别法。异体遍：指在某一法的整个范围内，以他体的方式普遍存在，诸如染料遍及衣服。对于这其中的虚空、时间、方向能周遍一切的总能遍，以广大、无量的这一心识耽著为有实法，从而便出现了时因派等外道的主张。

然而，胜论派等认为：自身随行众多“别”法的“总”法是以周遍、恒常、不现的自性而存在的，它就像用一根绳子拴起许多牦牛一样贯穿存在于一切“别”法之中。

“总”又分为大总与小总两种，所谓的大总是指周遍一切，如“有”；小总则指（遍于同类事物的总法），如“牛”。

这一胜论派认为总法与别法实体是互异的；数论派则主张总法与别法为同一实体。诸如此类，各说不一，但无论（他们所许的）能遍是任何一法也好，都可以依据这一理证而破除。

正因为与具有不同方向的树木等各不相同的所遍有实法相联的缘故，所许的一切能遍有实法又岂能成为实有的一体？假设说虚空与“总”法等能遍的这些有实法与时方所摄的那些所遍有实法毫不相关，那么根本不能安立为“遍”。如果二者紧密相联，则遍于东方树木的部分与遍于西方树木的部分到底是不是一体？如果是一体，则正如能遍的有实法是一个那样，与它浑然融合、不可分割、紧密相联的所遍别法——那些树木也将无有差异，均成为一体；再有，如果所遍别法一棵树木生长，那么不同时间、不同地点的所有树木都需要同时生长出来，（承认为一体）显然以此等理证有妨害。如果各自的能遍部分非为一体，那么能遍又怎能成为一体？它也将变成与所遍别法异体同样多的数目。

在“总”法与“别”法等这一问题上，尽管众说纷纭，莫衷一是，但实际上，如果这两者毫不相干，则根本不能作为所遍与能遍；假设相互联系，则依靠这唯一的理证便能将一切遍的实有一体尽破无遗。

所谓的总能遍即是否定非其本身的一种遣余，在外境上并不成立。譬如，当看见有枝有叶的物体时，否定非其本身后而取名为树、假立“总”的名言，“总”法随行于不同时间、不同地点的一切别法之中。将那一“总”法耽著为自相而以现量及遣余二者相混合的方式进行破立。只要遮破“总”法，“别”法便不攻自破，如此也将避免这两者是一体与异体等的过失。

对此，遣除他法而显现的独立反体即是总相，遣除异类与同类的这两种反体兼而有之即是自相，也就是别相。这两者也都是将多体假立为一体而已，因此不可能存在真实的一体。虚空不成立为有实法的道理，在下文中再给予论述。

癸二（破不遍之实一）分二：一、破实一之外境；二、破实一之识。

子一（破实一之外境）分二：一：破粗大之实一；二、破微尘之实一。

丑一、破粗大之实一：

障未障实等，故粗皆非一。

所谓的粗大实际上是数多极微聚合的部分，也就是说，内在的身体等，外界显现的瓶子、氆氇、住宅、山川洲岛、妙高山王直至大千世界之间，这其中无论是任何事物，由于存在用衣物等遮障未遮障、互为异体的有实法等的缘故，一切粗大之法也都不会变为成实的一体。以身体为例，被衣物遮障的部分以及“等”字所包括的运动静止、染色未染色、焚毁未焚毁……具有迥然不同的许多法，这些法又怎么会变为一体的自性呢？

假设有人说遮掩未遮掩等指的是手足等分支，而不是说的有支。

你们到底在说什么呀？请问，所谓的有支与所有支分究竟是一体还是异体？如果是一体，那么所存在的若干不同法都将变成有支一样。如果说是异体，则依靠可见不可得因便能推翻；再者，有支与分支应成瓶子与柱子一样毫无关系。

如果对方说：有支与分支这二者是依靠聚集的法相而紧密相联的，因此无需单独得到。

倘若以“聚”相联系脚的有支与联系手的有支二者是异体，则所有粗法不可能成为一体；如果它们是一体，那么由于明明见到了多种多样法的缘故，就使矛盾显得更为突出了。因此，所谓的有支只不过是以将众多分支聚合耽著为一体的心来假立的，成实的一体绝不成立，如此一切名言才富有合理性。相反，如果有支是的的确确存在的一法，则不可能避免一体、异体等理证观察的妨害。

丑二（破微尘之实一）分二：一、阐明破微尘之理；二、说明以破彼微尘而破多有实法。

寅一（阐明破微尘之理）分二、一、宣说对方观点；二、驳斥。

卯一、宣说对方观点：

许粘或环绕，无间住亦尔。

五境与五根这十种色法中的任何一种，凡是现为粗大的法都可剖析成多法，相互之间一法的位置障碍另一法存在，由于是若干法积聚的自性，因而直至极微之间这些法都可以一分再分。譬如，瓦瓶碎成瓦片，瓦片磨成粉末，粉末也有粗细之分。通过这种方式来说明一切色法可以分割得支离破碎。

从名称上来看，所谓的“色”即指可插入、可转变毁灭的法。从意义上讲，带有阻碍的意思，因此与心识截然不同，只要缘取它就始终是所破的对境，为此取名为“色”，例如说“刀刺”。

如果有人想：可是，这一法相在极微身上并不成立。

因为（极微的）粗法具足这一法相，所以并无过失。按照承认无表色的观点而言，在所依上存在所害，因此可以得名。

一般来说，名字有释词、说词[1]兼具以及只具其中之一，共有三类。有障碍性虽可说是色法的法相，但实际上是将比这一“色”更为粗大的眼根对境分别立名为色法。这样粗大的无情法一分再分，一细再细，直到终极的细微才不可分割，称为极微，再无有较它更小的微尘，堪为微尘之最或者究竟细微，它的七倍则为微尘等等。按照顺序，铁尘、水尘、兔毛尘、羊毛尘、象毛尘、日光尘、虮尘、虱尘、直至指节之间呈七倍递增。

我们应当知道，在欲界中，能现于根前的一个小微尘最起码也具有不包括根尘与声尘的八个极微尘，如果有根尘等，则再累加。最终的无分微尘是从大种与大种所造的每一微尘特意分开确定而言的，而不存在各自分割的部分。所有粗法根据大小的不同，其中含有的极微也具多少的差别。

虽然藏地的有些智者认为微尘无穷无尽，但这样一来，以粗法就无法得以建立等理证有妨害，因此与事实不符。

总之，粗法存在许多可分的部分，逐渐分得越来越细，到最后，如果基础已杳无踪影，那么粗法也将化为乌有，（有部宗为主的宗派）正是考虑到这一点而主张极微是最极微小、不可抛舍而存在的，这是承许极微派的总轨。

1 释词、说词：释词是从解释的角度而命名；说词是指口中所说的名称。例如：青蛙虽可以释为“水生”，但它的说词并不是“水生”。

诸外道一致认为此微尘是常有的，佛教的所有宗派则认为它是刹那性。内道与外道有此分歧。

此极微在组成粗法的过程中，这些微尘必须要通过有间隔或无间隔中任意一种方式来组合。在这一问题上，出现了三种不同的观点：

一、食米派发表看法说："（这些微尘）必须要相互接触聚合一起才能组合，如果不相接触，那么粗大的实法不可能成为一体，因此所有微尘绝对要一个粘合一个而存在。"

驳斥：如果在无分微尘上，以不同方向来粘合，那么就存在粘合与未粘合的部分了。如此一来，甚至无分微尘也已无法站得住脚了。如果未粘连的部分永远不可能存在，那么这两者怎么会有不同的位置呢？显然已融为一体，最终须弥山王也将变成一个无分微尘了。因此，（这一派的观点）实属谬论。

二、此外，有部宗等承许说：大多数法相互之间依靠引力而没有东离西散，像前面所粘连在一个微尘上是不合理的，因此其余微尘带有间隔而围绕一个微尘，好似牛尾毛或青草一样存在着。

这种说法也不合理，其原因是：如果（这些微尘相互）有间隔，则明暗的极微就有钻入那一位置的机会，由于其余微尘与中间的微尘相互不会接触，因而在它们之间还需要有其余微尘存在，最终两个极微聚合的中间甚至整个三有都将容纳在内了。

三、经部等宗派则认为：接触是接触，但并不粘连在一起。他们说：

按照前面粘合不粘合的说法都不应理，因而众多微尘实际上互相接触，或者说虽然不粘连在一起，但彼此无有间隙，由此人们也认为这是接触。

驳斥：一个微尘如果毫无间隔地接触另一个微尘，则与粘连是同一个意思，没有一丝一毫的差别。乃至没有融为一体之间，无有空隙是绝不可能的事，因此接触与粘连实际上是一模一样的，这一点诸大祖师早已经建立完毕了。所以说，只要相互接触或者无有缝隙，就不可能不粘连。倘若未粘连，绝不会存在接触或无间隔的可能性。因此，（经部的）这一观点，依靠上述的接触未接触的观察便可推翻。

承许组成粗法之基础的这些极微尘相互粘连的那一观点，或者认为未粘连而有间隔环绕的主张，或者认为未粘合而无有间隔存在，这三种观点无论任何一种，都同样可凭借观察方分的这一理证予以否定。

卯二（驳斥）分二：一、说明若无分则粗法不成；二、说明若有分则微尘不成。

辰一、说明若无分则粗法不成：

倘若有者言：位中之微尘，

朝一尘自性，向余尘亦然。

若尔地水等，岂不得扩张？

观察方分的方式：假设对方有人这样说：在组成粗法之时，位于中间的微尘，需要由方方面面的若干微尘汇集凝聚在一起。比如说，一间房屋朝向东方的部分以及对着其余方向的任何一面，都可以说这是朝此方彼方的一面。同样，若干微尘聚集而组成粗法时，位于中间的那一微尘，唯有朝向东方一个微尘的自性，除此之外不会有其他部分，结果面对剩余方向的其他微尘也同样绝对要朝向东方的一面或者唯有那一分。

倘若按照你们所承认的那样，难道你们已肯定地水等这些无论如何也不会得以扩张、增长了吗？但实际上，你们既然承认由微尘累积致使地水等越来越扩展、增长，那么还是舍弃“朝向一个微尘的某一面也要对着其余微尘”的立宗为好，因为这两者相违之故。是如何相违的呢？在组成粗法的过程中，位于中央的那一微尘同时被十方的十个微尘环绕的当时，由于无有分割若干部分的情况，因而除了一方的微尘以外其余微尘根本得不到其余位置，结果剩余的方向均成枉然，而将变为同一方向。再者，无论有多少微尘聚合，都只会一如既往，绝不会有组合成粗法的可能性。

如果再进一步细致入微地分析，对于占据了一个微尘位置的前一微尘的所有部分，后一微尘的所有部分如果不遍，那么（前、后微尘）这两者已经失去了微尘的身份，因为它们已成遍与不遍两部分了。如果（后一微尘的所有部分）遍于前一微尘的所有部分，则它们相互无有丝毫的空隙间隔，如此就成了一体。虽说是变成了一体，但不会越来越大。如果变得越来越大，显然就不是无分了，结果一个无分遍于另一个无分也不合道理了。因此，如果有一个成实一体的无分微尘存在，那么纵然取来整个大地之土、所有大海之水的微尘聚合一处，无论有再多的微尘，也不会有扩大、增长的情况，都将变成一个微尘的量。

这里所说的微尘，需要理解为极微的无分尘，万万不要误解成是七个极微累积的微尘。一般来说，微尘与极微有着显著的差别，微尘有七个部分，而所谓的极微是微细的极点或者终极。但是，“细微的尘”以及这一名词简略的“微尘”是指总称，因此必须要分清在不同场合运用的情况。

辰二、说明若有分则微尘不成：

若许朝余尘，面另居他处，

极微如何成，无分唯一性？

如果对方面对以上的分析而诚惶诚恐，于是承许：住于中央微尘并非只朝向唯一自性的其他微尘，而朝着其余微尘的一面另外居于其他处。

倘若如此，则极微又如何能成为无分唯一成实的自性呢？因为具有十方分之故。

所以，我们要清楚地认识到，一切细微均是观待粗大而安立的，而且它的设施处也同样要缘多法而确立，而成实无分一体之自相绝不可能存在。

寅二（说明以破彼微尘而破多有实法）分二：一、安立因；二、建立遍：

卯一、安立因：

微尘成无性，故眼实体等，

自他说多种，显然无自性。

正是由于微尘成立无自性的缘故，眼与实体等自宗他派所说的多种多样的法显然都无有自性可言，就像无有泥土就不会造出瓦罐一样。

佛教中（的有部宗）认为眼、色及其识等为胜义；食米派等外道则声称实与德等（为胜义）。

卯二、建立遍：

彼性彼组合，彼德彼作用，

彼总别亦尔，彼等与彼聚。

以微尘不存在便可证明眼等这些法无有自性的合理性。到底是怎样的呢？

佛教的有部宗认为，十色界是由微尘积聚的，因此是微尘的自性。外道所许具有两个微尘等之有支的诸实体也是通过直接或间接的方式由微尘组合而成；色、香、味等绝大多数是微尘的功德；抬放、伸缩事宜由于依赖身体而进行故是微尘的作用；“有”等大总与“牛”等小总、分别或特殊的地等多数也都是与微尘相互依存，因而无论是微尘的总法还是分别的微尘也都是同样；那些微尘与另外的彼有实法聚合一起者也不例外。凡是直接或间接与微尘相联的这一切法均是以微尘为基础，因此必然随着微尘的消失而消失。由于极微尘不存在，成实的十色界也必定无有。如此一来，以五根作为增上缘、五境作为所缘缘产生的眼识等五识也不成立实有。如果它们不成立，那么以等无间缘明确建立的意识显然也无法被证明是成实的。如此六识聚倘若未得以证实，那么轻而易举便可了知彼后无间的意根也同样无实，并且无实的心、当时与它成住同质的想、受、思等一切心所一概无有自性。直接或间接与色等相联的所有不相应行也同样成立无实。这些不相应行仅是以心假立的，实际并不存在。关于这一点，诸位智者已经百般破析得七零八落，在死尸上无需再用利刃奋力相击。如果说无表色均是以诸大种为因而成，那么只要大种不存在，无表色自然也就销声匿迹了。关于虚空等无为法，前文中已经破析过。

由于已阐明了十八界均无自性，因此自宗所说的多法成立无实的道理就是以上这样。

他派声称的诸多有实法成立无实的道理则如下：

将两个等若干微尘聚合而假立为有支，只要根本的微尘不存在，有支便无有立足之地；声是虚空的功德，除此之外的色等许为四大的功德，如果四大不成实有，那么色等也就无法成立；抬举等事宜是依赖于身体，身体的组成基础——微尘如果不具备，这些也不会存在；大总的“有”与“黄牛”的小总也是与色等相关的“总”法，凡是属于色法范畴内分别的树、土等一切也都依赖于微尘，它们彼此之间是能依所依的关系，承许相互聚的观点多数也依赖微尘。因此，（只要破除微尘，）此等外道的所有观点将无余瓦解。

略而言之，如果详尽分析，则正由于能知与所知相辅相成、互为缘起，因而以微尘不成立才可证实无情法不成立。依此也能领会心同样无有成实。最终，对诸法的实有耽著也能崩溃无遗，譬如，如果从细枝所成物中取出任意一条，都会致使其余细枝松松垮垮，逐渐东离西散。

子二（破实一之识）分二：一、破认为外境存在宗派所许的实一之识；二、破认为外境不存在宗派所许的实一之识。

丑一（破认为外境存在宗派所许的实一之识）分二：一、破不共各自观点；二、以说共同实一之识不容有而结尾。

寅一（破不共各自观点）分二：一、破自宗有实二派之观点；二、破外道之观点。

卯一（破自宗有实二派之观点）分二：一、破无相有部宗之观点；二、破有相经部宗之观点。

辰一（破无相有部宗之观点）分三：一、建立自证合理；二、说明境证非理；三、说明无相观点不合理。

巳一（建立自证合理）分二：一、认识自证之本体；二、说明彼为自证之合理性。

午一、认识自证之本体：

遣除无情性，识方得以生，

凡非无情性，此乃自身识。

总的来说，有承认外境与不承认外境两种观点。承认外境的观点又包括无相与有相两种。

第一承许外境无相的有部宗诸论师认为：外境虽然存在，但它是依靠根而见闻觉知的，而识就像玻璃球一样不取对境的行相，如是色等是凭借有依根清清楚楚、直截了当地缘取自己的对境，而在对境与有境之间又怎么需要有一个连接纽带的行相呢？诸如，当见到瓶子时，只是认为现量看清了处于外境那一位置的瓶子自相。

这种观点与诸世间人的想法倒是很相符合，因为世间人们口中说“我亲眼看见了瓶子”，耽著能见唯是眼睛、所见只是瓶子，心里也认为已经看清了明明显现的这一对境本身的体性。因此，当一百个人看同一个瓶子时，所有人所见的就是唯一的那个瓶子。

关于这一问题，经部等宗派如此加以分析：一切对境绝对是显现于自识前而取的，如果不以识来缘取，那么又怎么能认知那一对境呢？无情法不可能了知对境，所以并不是依靠眼根来见的，因为眼根是无情法而不能充当能见，并且即便被玻璃等透明的色法阻隔依然能看得见之故。无论是任何对境均是由识而现见、了知的，离开了识又如何能了知呢？绝不可能了知。因此，眼根只不过是眼识趋入对境的助缘也就是取境的一种辅助力量，取境能否成功也取决于它的存在与否。譬如，镜中映现出影像只是在镜子里产生一种与所现色法相同的像，又怎么会是真正的色法呢？同样，显现在识前的一切部分仅仅是识浮现出外境的行相而已。一百个人看同一个瓶子时，各自不同的识现出瓶子的行相，好似一百个镜子中分别显现同一个瓶子的影像一般。否则，一百个人截然不同的相续中，如果没有一个了知瓶子的现分或识分，则无法了知瓶子。如果有（现分或识分），那么各不相同之心识前的那一现分不可能现于另一者前，因为相续互为异体之故。

所以说，只要是显现就一定为自现，这一点虽然不可推翻，但显现的行相无因无缘不可能产生，因而能指点出行相的外境是存在的，由外境产生它的行相，犹如印章中现出印纹、色法中现影像一样。例如，镜中照出色法的行相时，真正的色法始终不可能显现在镜子中。然而，如同按照色法如何存在而如何显现一样，自心中的某一显现也只是外境的行相，但那一行相有多少外境也需要不增不减有多少。如是将自己的心识前显现的行相以及能指点出行相的外境这两者误认为一体，实际就是显现的这一行相，而并非真正的外境。因此，真正的外境似乎以隐蔽的方式潜伏在某一行相的背后而不被发现。

只要是承认外境存在者就不得不接受极其富有合理性的这一观点。

以比喻来说明这些道理，以染料改变的真正玻璃作为现量，真正玻璃取的是染料的影像[1]。同样，现量显现唯一是识，呈现颜色、形状的基础是与识异体的极微聚合的外境，因此（经部宗论师）认为外境不是以根来取而是以识来取的。

对此，有些人则口口声声地说："如果外境根本不显现，那么食肉鬼等的行相为什么不被取受呢？因为瓶子与食肉鬼这两者是隐蔽分[2]这一点无有差别的缘故，第一刹那显现外境，从此之后便是隐蔽分。"

这说明他们对经部宗的观点一窍不通。如果第一刹那直接取对境，那么第二刹那等为何不取？虽说是隐蔽分，但任何外境能指点出本身的行相，

1 此比喻中，染料——外境；真正玻璃——识；染料的影像——行相。
2 隐蔽分：三所量分之一，领纳体验所不可知，但借因由之力可以推知者。如身内有色诸根、无我、声是无常、有烟山中之火等。

就缘取它的行相，除此之外不可能再缘取别的，镜中现出真正的色法是永远不可能的事，然而任何事物面对镜子时，只会现出它的行相，绝不会随随便便显现。

此处所讲的影像之比喻，只是为了通俗易懂而列举的。

尽管唯识与经部一致主张识为有相的，但他们之间却有承不承认外境单独存在的差异。有相派观察所取境行相与能取之识有（相识等量[1]〖གཟུང་འཛིན་གྲངས་མཉམ།〗、异相一识[2]〖སྣ་ཚོགས་གཉིས་མེད།〗、相识各一[3]〖སྒོ་ང་ཕྱེད་ཚད།〗）三类观点，在下文中将逐一予以论述。

如果有人问：本论在名言中认可这三类观点中的哪一类呢？

虽然格鲁派的诸位智者无论是在因明还是中观之中，一致承认“异相一识”的观点，但一般而言，如果从内观自证的角度出发，就心识为一相续这一点来考虑，那么形形色色的显现与心无二（即异相一识）。这种说法纵然在名言中有他合理的一面，可是在三种类别的这一场合却不尽然，由于需要根据对境的不同来理解取相的方式，因而（这种观点在此处）极不合理。此处的观点，以名言量成、无有妨害的绝对是“相识等量”，我本人也唯一依照这种观点来讲解，这也是《中观庄严论》的意趣所在。在破唯识宗所承许的“相识等量”的过程中，前辈的有些论师认为取蓝色等的若干同类识全部一并生起。

---

1 相识等量：也叫能所等量，即承认能取识与所取境为多种，但数量相等。

2 异相一识：承认所取境千差万别，但能取识是独一无二的。

3 相识各一：也叫能所各一，即所取境与能取识各自分开、数量各一。

如果这样，显然与教证相违，因为世尊明明在经中说“无有前后而生二心，无有是处”以及“一切有情即识之一相续”。

对方为了远离这种过失而辩解说：“这一教证的密意是指异熟的阿赖耶识。”

这种说法也同样不应理，其原因是：如此一来，则有阿赖耶因为显现处所、身体、受用千差万别的行相以致成了多种的过失。再者，以前代的法称论师亲口所说的“彼等中同类……”也能说明佛经的密意是指同类的两种识不可能俱生。因此，放弃你们的观点如此来解释，才符合佛经的含义。

我自己依凭理证明了清晰地解说也可以：经中所说的二心不俱生是从违品与对治的角度来讲的，所谓“识之一相续”也并非是指数目当中的“一”，而是唯一的意思。即便解释说“外境不存在而远离我、我所、能取所取的唯一心性却存在”，也是合情合理的。

如果有人问：纵然这种解释无有不合理之处，但有什么必要呢？

异熟阿赖耶识因为显现处所、身体、受用各种各样的行相千差万别而成为迥然不同的过失绝不会产生，因此与你们的观点比较起来，显然更胜一筹。

如果有人又问：虽然破了对方承认的（“相识等量”的观点），但你们自己受持这一观点又怎么会是无垢的宗旨呢？

所谓的“非为而宣称”中说的破“相识等量”的这一理证否定了其他相识等量的观点，间接已说明自宗承认相识等量的观点具有合理性。

对于“相识各一”的观点所说的过失，不仅于胜义中甚至名言中也在所难免；“异相一识”的观点也不例外，以“你们的这种观点难道是空衣派吗”这般讽刺的反驳言词，在名言中也能驳倒对方；而遮破“相识等量”的正理在胜义中方可成立，仅在名言中是不能破除的。因此（在名言中）承认（“相识等量”）这一观点实属合理。

关于这一问题，大多数论师将分别与无分别的作用混为一谈，真正如理如实讲解的人可谓屈指可数。

实际上，无分别识前不同对境的行相不会现为一体，一体也不可能现为异体，倘若显现，则心境就互为矛盾了。故而，外境如何显现，识也需要如是跟随。比如说，当见到瓶子的自相时，必须要以时间、地点、行相毫不混淆地取这些自相，因此按照瓶口、瓶腹、瓶底等各个部分所指定的行相而取，不可能混为一体来取。取瓶口的识与取瓶底的识这两者不是一个，所得出识之名言的结论也是若干个，岂能只得出一种名言的结论？然而，将这一切综合起来，取瓶子的识就只有一类而别无其他。

分别而言，诸如识缘取瓶口，也只是随同瓶口来取而不可能随同其他。瓶口也是如此，缘取上下各个部分之内部的不同类也都可以充当瓶口之一识的设施处……如果普遍推及，则同类的两个识始终不会同时生起。假设要缘对境同一个瓶子时，取瓶子的同类无分别识或者有分别识二者无有前后产生，那么有境就成了两个，致使相续也必然变成异体。事实上，即使产生多种不同类别，但相续与识不至于变成异体，对此道理要深信不移，如果理解成取瓶口也就是取瓶子的同一个识，取瓶腹也是那一个识，那简直是谬以千里、离题万里了。认知瓶口与了知瓶腹等所见的行境圆满综合为一，安立为取瓶之识，识不至于变成不同他体，就像轮胎、中轴、轮辐等（组合一起）立名为车时，这所有的零件内部彼此之间不是一体，但整体的车绝不会因此而变成两个。

当心里分别“瓶子”时，如果没有遣除一切非瓶的行相，那么就无法形成瓶子的概念，此时除了独一的瓶子本身以外，不可能与其他分别念同时并行不悖。同样，仅是取花色的识、取花色内部的蓝色，再取蓝色内部中央的蓝色……乃至以心识能够分析之间均可以同样了知。如果懂得了这一点，那么识安立为一相续与一本体的方式也是如此。相反，如果在内部安立一个无有若干分类的法，那么除非承认一个成实无分的对境与成实无分的识以外又该如何进行建立呢？请你慎思！

再者，瓶口与瓶腹等对境是各自分开的，如果说有境之识是同类，那么取瓶与取水的识也应成了一个，到最后，只要是有境之识必然相同，结果认知声音的识、认知色法的识等凡是识均成了一体。如此一来，不同类的识也无有立足之地，由此阿阇黎（法称）的“分析同类、异类识”也成多此一举的事。

所以，在“相识等量”的观点上，蝴蝶花花绿绿的色彩被同时见到才有可能，而在用其他两种观点来解释，则成了不现实的事，原因是：如果次第性见到，那么（本论下文中）对“相识各一”所说的藤条声等理证有妨害。尽管同时见到，但如果各自行相的能取不存在，则有识与行相二者成了毫无瓜葛等等过失。由此可见，异相一识的观点也就更不恰当，而且最终，显现的对境“蓝色”一者也具有中、边等分类，原原本本取它的有境性质不可能毫无差别，如果有这种可能性，那么无分（之识）取有分之相怎么能适合充当正量呢？而承许“相识等量”的这一观点在名言中实可堪为取所量的正量，如同所有承认瓶子为多尘自性者否认“无分”之瓶子的理由完全是以识前显现“有分”而安立的。在此“相识等量”的观点中也是同样，所取能取同类的两个识不会在同一时间生起，因为这两者只是在假立名言中分的，实际上无有异体。

以上这些道理虽然在其余（论典中）未曾见过，但即使是我孤身一人也可无所畏惧地说：“在名言中绝对要承认这一道理。”并且具德法称论师的究竟立场也是站在那一方。事实尽管如此，但到底有谁恰如其分、如理如是地明确了这一点，诸位具有智慧者只要拜读一下印度佛教、藏传佛教的论典便可一目了然。关于这一问题，虽然有许许多多需要阐述的，但暂且简略说明到此。

如果有人认为：要体现出无相（有部宗）的观点毫无关联（的过失），首先必须建立起自证的合理性，也就是说，所取显现的某一行相就是识，能取也同样是识，如果能取所取这二者是一本体，那么自己对自己起作用显然矛盾，因此自证是不合理的。

尽管从如是所量形形色色之现境、能取之有境各自存在的现相这一角度而安立了所取与能取，但实际上，任何识只有遣除了车、墙等无有明觉的无情法自性，具有明觉法相的识方能得以产生，凡是非无情法的自性，这就称为自身识或者自明自证。

午二、说明彼为自证之合理性：

一无分自性，三性非理故，
彼之自证知，非为所能事，
故此为识性，自证方合理，

所谓的“自证”必须排除其他有实法而成为一体，并且是一个除了自身以外的无有其他分自性，由于（此自证）具有直接能生的作者这一观待因——所证知的对境、由彼所生的证知者与所生之果或自证也就是所作、能作与作业三者的自性不合理，是故，所说的识之本身证知自己，并非承认是像用斧头砍木柴一样，真正产生有别于自己的取自之识，或者是由识所证知的对境以及能证知那一对境的事物，故而这是识的自性，这样一来，自证的名言方合乎道理。

直接而言，如果承认所谓的“自证”是有境、对境与所生、能生的自性，则不应理。其原因是：如果它产生有实法本性，那么是产生未生者还是已生者？假设说是生未生者，则不合理，因为在产生之前自证还不存在，因而不具备生的能力；如果是产生已生者，则在已经产生之后具备能力的时候，与之同体的所生也已形成，而自己对自己起作用显然相违，就像宝剑不能砍割本身等一样。

由于瓶子等对境是无情法，因而它们不可能有明觉，它们的本体必须观待自身以外明知的能证之识，而这个识自本体不像无情法那样，自体无需观待其他所证的外缘，为此安立说自证是最恰当不过的名言了。自证一经产生以后便具有明觉的自性，因而它虽觉知他法，但其本身却无有其余觉知者，如此也并非不觉知自己，就像人们通常所说的“船夫自己将自己渡过了江河”以及“灯自身照明自体”一样，意思是说，漆黑暗室内的瓶子等是依靠灯而照亮的，但灯本身即可照明自己而不需要其他因，由此可见，所谓的“自明”只是名言的假立，就像灯不是自己作为自己的对境而明的，因此是对生起明觉感受的本体立名谓自证的。

一般来说，从本体的角度而言，凡是识就决定是自证，然而从分为所取、能取二者的能取安立为自证的反体角度来讲，（所有识）并不决定是自证，应当了知此类情况是有的。如果领会了建立所谓自证之名言的道理，那么世俗中自证合情合理，任何妨害也不会落到头上。而经中所说的“识若自明则眼当自见”“轻健者应骑在自己的肩上”等等不合常理的现象，以及“灯若自明则黑暗应成自障”等等所有理证，对于承认自证成实者来说当然是无以逃避的，其原因是：如果是自身，则与是对境相违；如果是对境，则与是自己相违；假设互不相违，那么黑暗需要障碍自己等妨害不可避免会降落于身。

虽然由感受对境的现相而假立为“所取”与“能取”，但实际上，从二者非为异体角度而安立的名言的确立方法无有任何过失，譬如，梦境之心前的对境马象似乎于外界存在，而取它的根识于里面存在，实际上这只不过是显现于那一识前的明分而已。由于现为所取分与能取分这些并不是识本身以外的他法，并且明显感觉也是存在的。由此可知，所谓自证的名言是合理的，比如，尽管自己与自己不可能存在联系，但不同反体的某一行相在某一外境的本体中是一体而安立谓同体相属。因此，凡是感受所知行相全部可产生明觉感受的本体，因而在名言中识感觉所有对境可以说是天经地义的事，仅是相互观待而假立为境与有境，实际上自证最富有合理性。也可以说，比量归根到底要摄在现量中，现量境证最终也是归属在明觉的自证之内。所以，如果承认观现世量的安立，那么自证是必不可缺的。关于破斥不许自证的观点以及承许自证真实成立的所有道理，当从理自在（法称论师）的论著中得知。

巳二、说明境证非理：

境自性他法，彼将如何知？
彼性他无有，何故知己彼？
能知所知事，许为异体故。

由于自证是明觉的自性，因此可以了知自己。如果成为识以外非明觉外境之自性的他法，那么识将如何了知呢？因为（它们彼此之间）毫无关系。如果具有明觉感受法相的识之自性在其他外境上无有，则那一识凭什么如同了知自己一样可以直接感受、认知其他对境呢？因为你们境证派明明将能知与所知的两种事许为异体之故。

所谓的“肯定对境”即是识的特色，由于能亲身体验快乐等，因而它在外境中存在是不应理的。无论任何法，只要是以识来感受或于识前显现，就必然是以明觉而了知的，如果离开了明觉，又怎么能了知呢？

因此，取瓶之识的本体上了然明现的那个瓶子如果不是识本身，而是成立为另外单独的无情法外境，则由于无情法上无有识、识上不存在无情法，结果因为明觉（之识）非明知（之无情法）这两者互绝相违的缘故，彼此互为异体，异体的法直接感受异体的法岂能合理？必将如同光明与黑暗一般，二者成为毫不相干。由于识自始至终不会超出自明自知的法相，所以它怎么能得到领受不具明知之无情法的机会呢？因此，取瓶之识前所显现的瓶子的行相也不可能离开明觉之识的自性而另辟蹊径。识与境如果无有联系，那么感受对境也不合理。只有肯定对境与识这两者于明觉的本体上是同体相属，识才能觉知外境。

尽管事实原本如此，可是对于被固执外境的毒素弄得神志不清的宗派者来说这是不可能的，因为他们承认境识异体之故。所以，只要无有同体相属的关系，领受对境就不合理，要感受识前所显现的一切绝对需要是明觉领受自性的识。单单以彼生相属[1]无法实现领受外境，其原因（有二）：如此一来则有同时的眼根等也被感受的过失；而且无相对境所生的果如若是无相，那么到底产生什么呢？这是不可能的。

外道不仅承认某一外境的行相无有觉知并且还承许自证也不存在，这样一来，境识二者的名言也不存在了，因为识需要是明知的法，如果它不是明知的法，那么如同别人现前的对境不会成为自己的行境一样，甚至连处于自前的外境也无法现见了，因为境识无有瓜葛之故。

所以，与现量见到外境“瓶子”相比，在自识前更是毫不隐蔽这一点如果不是自证的本性，那么识觉知或感受对境也成了不现实的事。由此可见，自证极其合理。

1 彼生相属：相属之一种，此从彼生的关系即因果关系。如火与烟，实质各异，无火则无烟，是为缘起。

巳三（说明无相观点不合理）分二：一、说明有相感受外境名言合理；二、说明无相感受外境之名言亦不合理故极低劣。

午一、说明有相感受外境名言合理：

识有相派许，彼二实异体，
彼如影像故，假立可领受。

虽然承认外境却声明识有行相的宗派，承许境识这两者实际上互为异体，但由于外境与它的行相二者犹如色法与影像一样，因此仅从假立而言可以安立识了知或领受那一对境，尽管并没有亲自领受，但领受相似的对境，可以作为见到瓶子、听到声音等的名言。

午二、说明无相感受外境之名言亦不合理故极低劣：

不许以境相，转变之识宗，
彼觉外境相，此事亦非有。

对于不承许以瓶子等外境行相转变之识的无相有部等宗派的那一观点来说，由于境识之间存在联系不合理，因而承认外境而觉知说“这是蓝色”“这是黄色”等的现量行相，这种事在一切时分也是不会有的。譬如，假设玻璃球无法以染料改变，那么无论在它上面如何涂抹蓝、黄等色彩，它都会始终如一保持本色而无有变动。同样，如果按照这些宗派的观点，则由于外境是无明觉的无情法、识是明觉者，而致使境识二者大相径庭，结果非但（识）不能亲自感受（境），并且因为对方也不承认这二者联系之因——如影像般行相的缘故，甚至在名言中耳闻目睹等也成了无法实现的事。如果详细观察，则在承认外境存在的观点之中，（承认境识）毫不相干（的无相观点）显然比有相的观点更为逊色，已成了抹杀现量的事实。

如果对方认为：虽然这些行相不存在，但现量显现是存在的。

（这种想法不合理，）如果行相不存在，那么现量感受外境也必然泯灭，这一点依理可成。如此宣说完无相之识不可能之后，接下来根据各自不同的观点依理抉择而破斥“异相一识”等之“实一”的道理。

辰二（破有相经部宗之观点）分三：一、破异相一识之观点；二、破相识各一之观点；三、破相识等量之观点。

巳一（破异相一识之观点）分三：一、以如识相应成一而破；二、以如相识应成多而破；三、否则以相识成异体而破。

午一、以如识相应成一而破：

一识非异故，行相不成多，

是故依彼力，境则无法知。

有相的观点也有承许所取相为一与所取相为多的两种，承许所取相为多又分承许相、识同等为多（相识等量）与不许相识等量为多而承许“异相一识”两类，总共只有此三类而别无其他观点。

在此三种观点中，第一“异相一识”：承认行相虽然多种多样但只生起独一无二之识的论师们认为，虽然显现与对境蓝色成住同质的所作、无常等所有行相，但只能生起唯一具有蓝色行相的有境识，取花色的眼识虽说认定对境蓝、黄等多种斑驳花色，但不会生起与之相同数量的眼识，仅仅生起取花色的唯一眼识。

驳斥：如果多种行相均变成了有境一识的本体，那么这一观点也该命名为“异相一识”。如果按照他们宗派的观点，则唯一的识与行相二者由于实体非为互异的缘故，行相也应成了一个，而不会变成蓝、黄、白、红等多种多样，而必须成为一法。正因为行相不会变化多端，故而依靠各不相同、各式各样的行相之力，外界中所存在的蓝黄等五彩缤纷、各种各样的境也就无法了知了。当看见色彩斑斓的画面时，如果心不分开而跟随那一画面上具有的蓝、黄等颜色，则心境将互为矛盾，如此一来，说“这是蓝色、这是黄色”安立千差万别行相之因也无有置身之地了。

午二、以如相识应成多而破：

未离诸相故，识不成唯一。

如果对方认为：倘若承许各种各样的行相不存在，那显然与现量相违，最终将毁坏一切名言，因此必定要承认（有相）。

倘若如此，则由于未离开具有丰富多彩、各式各样本性的所有行相，因此识也不应成为独一无二，而要等同行相的数量变成纷繁众多。

午三、否则以相识成异体而破：

非尔如何说，此二为一体？

简而言之，如果承许“相识一体”紧接着又许“异相一识”，则或者放弃多相的观点，或者舍弃一识的观点，必须选择其一，这一点以刚刚讲述的理证可以成立。

如果不是像刚刚所说的那样，那你们如何能说识相这二者是一本体呢？由于识是唯一、相是多种，一体与异体这样相违的法上如果有是一本体的可能性，那么你们的宗派还有什么实现不了的事呢？甚至连石女的儿子等也有现世的可能了。

巳二（破相识各一之观点）分二：一、说此观点；二、破此观点。

午一、说此观点：

于白等诸色，彼识次第现，
速生故愚者，误解为顿时。

主张“相识各一”的宗派这样认为：对境蓝色并不能分别指点出与其成住同质的所作无常等行相，只是指点出总蓝色的行相，并且也是唯一生起具蓝色相之识。对于取花色的眼识来说，对境也不会同时为它指点出花色中蓝黄等五彩缤纷的多种行相，只能指出总花色的行相而已，有境也同样产生唯一具花色相的识，因而在一个识的本体上所取相与能取相各自为一，相对存在。因此，是与所谓的“割蛋式”相类似作为原因而取名（“相识各一”或“蛋割两半”派）。

如果有人认为：这样一来，与眼识可以同时见到蝴蝶的斑驳花色及布面上绚丽多彩的各式图案明显相违。

对方则解释说：对于黄、白等一切颜色，与之相应的有境之识并不是同时取受它们，绝对是逐一分别开来次第而现出的。然而，表面似乎同时见到，实际上，正如青莲的一百个重叠花瓣用针穿透一样，由于识取对境极其快速而生的缘故，凡夫愚者心里错误地理解成蓝、黄等色彩是顿时见到的。比如说，当飞速旋转火烬[1]时，可以清晰地呈现出火轮相，但事实上，火烬只不过是一短小的一节，本不该在四面八方出现连续不断的光环，之所以出现这种现象完全是由于人们将缘火烬之前后刹那的所有心识综合在一起，自以为呈现出火轮一样的一种错觉。

午二（破此观点）分二：一、破意义；二、破比喻。

未一（破意义）分三：一、以缘文字之心而不决定；二、以唯一意分别取境之方式而不决定；三、以诸心而不决定。

申一、以缘文字之心而不决定：

藤条词等心，更是极速生，

同时起之心，此刻何不生？

如果仅仅因为是快速就能生起同时所见的显相，那么取藤条之名词等的心则更是极其迅速而生起，由于特别疾速的缘故，同时产生的心在此时此刻为什么不生起呢？应该生起。

1 火烬：一端燃着的火光木柴或线香等。

次第快速而缘对境蓝、黄等颜色既然如此，那么缘对境文字名词也需要与之相同，例如，“拉达”是藤条的名称，“达拉”是达拉树名。虽然心依次专注于这两个词，但由于趋入的速度极其迅猛致使似乎现为同时了一样，由此“拉”在前与“达”在前成了无有差别。无论如何，这两者都正像同时见到蓝黄图案那样，显得无有前后，结果缘“拉达”的心很有可能被误认为“达拉”，缘“达拉”的心也同样会被理解成“藤条”，这样一来，文字的顺序就毫无意义了。或者说，这两者都无法被理解清楚。同样，所谓的“萨绕”是大海的名称，“绕萨”则是味道的意思。诸如此类文字的次序交织错乱，势必导致一词误解成另一词，结果一切（名词）都成了一味一体，因为无论怎样说都似乎无有先后之故。

由此看来，比次第而缘零零散散的文字之心更迅速的一个次第性法尚且难以感受说“如此如此”，那么明明未曾亲自领受而说“是次第性”就更无有实义了。同样是快速产生，但如果（有者生起同时之相而有者）不生起同时的显现，那么快速作为同时显现的因也不可安立了，因为只要是因，果决定随其而存灭。

申二、以唯一意分别取境之方式而不决定：

唯一意分别，亦非次第知，

非为长久住，诸心同速生。

如是思维对境之本体、分析彼之特征、思索修心之意单单的意分别念，与眼识等不相混杂、接连不断而产生，（按照你们的观点，）这些都生起前后现为同时的识，而不会次第性生起来了知的。为什么呢？由于刹那刹那生灭而不是长久住留，使得所有心都毫无差别同样是快速而生的缘故。

对方也是承认所有识无一不快速灭亡。

申三、以诸心而不决定：

是故诸对境，不得次第取，

犹如异体相，顿时取而现。

由于所有心无有差别同为迅速而生，因此识的一切对境也不会有次第而取受的情况，犹如互为异体的黄、蓝等行相同时取受而见到那样，是在同一时刻一并取受而显现的。而对境丰富多彩的画面上黄、蓝等颜色虽然确确实实并存，但识除了次第取受以外不可能顿时而趋入，结果与缘文字等无有差异。趋入文字也是同样，缘前面文字的心已灭至后心生起之间只是一刹那性，而不可能长时间停留。

如果依照此理而观察次第性之识前后的连接状况，则能彻底了解这其中的含义。只要是在识前有先后顺序而显现，就已排除了顿时显现；同时显现也绝不会有前后出生、见到的可能。因此，对于识前次第性显现而说成顿时呈现依靠现量永远也无法被证实，乃至普及到万事万物，都不可能超越这一性质，（超出这一性质）终究找不到比量的推断与切实的比喻。

未二（破比喻）分二：一、安立因；二、建立彼之遍。

申一、安立因：

火烬亦同时，起现轮妄相，
了然明现故，现见非结合。

你们所运用的比喻也是不贴切的。原因是：火烬其实也是在同一时间里现为火轮的一种虚妄显相，由于这是在无分别识前了然清晰明现的，因此纯属现量见到。现量见到绝不可能将前后时间衔接、结合成一体。火烬被快速旋转本身就是一种能使随之趋入（的识）在同一时刻产生错乱为火轮的虚妄显相，并非是前后对境的若干刹那依靠分别心连接而错乱为轮相的。

申二（建立彼之遍）分二：一、说明见忆对境相违；二、故说明若是结合则不应明现。

酉一、说明见忆对境相违：

如是结诸际，由忆念为之，
非取过去境，故非依现见。

如果有人问：明现与结合二者相违吗？

答案是肯定的：相违。如是连接前后的一切分际的事先前已经过去，要由忆念才能将它们结合起来，未曾回想则无法连接，可见是由忆念来作结合之事的。由于现见所趋入的是当下的对境而并非取过去之对境的缘故，显然不是凭依现见来衔接的。

酉二、故说明若是结合则不应明现：

成彼对境者，已灭故非明，

为此显现轮，不应成明现。

火烬现为光环相这一点如果按照你们的观点来说，是由前后的诸多刹那衔接起来而显现为一体的，那么这必须要借助忆念来连接。成为忆念的任何对境先前已经灭亡，因此只能对它进行回忆，而不能明显领受。由此可见，忆念只是过去的有境，就算是摆在面前格外显著的事物也无法了别，因为它不是现在的有境之故。鉴于此种原因，如果需要结合，那么当下所显现的轮相仅能作为不明显追忆的对境，而不应该成为在眼前这般了了分明呈现。

了知穿透一百片青莲花瓣的那一识并非是像见到旋火轮等一样同时明见的，由于不可能在同一时刻刺透，因而一切智者能确定这是次第性的。再以凿穿铜制薄板为例，当一位作者戳穿上下层层累叠的许多张铜制薄板时，同一时间顷刻凿穿显然于正量有妨害。如果穿透青莲花也是由同一个人来进行的话，则依靠比量可以推断。

巳三（破相识等量之观点）分二：一、说此观点；二、破此观点。

午一、说此观点：

倘若如是许：现见画面时，

尽其多种识，同一方式生。

承许“相识等量”的宗派如果这样主张：对境蓝色能指点出与其成住

同质的所作、无常等尽其所有的行相，有境也同样生起具等量相的识，对境花色也为取自身的眼识指点出蓝色、黄色等尽其所有的行相，有境也同样生起尽其所有具相之识。例如，当现见色彩斑斓的画面时，等同那一对境蓝黄等尽其所有行相的许许多多的识也以顿时或同一的方式产生。这以上阐述了对方的观点。

在此对他们的这一观点慎重地加以分析：尽管等同可以分开呈现出现境实体行相所有部分的数目而生起识，然而与实物本体不可分割的所有反体，在对境本体正在显现时，从未增违品的角度来说，它的有境也仅仅是以反体而区分为具某一行相之识的。

对此，主张"能所等量"或"相识等量"的这些宗派基本上都认为，同类的此等识也像不同类那样生起众多并无相违之处。凡属于心的范畴无一例外，都不会有若干同类俱生的情况。能取识与所取相虽然多种多样，但多种同类绝不会同时产生的自宗观点在前文中已论述完毕。

午二（破此观点）分二：一、建立诸识具多相；二、宣说无分实一不可能。

未一、建立诸识具多相：

若尔虽认清，白等一分相，
上中边异故，能缘成种种。

如果事实的确像刚刚所讲的观点那样，眼见花花绿绿的底色，蓝、黄等丰富多彩的行相也该是同样，虽然认清了它的内部对境白色等单一的行相，但由于上上下下、这边那边以及中央边缘的部分互为异体的缘故，能缘（之识）也将成了种种，所谓的“一体”不可能真实存在。

未二（宣说无分实一不可能）分二：一、观察所缘无情法则唯一能缘无有之理；二、观察能缘识则彼无有之理。

申一、观察所缘无情法则唯一能缘无有之理：

微尘性白等，唯一性无分，

呈现何识前，自绝无领受。

对于这样的一个行相来说，如果有许许多多分类，那么合而为一者到底指的是什么呢？显然不合道理。如果认为仅有无法分割之极微的所缘相是唯一的，那么自己无论再如何认认真真、勤勤恳恳地观看它，但作为与具有微尘自性的白色等其他相毫不混淆、唯一本性的它，自身无有可分的方分，无论显现在任何识面前，自己绝对不会有“此法”的领受。一言以蔽之，现量感受无分极微在何时何地都是不现实的。

为此，诸位有智之士承认存在的因必然以量可得方能确立。如果明明以量不可得，却一口咬定说存在，何苦这般自我欺骗呢？因此，人造的花色布品等以及天然的蝴蝶斑驳花色等行相原本就是千差万别的，而识也绝不存在实有的“一”。

申二、观察能缘识则彼无有之理：

五根识诸界，乃缘积聚相，

心心所能缘，立为第六识。

有境的心也就是眼等五根识的一切界，它们是缘极微积聚之各自对境的具相有境，因而尽其所有行相而变成多种多样，意识也与之相同，因为它与有境的心是成住同质之故。法界[1]也不例外，其中无表色、无为法不应是另行存在，仅是假立而已，因此是以否定的方式而缘它们的名称；受想行也就是三蕴的本性，缘它的意也并不只是取心所，而是缘心王与心所的群体。心与心所并存聚合的能缘即安立为意识或第六识，或者说作为它的能缘者。

这以上是自宗的观点。由此看来，缘“一”的识也不可能存在。

卯二（破外道之观点）分二：一、总说破明智派[2]；二、别破各自之观点。

辰一、总说破明智派：

外宗论亦许，识不现唯一，

以具功德等，实等所缘故。

置身于佛教之外随行食米派、淡黄派等人称为外宗或外道。由于人

1 法界：《俱舍论》中承许有受蕴、想蕴、行蕴、无表色与三种无为法共七法界；《大乘阿毗达磨》承许五种法处所摄色，受想行三蕴及八种无为法。

2 明智派：本来，藏文“རིག་པ་ཅན”是吠陀派的名称，但是胜论派的别名也叫此名，故为了分别开来而按藏文的意思译为“明智派”，也就是胜论派。

们的颠倒妄念无边无际，宗派的劣见也是林林总总，但通常而言，绝不会超出常断的范围。其中常派也有五花八门的多种类别，因此见解共有三百六十，六十二、十一门类等，分门别类虽然多之又多，但概括起来，可以归属在论议五派[1]之中。

一般说来，所谓“外道”从释词的角度而言，内道外教中凡是有实宗均可运用，但大多数共称为总的外教或外道。当名称出现抵触等情况时，所谓的“外道”应理解为常派。顺世派也是如此，总的指外道，分别则是指断派等。同样，数论派等各派不同的名称也都是以总别的方式来运用的。在各自论典中，有些名称完全一致、有些则称呼不一，可谓名目繁多。因而，要了知总的相同、分别有细致入微的观点门类等不同点，以及释词与说词的不同情况等。在未能根据适当场合灵活运用之前，如果一直困惑在一个名称上执迷不悟，那么讲论也将杂乱无章，对一切问题分辨不清。因此，务必要加以辨别。

推崇食米斋仙人为本师的宗派，共称为胜论派或鸱枭派、明智派等的诸教徒主张六种句义，地等九“实”、色等二十四“德”、伸屈等五“业”、存在于此三者中的能遍大“总”与小“总”、总中的别或者内部的“别”、诸如头上之角的异体“合”与诸如海螺白色圆形的同体“合”。他们认为以如是六句义涵盖万法。

（此派的由来是这样的：）食米斋仙人通过艰难苦行而修大自在天，

1 论议五派：古印度哲学派系中五教派：数论派、顺世派、胜论派、吠陀派和离系派（即裸体派）。

结果看见一只猫头鹰飞落在修行所依的石质男生殖器的上面。仙人认定这就是自在天，于是向它请教“实存在否？……”六个问题，在每提出一个问题时，那只猫头鹰就点一下头，到最后就腾空飞走了。仙人因此认为万法只有这六种句义。

这一派的教徒将自在天看作是本尊，认为那位自在天具足常有等五德或细、轻等八德，居于他化自在天界中。如果首先初步了解六句义再进一步修行则获得解脱，解脱时的那个神我远离了有无等一切边。他们依靠《寂静续》等论典而承许神我是常有的无情法。

（一）九实：我、时、方、虚空、极微即是五常实；地、水、火、风为四无常实。

（二）二十四德：一等数目、长短等计量、互遇、分离、异体、同体六种是共同总德；声是虚空的功德、所触是风的功德、色是火的功德、味是水的功德、香是地的功德，此外境五德是大种各自的别德。以声为例，声音虽然恒常存在于虚空的范围内，但由于被潮湿的风所遮蔽而未能被听到，比如，当人念诵“嗡”字时，只有体内空间的风排除后才能听到，当风再度进入空隙中以后就常常听不到了。存在于神我中的十三德：眼识等五根识、苦乐、贪嗔、法与非法、勤作、功用力。神我的这些功德通过所缘的方式而证明神我存在。

（三）业：业可以是任意的有实法，包括伸出去、屈回来、抬上去、放他处、越过一处而行五种。

这些德与业的所依即是实。

（四）总：能遍于此等名义的“总”作为相同趋入同类“别”的名词与识的根本。

（五）别：是具有分开辨别作用的所遍。

（六）合：作为相互关联的纽带。

这一胜论派承许乐等是住于内在我中的无情法，而数论派则认为在外界的无情法上存在着它的自性乐等，因而他们承许乐等是外界的无情法。但实际上，他们都承认在享受快乐等之时，神我心里萌生享受的想法，也是通过与识混为一体、不加辨别的方式而享受的。也就是说，尽管我本身无有识，然而因为我与识德息息相关的缘故，将我分别为识。

对于这一外道宗派所谓的无情法不能一概理解成是尘成的无情法，只要不是识，就必须理解是总遍。因而，胜论派承许的那个神我是周遍于虚空四面八方等处、本体不是识之自性的一法，诸如此类。

凡是属于这其中外道的所有论典中也承许：识不可能显现为独一无二的本性。这是什么原因呢？因为这些外道无不承认具有德、业、分支等的“实”、现象、身体等是所缘境。外道的所有论典中说：“某法的所缘境无论是实等何者，它都同样具有德等诸多特征，而不可分割、独一无二的一个法绝不会显现，因此唯一的识也不可能存在。”

辰二（别破各自之观点）分四：一、破胜者派与伺察派之观点；二、破顺世派之观点；三、破数论派之观点；四、破密行派之观点。

巳一、破胜者派与伺察派之观点：

如猫眼珠性，诸事视谓一，
取彼心亦尔，不应现一体。

一、胜者派：这一宗派由于推崇胜者婆罗门为本师，因而叫做胜者派。他们将《能胜论》等论典作为正量，具有能尽派、离系派（裸体派）、梵天派、周游派等多种名称。他们将梵天当作本尊，认为我束缚、解脱之因唯一是业，当业穷尽之时即得解脱。此派论典中承许七句义涵盖万法。七句义即是苦行、律仪、烦恼、束缚、解脱、命与非命。

（一）苦行：一丝不挂裸体而行，不进饮食依于五火，受持畜生之禁行……

（二）律仪：为了制止漏法、不积新业而奉行十善，担心脚下踩死生灵的罪恶，于是在脚上系带叮叮当当作响的钟形铃和裂口小铃，并且不砍伐树木；身在空旷无人的山谷中如果无有他人前来送水，则终不饮用；害怕口出妄言而持默默不语的禁行……

（三）烦恼：三毒等这些是律仪的违品。

（四）束缚：也就是由于业尚未灭尽而致使停住在轮回中的意思。

（五）解脱：业穷尽之后便得解脱，此时此刻在位居一切世界之上，成为状如倒置之伞的圆形，颜色如奶酪、白雪、草木犀花等洁白的色法。

（六）命：承许具有心者为命。他们认为：其中的四大具有心与它上面唯一的身根；芭蕉树则有耳根，因为当听到轰轰的雷声时便萌生……具有不同根的树木。同样，昆虫、海螺、牡蛎等具有身根与舌根；萤火虫与蚂蚁等具有身、舌、鼻三根；蜜蜂、长喙蚊蝇等具全除眼以外的四根；人马等也具备眼根，因而五根完整无缺。

（七）非命：无心的声、香、味、光、虚空、影、彩虹、像等。

此外也有九句义的说法，也就是指命、漏、律仪、老、缚、业、罪、福德与解脱九种。然而，老属于损恼身体的磨难，因此包括在苦行当中；虽说有感受业、名称、种性与寿命四种，但基本上都与束缚是同一个含义；漏法与烦恼意义相同；福德与律仪也相类似；罪可以包括在漏与缚之中。可见这九种句义实际与前面的七句义是一致的。

此派的外道徒主张万法的共同实相时间、地点、数目多种多样，而自性却是独一无二的。

二、伺察派：这一派将胜量婆罗门认定为本师，承许遍入天为本尊，遵循《饶益分别枝叶秘语论》等而奉行，被人们普遍称为吠陀派、遍入派等，声论派也是这其中的一个派别。这些吠陀派的观点虽然不乏其数，但归纳而言，他们所追求的果位就是当见到、证悟吠陀中共称的那一士夫时，就已荣获了无死的果位，也就是说，居于完全超越地轮的黑暗世界（坛城）中，宛如日光般，持有白蓝红、石黄、姜黄、鸽茜草、嘎布匝拉的颜色。它的别名也叫梵天、我、自在、周遍、常有。

再者，他们分别着重鼓吹梵天、帝释天、遍入天等，自以为他们是万物的作者，也有供施、寂猛、观风、禅修等为数不少的道法。最主要的观点就是承认由十种誓愿中修成解脱。

（一）一致认同具有鱼等十法入世[1]的遍入天为本尊。

（二）将不是由士夫所造的《吠陀》[2]作为正量。

（三）用恒河水进行沐浴可以净除罪恶。

（四）女人如果有子则上生善趣，因此需要生儿产子。

（五）奔赴沙场是福报广大的表现，捐躯战场，投生善趣，因此尤为重视武力，依守卫军事而得清净。

（六）保护生命，譬如，在遭遇灾荒、面临末日之时如果偷盗行窃，依此可清净罪业、获得收益，这是因为对生死攸关的性命加以保护的缘故。

（七）承许无实法无因而生。

（八）如果杀了陷害婆罗门、吠陀与上师者，则可清净罪业，这是以护持教法而得清净的。

（九）转生到革日地方等或者说甚至只是接触到该地的尘土也能投生善趣。

---

1 十法入世：遍入天所变化十种以入世济人的神物，即鱼、龟、野彘、狮面人、侏儒、十乘子·罗麻尼、瞻阿达阿尼子·罗麻尼、噶纳、释迦牟尼佛和圣种婆罗门子·迦吉尼。

2 吠陀：也叫明论，有祠祀明论、禳灾明论、赞颂明论及歌咏明论，为古印度婆罗门所传达四种经籍。

（十）识不能证知自己。

共有以上这十种主张。

这些外道耽著各自的论典而以相似因加以建立，即便对大多数都依赖贱种婆罗门之秘诀的这些教徒说：你们的这种观点是矛盾重重的。但对方却义正词严地说："现量见到的诸位仙人的词句，以比量无法推翻。"这种荒诞不经的论调已将他们愚昧至极的本相暴露无遗。这些外道内部细致入微的看法极其繁多，但这一切外道的观点、增益的原因、依之而产生宗派的主张，不合情理的所有观点如果详细阐述，可能有利于打开思路。尽管明确分析数论派等的主张对我来说也是力所能及的事，但在此唯恐文字繁冗而置笔。宗派的观点如果只字不提，也顾虑不能指明对方立足于何地，因此关于论议五派及密行派的大概观点写在介绍各自派别的行文中。

在这里，主要是在识取境方式的上面进行遮破的，而胜者派与伺察派这两派别一致是如此说的：比如，正像具有各种色彩的猫眼珠的本性一样，对境的一切事物虽然行相各式各样，迥然不同，但均是一个本体。他们将对境综合起来而耽著、看待说是一个。对于这样的宗派来说，取受形形色色对境事物的那些心也同样不应当显现唯一的本体，原因是：如果对于千差万别的对境不视为千差万别，则识又怎么能与对境相符合呢？如果与对境不相符合，以其认知对境也就无法安立了。

其实，他们的主张是说：所知万法自性为一个整体，就像宝珠或总的花色一样。如果对他们说："既然如此，那么一切人所通晓的都应该一模一样了，因为所缘境是一体之故。"

对方则辩驳说：并不会变成这样，因为这一问题有语言表达与识取受两种方式。其中第一语言表达方式：对于具有多种本体的那个独一实法，想将唯一的事物说成多种，因而承认或安立为蓝色、黄色等各自不同、这样那样的本体，除非顿时说“众多”或“一切”以及次第说色、声等实法这两种方式以外再不存在其他的表达形式了。所以，无论是次第说出还是同时说出想表达的事物每一种类别，实际上事物的自性都超不出那个“唯一”。

第二、识取受的方式也是同样，譬如，虽然同为对境一个花色的本体，但是，对于它的颜色，分别随着自己的意愿而另外取它内部的蓝、黄等每一色彩，如此一来，那一事物显然也就不再是一个了，已具有各种各样的自性，由此便出现了识不分开而执为一体取受与分开为异体而取受的两种方式。这是裸体外道等声称的。本论《自释》中列举了两个宣说对方观点的偈颂所指的也是这一点。

他们宗派的主张是这样的：所谓花色是一个自性，那一花色如果不具备各种各样的色彩，也就不能称其为花色了，正如将具有五彩缤纷颜色的花色安立谓“一个”那样，将具有各种各样法的事物看成是“一体”。

他们由于未通达这些道理仅是将假立的“一”视为实有的“一”而已。因此，如果实有的一体中会有多体，那么就没有什么不可实现的事了，诸如此类成百上千的理证利刃必会顿时击中（对方观点的要害）。

有些人从这一颂词的字面上入眼而说（其中的猫眼珠）是指“珠之猫眼”，认为这是对境多种多样的比喻。这种理解明显不合适，因为与对方的观点毫不相干。

巳二、破顺世派之观点：

于许地等合，立为诸境根，
彼派所立宗，不合一法入。

往昔，天界与非天之间发生战争时，诸位天人由于秉性善良、喜爱白法，而不愿意浴血奋战。正当天人即将惨遭失败之际，天神造了无有前后世的论典，渐渐地被蚁穴师等人在人间传播开来。将此类的论典作为正量，被人们共称为天神派、顺世派、现世美……

如果归纳他们的观点，即一口否定前后世、业因果、遍知佛陀、未见的众生等，仅仅为了现世这一辈子的利益。此派将帝释天、日月视为本尊，将《见精华续》《天神六续》等执为正量，依靠一理证门、三比喻、四理论而通晓宗派。

一理证门：前后世等不存在，因为自己的根之行境前见所未见之故。

三比喻：一、无因之比喻——草地上长蘑菇；二、无果之比喻——风吹灰尘；三、本性而生之比喻——太阳升起、水向下流、豌豆圆形、荆棘尖锐等等。

四理论：一、（现世有理论：）虽说前后世是不存在的，但现今世间的苦乐等却是存在的；二、（俱生理论：）心识并不是像神我、主物那样由前世迁移到后世，但在身体突然形成时同时存在；三、（新生理论：）地等大种所具备能产生识的因聚合之后，就像酒曲中生出陶醉的能力般识得以重新形成；四、（非枉然理论：）虽然依靠苦行修道无以解脱，但如果自然死亡，则一律安住于唯一解脱的法界中，而业果绝不存在。倘若了达这一道理而为了解脱，不依赖于疲惫战术等顺世派的论典并非枉然无义。他们安立宗派的根本因就是后世现量未见，所以他们想当然地认为它绝对不存在，而唯独有当下的现世。

可怜啊，这些愚笨透顶的人！如果凡是没有摆在眼前的一切事物都妄加断定不存在，那么明天与后天的时间也应不存在了，也不该准备食物等了。虽然后世存在没有现量目睹，但不存在也同样没有见到，那凭什么断定说不存在呢？自己矢口否认比量是正量的同时，又紧紧抓住宗派的颠倒比量不放。对此，我一边流着悲悯的泪水，一边又觉得好笑，在啼笑皆非的同时深感这一宗派实在是莫名其妙。

作者针对这样的观点而认为：对于承许胜义中存在的地等四大种聚合安立为五境与五根的那一宗派所立的观点也是同样，所谓的“合”是指聚集许多法，由此取受“合”之识也应变成多种，而不会相合一个对境的实法而趋入。

巳三：（破数论派之观点〖说明数论派识为实一不可能〗）分二：一、宣说破斥；二、破遣过之答复。

午一、宣说破斥：

力等性声等，许具一境相，

识亦不合理，三性境现故。

从前有一位名叫淡黄的仙人（也称迦毗罗仙人），出生在护国国王时期，以雪山为栖身修行之地。最终获得了苦行的功德。他相应自己所成就的禅定而造的论典有《黑自在六十品五十相三量七关联》……

由于将（这位淡黄仙人当作本师，）以他所造的论典作为正量，因而共称为淡黄派或数论派。他们承许说所知万法可以归属在二十五谛当中。其中的无情法与识二者之中，神我是识、为常法……具备五种特征。主物是一切无情法的来源，它是常有、唯一的无情法，非为享受者而是作者，由于它的本体是尘、暗、力（即忧暗喜）三者平衡的状态，因而难得通达。尘是指痛苦或者忧愁；力指快乐；暗为等舍。尘、力、暗即为三德。由于这三者无有成分多少的差别，所以不偏堕任何一方，其因就是主物，就像瓦罐等的因是泥土一样。由主物中出生二十三现象，也就是说：主物中现出如明镜般的大或心，大或心从外面映出对境的影像、由内显出神我的影像，因而它是士夫[1]享受对境的连接纽带。从中三种功德得以增上，于是由大中出生三种慢，即尘慢、力慢与暗慢，这三种慢算为一个。从第一种慢中产生声、触、味、色、香五唯，五唯中出生虚空等五大种，次第具有一德至五德之间，故而是由这些因而安立为虚空等的，就像由颜色、味道等而立为乳汁一样。从自高自大的力慢中产生十一根，即眼、耳、鼻、舌、身五知根，自在言说的口、如是授及取的手、行走的足、排泄粪便的肛门、能生欲乐的私处为五作业根，再有驾驭一切的意根。暗慢作为尘慢与力慢的助伴。如此结成境与有境的关系，如同昆虫为棉所裹般漂泊于轮回之中。一旦认清了对境的过患而获得了向内一缘入定的禅定眼再来观看，

1 士夫：指神我。

结果令主物羞愧难当而收回了所有现象，这时，神我与对境一刀两断，逍遥自在而住，完全离开了束缚之因的对境而得解脱。

这一宗派实际上将阿赖耶误认为是主物，意识误解为神我，主物的境界中出生现象的道理恰如从阿赖耶中出现识的道理一样。再细致地说，这一派的宗义与假相唯识最为接近，在外道之中，可算是最好不过的宗派，而且仅仅就它自宗的角度而言，也有耐人寻味的可贵之处。

作者针对追随数论师者所许的一切对境具有三德的自性这一点（进行破斥道：）承许作为力等三德本性的声、所触等一切现象为所缘境的对方所承许的观点，具有独一无二外境现相的识存在也是绝不合理的，因为对方承认具有三种功德自性的现境之故。这一观点中，一切对境决定具有三种功德的自性，所缘为三、能缘是一显然不合理。

午二、破遣过之答复：

若许事体三，识现唯一相，

与彼不同现，岂许彼取彼？

如果这些数论派论师承许说：事物的本体是三种功德，识只显现为唯一相，以对境与有境二者截然不同的方式而取境。

这样一来，又岂能承许彼识就是取彼对境的有境呢？如此承认实不应理。

数论师解释说：对境虽然三德完整具全，但在缘它的时候，只是缘这三德中成分最多的那一德，由此能缘就成了一个。

如此解说也不合理。由于一切众生的种性、信解、修道各不相同，诸如对同一个声音，也是分别缘为怯懦、忧愁、快乐，因此三德在对境上面不可能有多少的部分。

如果对方说：由于少部分不显现而不被识取受。

倘若相合对境如何存在的自性而趋入，就该立为认知那一对境的识；如果与对境格格不入，当然也就无法作为取某某对境的识，就像取蓝色之识不可能取花色一样。如此一来，了知声音的这一识也不该是声识，因为声是三的自性，而此是取一的识，所以就成了不是取对境的识。

这以上论议五派已总说完毕，由于舍弃真正智慧而仅以观现世量而分析安立的缘故，这所有宗派均称为论议派。

巳四、破密行派之观点：

诸外境虽无，现异种为常，

同时或次第，生识极难立。

作为吠陀派的边缘派系[1]的此密行派，通常而言，虽然可归属在前面所说的吠陀派的范畴内，但他们声称吠陀深奥的究竟是胜密，因而本身也有许多独具特色的观点。他们的不同之处在于，上述的五种教派都肯定对境与有境分开存在，而此派却主张对境与有境不可分开、全部为一个整

1 边缘派系：因为此密行派既可归属在吠陀派中，又有它不共之处，因而根据意义而译为边缘派系。

体，因此需要指出的是他们宗派所说的“识为实有的一体”不可能这一点。将众多事物误认为一体的道理正如在讲吠陀派时所论述的那样，所不同的是，这一派系依靠《学忆轮》等论典而认为有一个周遍一切所知、万法均为其唯一性、具有九种特征的我。九种特征即：本体是有情；具有身体；周遍；常有；唯一；充当生灭的依处；不为众生的功过所染；非为心之行境，口中无可言表；虽然显现身体，但本体无有身体，唯一是识。

本来，虚妄迷乱的对境内外器情的万法所知自性单单是假立的“一”，而他们却在那个“一”上强加改造而假立为“我”，将“我”视为具有多种特色的自性。他们认为：“我”的身体是如此组合起来的：上方是“我”的头；下方为脚；虚空是腹；四方为手臂；星辰是“我”的头发；须弥山是胸膛；恒河等百川为脉；森林是汗毛、指甲；善趣为背；梵天作额；法是右眉、非法为左眉；死主是皱纹；日月为左右双目；风为呼吸；妙音天女为舌；白昼是睁眼；夜晚为闭目；男士为右侧；女人为左侧；遍入天为骨髓；所有色彩是血；世间为右乳；出世间为左乳；欢喜的自性是众生的怙主……虽说万事万物通过这样的方式由“我”而生、安住于其中、最后融入它的怀抱，但作为独一无二的“我”，自本体是一成不变的常法并且是识。因此，那个我的自性无别遍及一切，然而各自偏袒而显现完全是受有法的牵制而现为不同的，就像瓶内的虚空一样。

意思是说，胜义中那个“我”的自性唯一是识的本性，无缚无解，无生无灭。如果未如实了达此理，则如同将绳子误认为蛇一样迷乱显现二取；也将这个世间见为如梦如幻、如寻香城，有些人认为将它假立为四大，也有些人认为它是功德而在它上面假立。尽管显现清净不清净法，但实际上，就像云遮不遮障虚空一样，如果通晓了谛实的“我”而安住于无分别的状态中，则意将不复存在，当时二取也会化为乌有。关于这一点，是依照《自释》中引用对方作品的观点所说而叙述的。如果未能通达它，则变成轮回，何者证悟了它，那么诸法均成了一味一体，（此时此刻，）愚者与智者、罪恶与福德、婆罗门与贱种平等一性，不被善恶所玷污。当融入那一“大我”之中时，就不再投生三有。所以，瑜伽行者不思一切、一语不发而安住于所知自性、无所畏惧、空性的“我”的境界中，从而便可远离甚至飞禽走兽等相续中也自然存在的俱生无明以及由听闻与此胜义自性不符之论典所生的增益——遍计无明，好似瓶内的小虚空与大虚空浑然成一味一体一样融入无二无别的“大我”当中而得解脱。

没有探究到实空的堂奥而耽著心性恒常周遍的有实法之人，也有变成执持这种观点的危险性。因此，闻思大祖师的无垢观点做到穷究到底为妙。可是经中已说过：对于法界与佛智，甚至仅仅从名称上耽著，缘佛的功德也不会虚耗。因此，断言说与外道无有差别，这也是我们不敢胆大妄为的，由于因果不可思议的缘故。尽管如此，但是说“具有实执毕竟不是如来欢喜的正道”这一点依教、理完全可以证明。

此密行派具有一者解脱一切均应解脱、若未解脱谁也不会解脱的过失；而且道也成了无有意义；如若所断与对治存在，则我的自性中若具有颠倒的所断，则无法断除它，如果已经具备无倒的智慧，则无需再度生起；

不同时间、不同地点、不同行相的（所断与对治）自性均不合理。略而言之，就是因为恒常唯一的自性实有之故。虚空的比喻也可依靠破常法而予以推翻。

接下来说明承认对境与有境识恒常、唯一的自性现为形形色色的宗派“实一”之识不容有的道理：

如果对方承许：如是一切外境虽然单独无有，但唯一的识本身显现为各种各样有实法的行相，因此一切的一切均是整体独一无二的我——识之自性，而识是亘古不变、恒常、唯一实有的自性。

倘若如此，那么同时或次第产生千差万别现相的“实一”之识极其难以安立。尽管同时显现多种事物，但由于与多的本性不可分开的缘故，识应成多种；次第显现也不例外，怎么会不变成等同色与声等各自行相数量的多体呢？再者说，如果次第显现，那么开始显现蓝色的识与后来显现红色的识二者本体无二无别，结果有最初时也应显现后识的过失，因为同是常恒不变唯一识的本体之故。假设在显现形形色色的同时识不变成各种各样的话，那这两者是一体也就显然不合理了。

这一密行派虽然承认识无所不遍，但这里将它放在“破不遍”的科判里也不相违，因为是从有实法之实相为主的角度出发的缘故。尽管对方声称外境也是识，却归属在承许外境的范围内，原因在于这是在讲其他外道时顺便论述的。

纵然如是论议五派与吠陀密行派等主张的暗网极其可怕、森罗密布，但是事实的法性包括天界在内的世间也无法颠覆，无论怎样承认也都是如同绒草缠裹燃烧的铁一样，根本无法埋没得了，反而颠倒的这些宗派却会自取灭亡。说事势理的佛教却宛若雄狮一般无所畏惧、威风凛凛地周游世界。

此外，本来无有具正智者（佛陀）所说、以三观察证实的教证，却随心所欲地寻求、趋入旁门左道的人依靠世间见解的多种多样的迷乱现象在以往、现今都有出现，未来也还会出现，乃至心的流转存在期间一直会多如牛毛，但由于所知的本相上不存在实一，因而何时何地要建立起“实一”的宗派终究不现实。正是为了明确这一点，才如此作了阐论。

整个外道的这一派系中，有一部分依靠相似禅定的觉受，有些凭借理论分析，大多数都是某些恶毒婆罗门为了实现自己的意图而编成谄诳的词句。[1]

寅二（以说共同实一之识不容有而结尾）分三：一、破外境耽著为实一；二、破识耽著为实一；三、此二之摄义。

卯一、破外境耽著为实一：

虚空等何识，唯名诸显现，

现多文字故，明现为种种。

如果有人认为：由于外境虚空等本无部分，因此缘它的识应该是独一无二的。

1 原文在此有一段关于苯教的描述，虽系作者当时的观点，但为避免引起不必要的误解，故未译出。读者如想了解，可自行查阅相关资料。——编者注事实并非如此，认知如是虚空等无实法的任何识直截了当地感受是永远不存在的事，因而唯是与名称之行相紧密联系的分别念的影像显现而已，由于这所有的一切现为多种文字的缘故，明显是呈现出各种各样的自性法。

只不过是将无有色法阻碍的行相这一点立名谓虚空而已，什么时候想到它，便能回忆它的名称，而像瓶子那样对名称全然陌生是绝不能缘虚空的，因其远离自相的缘故，何时何地也不能堪当根现量的对境，就像离开了所谓兔角的名称在心中浮现的情况永不存在一样。（无实法的）名称在外境本身上不成立而仅是倏然假立的，所说的这些内容借助各种名称、文字足能安立。一切无实法虽说都如兔角等那样是一种否定有实的遣余分，但是诸如无有前面的墙壁等触碍之中间空空洞洞的那一位置实际上是缘类似外面墙壁形状而显现的，可谓是承许虚空存在的迷惑根源。如果对此认真分析，那么仅仅未见到色法的这一点并不能证明虚空存在，而空隙的虚空不宜作为虚空的能立，位于我们上方的碧蓝天空通称为庄严虚空，它是阳光照射须弥山（反射）的色彩，因此并非真正的虚空。

卯二、破识耽著为实一：

有者若承许：识非现种种。

然不应真立，见害具相故。

有人如果承许说：“任何识并非显现种种对境。”

即使如此，然而，这只不过是假立而已，不应该真正安立为实有的一体，因为明明可见理证的妨害对于具备“实一”之识的法相来说无以回避之故。如果存在一个实一的识，则它本身也具有对于（外道所承许的）常法所说的“无有功用……”的过失，所以没办法充当任何识。由此看来，任何宗派再如何费尽心机地观察、如何滔滔不绝地讲说，在何时何地也无法建立起一个“实一”之识，因此建立者恐怕永远得不到现见成果的安慰。

卯三、此二之摄义：

故现各种识，何时何地中，

如彼处异体，一性不合理。

如果对上述之理进行这般分析，则由于“实一”之对境不可能存在的缘故，显现各种各样行相的此识在何时何地中，均如彼处或所缘境互为异体一样，识本身也应为种种，而是成实唯一的自性不合乎道理。或者说颂词中的“处”是阶段的意思。

这以上是结尾。

丑二（破认为外境不存在宗派（唯识）所许的实一之识）分二：一、宣说对方之观点；二、观察彼理。

寅一、宣说对方之观点：

无始之相续，习气成熟故，

虽现幻化相，错谬如幻性。

依于佛教唯识宗的法理而具有善妙智慧的诸位智者全盘否定跟随将外界这些千姿百态的景象许为“极微尘”的声闻宗、许为“实”

与“德”“业”的吠陀派等执持胜劣之见解的诸位论师的说法，而竭诚建立外境不存在或者说破斥许能取所取为他体的观点，所有唯识论师共称为“破生同理〖སྐྱེས་འདྲ་འགོག་པའི་རིགས〗”。也就是说，对于承许由现量显现是由某一外境中产生并且与外境相同的这一观点，以它不合理的理证加以破析，故而得名“破生同理”。《摄大乘论》等中虽然宣说了大量的理证，但最主要就是说明与之相同而生的外境存在不成立，因为以“现二月”等比喻可以说明此观点不一定（不遍），而且无论是粗是细，外境均不成立。作为无分微细根识的对境现量不可见，粗大就不能得以成立，因此可证实外境不存在。

他们建立能取所取非异体最主要的依据即是一切显现在明知之识的本体中产生的“明知因〖གསལ་རིག་གི་གཏན་ཚིགས〗”与“俱缘定因〖ལྷན་ཅིག་དམིགས་ངེས〗”，所谓对境蓝色与取蓝色之识二者在同一时间以正量而缘，并非是偶然性而是绝对遍或决定性的。（推理方式）即是如此：对境蓝色与取蓝色之识（有法），非为他体（立宗），必定俱缘之故（因），如现二月（比喻）。

为什么如果同时缘这一点决定，就必然是一实体呢？

答：任何法如果不是一实体，那么必然是异实体，对于实体互异的法来说，不可能运用那一推理，就像蓝色与黄色等一样。即便是异体，但只是偶尔性才同时缘，那么在通常时候缘一者的同时也缘另一者显然就不一定了，蓝色与取蓝色之识二者始终也没有不缘另一者而放任自流地缘一者的可能性。假设这两者实体相异，那么有时候分开缘也应该是可能的。

在此，如果详细阐述此因远离不成等（“等”字包括相违与不定）的道理……将对理解有所帮助，但这里只是说明了最关键的要点。总而言之，“俱缘定因”等建立二取同一实体的一切理论归根到底的落脚点就是：倘若在识前显现，则必须是识，如果不是识，那么自己领受也将无法实现。如若抓住了这一要点，那么必将对俱缘定因等成百上千的理证奥妙弄个水落石出。因而，本论中云：“由自成立法”，仅仅这一句已经囊括了一切，所以到时再给予论述。

唯识宗，对此不偏堕于转识[1]各自一方、自明自知的这一识，立名谓习气依处之阿赖耶的识（阿赖耶识），认为它（具有以下特点：）本体是无记法；仅仅觉知对境的概况；相续是刹那性产生；具有触等五种遍行[2]的从属；所缘不明显；缘器情广大范围；如果分类，则有异熟分与种子分两种。它们的本体、从属、所缘境等为如此的原因也是同样，如果掌握了不偏堕于转识各自一方之明知识的本体中含有的要领，那么轻而易举便能了解阿赖耶的所有特征。如果别出心裁地讲说、思索“所谓的阿赖耶，所缘与本体是如何如何”，恐怕历经多生累劫苦苦思量，也难彻底通达要点。关于此等的详细道理当从其他论典中了知。犹如大海般的阿赖耶识具有使波浪般的从属七识生灭的能力或习气。

概括而言，对方即是这样认为的：凡是能生后面自果的法均住在阿赖耶上，当它尚未成熟时以种子的形式存在，一旦成熟，则呈现出身体、住处、受用形形色色的法。在无有对境的同时，以经久熏染的习气而感受各

1 转识：直接向外照了各自对境而不反身向内之识，如眼识等。
2 五种遍行：随同心及其他心所生起的五种心所法，即受、想、思、触、作意。

种各样的显现，就像梦境之识与串修不净观等之心一样。如果不承认显现是心也就另当别论了，只要承许显现是心，就一定要承认阿赖耶。由于所有的转识均是偏堕一方，每一转识都无法堪当内外事物、住处、身体、受用这一切的根本，而所谓各种显现唯识的那一心必然是境、识、身一切的根本。所以说，没有能超越明知之心的事物。

作者总结以上的这些观点而说道：由于无始以来存在的自心相续的各种各样实执习气完全成熟的缘故，虽然显现出幻化的色法等对境的行相，但领受者与所领受的对境二者截然分开丝毫也不成立，尽管表面上似乎显现为对境与有境，其实这是由于心迷乱或错误而导致的无而显现，如幻术的自性，也似梦境、寻香城、旋火轮、幻化、水月这一切。

这以上唯识宗论师们的观点已介绍完毕。

寅二（观察彼理）分二：一、观察彼等之功过；二、遣除过失之部分。

卯一、观察彼等之功过：

彼宗虽善妙，然许此等法，
真性或未察，似喜请慎思！

唯识宗这样的观点以名言理分析是成立的，也是遣除能取所取耽著为异体之一切劣见的善妙对治，而且具有《楞伽经》等确凿可靠的教证，虽说从一方面来看的确是善妙或稳妥的，然而（你们）到底是承许识所显现各种各样行相的这些法在真实性中如此，还是单单在未观察的这一侧面为似乎令人感到欢喜的本性呢？对此请你们慎重思考、观察。

事实上，唯识宗并非只是从未经观察显现的名言而安立的方式来讲的，他们认为甚至在胜义中那一识的本体也成立，因此是承认（这一识）于真实性中存在。

卯二（遣除过失之部分——破识成实）分二：一、破真相唯识之观点；二、破假相唯识之观点。

辰一（破真相唯识之观点）分三：一、破相识各一之观点；二、破相识等量之观点；三、破异相一识之观点。

巳一（破相识各一之观点）分二：一、宣说相违；二、说明无法断除相违之理。

午一、宣说相违：

设若真实中，识将成多种，
或彼等成一，违故定各自。

按照上面所说，观察（对方所承许的识）到底仅仅是在名言中还是在胜义中也承认的时候，倘若对方说“即便在真实义中识也是存在的”，这一句已说明了唯识宗的总观点的这一所破。虽说凡是唯识宗都同样承认心在胜义中成立这一点，但也有承认此等现象是心的真相唯识与否认行相是心的假相唯识两种，除此之外再不可能有其他观点。

真假唯识宗在相、识二者多少的问题上出现的（相识各一、相识等量与异相一识）三类观点与经部宗是相似的，所不同的是，经部宗承认能指点出行相的外境单独存在，唯识宗则认为显现的行相只是假立为对境的，而不承认除此之外还另有外境。因此，这三种观点（的定义）正如前文中讲经部时所说的那样，无需另行宣说。

如果按照这三类中的“相识各一”之观点，则不合理，原因是：心与相如果是一体，那么就不应该只显现无分唯一的行相，与行相有各种各样相同，识也将变成多种多样。或者说，正像识被许为一体那样，彼等行相也应变成一体，而不该现为多种。如若不然，则由于一个是多体、另一个非为多体的这两者具有相违之处的缘故，（相与识二者）必然成为各自分开的。如此一来，承认是一显然也就没有意义了。

所有的行相本来并非独一无二，而是呈现出形形色色、多种多样，这一点不可否认。对此反方自己也是承认的，然而他们却认为识是真正实有的。如果实有存在，那么必然要以一体、多体其中之一而实有，而且多体实有也必须依赖于一体实有才能得以存在。换句话说，假设真实存在，则不可能超越“实一”，这是总的原则。

一般而言，要破斥“实一”之识，仅仅以相是多体便足够了，而不需要以分析时间是次第或同时的差别来破。因此，以一个识次第认知一个相也可以说明，由于行相前后不是一体，致使取受（前后）两个行相的识不可能成立为“实一”。这里在胜义中遮破刹那之识的“实一”正如在讲经部宗时所论述的那样，关于每一相即便在名言中也不合理这一点，前文中已宣说完毕。

意思是说，声称外境存在（的经部）所承许的“外境花色上面蓝、黄等色存在同时也是以心次第而取的”已经破斥完了。此处，不承认外境（的唯识宗）认为，以阿赖耶的习气已成熟的现相花色相上的蓝色等同时需要存在，对此仅以那一行相为多种就足能够（驳倒对方的立宗）。因此，唯识宗的“相识各一”这一观点中，承许所取相的花色相就是一个“总花色”，这就是此宗与其他宗的分歧所在。关于这一问题，具有行相非为一的过失紧接着在下文即将予以叙述。总的来说，在名言中尚且不成立，那么就更不必说在胜义中了，就像在母胎中已亡，无需出生时杀死一样。

午二（说明无法断除相违之理）分二：一、安立太过；二、说明彼过于承许外境之有相派也同样难免。

申一、安立太过：

以上这一相违的过失，对方永远无法摆脱的原因：

相若非异体，动与静止等，
以一皆动等，此过难答复。

上文中对相、识所说而且刚刚又阐述的这一过失，对于承许识成实、一相以一识而认知的宗派来说不可避免。承许存在多种多样的这些相如果非为异体而是综合为一本体，那么动摇与静止、染色与未染色等一系列现象，以其中的一法（运动或静止等）剩余的一切法也都需要变成与之相同动摇不定或纹丝不动等了。总之，见到一个行相是什么，其余也应一概见为如此，具有如此过失，由于你们已经一口咬定“自己的行相互无差异”，因此现在也就无法开口说“不成这样，而是有些动、有些静的不同情况”。对于这一太过，对方实在难以作出切实的答复。

如是对于行相的花色也是同样，如果不仅仅是假立的“一”，而是实有的“一”，那么由于是无分唯一的缘故，诸如它内部单一的白色如果用染料涂抹，则需要见到其他所有部分都应改头换面……恐怕果真成这样是谁也无法承认的。因此，只要所有相是异体，上述的那一太过就无法逃避而落在头上，仍旧要向他提供援助实在是一点儿必要也没有。

申二、说明彼过于承许外境之有相派也同样难免：

承许外境事，依旧不离相，

一切入一法，无以回遮也。

上面所说的这一太过不只是不承认外境、只承许行相的唯识宗不可避免，而且其他承认外境存在的宗派也无以逃脱，其原因是：如果承许外境除心以外另行存在的宗派认为，外境的事物仍旧没有离开唯识宗所承许的那样与多种行相并存的自性，是有相的，则由于承认所有行相均为一体的缘故，行相之因——一切外境也无一例外，无论是它内部的任何部分也好，其余的一切法都将纳入一法之中，对于这一太过，对方实在无有反驳的余地。

意思是说，既然所有的行相都是与外境一模一样，那外境为什么不变成一个行相那样呢？就拿外境花色内部的白色来说，如果用染料将单一的白色涂抹，则蓝色等其余一切颜色也需要变成与之相同。

如是此等行相不可能是实有之一体的内容总的来说是至关重要的。将众多耽著为一体而增益的任何现象虽说也是情理之中的事，但如果以理证的方式予以观察，则在实有一体上现为异体是绝不可能的，对于假立为一体来说，这种情况也是可以的。在实有的多体上安立一体则是无法实现的，而对于假立的多体可以安立一体。因此，辨别实有与假立并且对假立名言的合理性深信不移在这部论从头到尾的所有阶段都是最为关键的一环。

巳二、破相识等量之观点：

倘若承许识，等同相数量，

尔时如微尘，难免此分析。

这里，说明前代的有些唯识宗论师所承许的“同时生起数多同类识”这一点在名言中也是不合理的。而自宗认为：虽说生起与行相数目相等的众多识，但不至于成为同类。关于众多同类不会一并产生的道理、辨清分别与无分别之作用正像前文中泛泛概述的那样。

如是按照自宗的不共观点而言，假立的名言不合理之处一丝一毫也是无有的，这样的观点也恰恰切合中观的宗义。

然而，如果按照唯识宗的观点来说，承认识也等同行相的数量而为众多（相识等量），那么他们自己所许的成实之识无法得以证明。如是在显现多种多样行相的当时，多体内部的一法也具有现为边、中、方之部分的多种行相，如此一来，绝对会变成如同对于微尘进行观察的那样。致使对方连答复说“这一观察尽管适用微尘却不涉及到识”的机会也是无有的，因为这两者从显现方式的角度来讲无有差异，所以才说对方难以避免（即无法反驳）这一分析。

对于这一点，自宗所承许与相等量的识有多种的“多”是假立的，却并不遮破行相现为多种，这仅是依缘起而存在的。譬如，以瓶子为例，一个瓶子也有许多部分，部分中也存在诸多微尘，而微尘不存在任何“实一”。与之同时，对于总相与自相混为一体而实现所作这一点，真实不虚、不可否认足能安立。诸如此类浩瀚无边的万事万物也无不与之相同。

比如说，所取花色之众多行相内部的单一蓝色也是同样，显现在它中央分的那一行相，指向无有间隔环绕空间的各个方向的面如果是一个，那么现为方分的所有行相都应成了一体；如果面分开存在，则中央行相之自性的识应成多体。如果取受无间同类的许多微尘，那么所谓的“将粗大误解为一团”与“将无间感受多体的蓝色等之识错乱为一个”又有什么区别呢？因为对于蓝色等无间而显现本身，只不过有些人认为它是极微尘的本性、另有人承许其为识的本体而已，除此之外，具有方向显现并且各自方向是一体这一点，是谁也不能承认的。因此，进行观察的这一过患（对于经部宗与唯识宗来说）同样无法摆脱。无论是同类还是不同类，对于无间而显现的一切外境相来说，这一观察都同样适用。

巳三（破异相一识之观点）分二：一、安立破斥之立宗；二、建立彼之合理性。

午一、安立破斥之立宗：

若异相为一，岂非裸体派？

种种非一性，犹如异宝等。

如果对方说：就像猫眼宝珠一样，是以独一无二的识来取各种各样行相的本体。

如果所存在的各种异样的行相均是唯一识的自性，那么岂不是成了说“万法是一”即声称多体为一、无有衣裳而身著虚空之衣的裸体派吗？形形色色的法如果是多体而存在，又怎么可能是一体呢？因此，种种的法不是实有唯一的自性，犹如金银、珊瑚、青金石等奇珍异宝以及“等”字所包括的存在于各种心相续中之识的自性。

裸体派与唯识宗在将种种行相执为一体这一点上是完全相同的。此外，密行派虽然也声称万法均是识的自性，但唯识宗却不只是承认唯一的识而承许有八识聚，也就是说，唯识宗认为（八识）在众生迥然有别的相续中逐一具有并且是刹那性；密行派则承许唯一、恒常的识对于一切众生来说无有差别。这是唯识宗与密行外道之间仅有的不同点。因此，这一破斥是针对这两派共同而说的。下面以二相进行推断：

现为形形色色的任何法（有法），决定不是真实的一体（立宗），如各式各样的珍宝等（比喻），此识也是各种各样。这里所运用的因是自性对立可得因[1]，是以与“唯一”之自性相违的“种种”可得作为因的。

---

1 自性对立可得因：可现对立可得因之一。以与能立事物相对立之自性为因，破除所破者。如云：“大火蔓延之地，无持续发生之寒觉，以是大火蔓延之处故。”以能立之热火为因，破除所破即与热火不能并存之寒觉或证成寒觉必定无有。

嘎玛拉西拉（莲花戒论师）说：这一比喻是针对裸体派的，而对于唯识宗来说珍宝不成立，（因为珍宝是无情法，）所以当以存在于种种心相续之识作为比喻。但我认为，从现相的角度而言，列举各种珍宝的比喻也不相违。

午二、建立彼之合理性：

各种若一性，现为异本体，

遮障未障等，岂成此差别？

各种各样的所有行相如果是一体的自性，那么如是自性显现为截然不同、各种各样的本体，即有些遮障有些未遮障、有些产生有些灭亡等，总之，怎么会显现成这种各式各样或千差万别的现象呢？如果是像猫眼宝珠等异体混合为一那样，则不同的部分又怎么可能完全见到呢？在无害之识前现为异体的这些行相均成立为各不相同这一点无有错误，犹如不同珍宝一样。倘若此等行相不是异体，则有“一者通达全部通达、一物动摇万物皆动、一法产生万法皆生”……的过失。

辰二（破假相唯识之观点）分二：一、宣说对方观点；二、破彼观点。

巳一、宣说对方观点：

若识本性中，无彼此等相，

真实中无相，识前错显现。

有人问：如果承认在识的本相或本性之中无有识的此等行相，而识自本体是如同水晶球般远离一切行相的一个法，难道是说各种各样的行相不现在心中吗？

（假相唯识宗对此答复道：）尽管显现，但在真实义中只是于无相之识前迷乱或错误而显现的，如同被咒语等所迷惑的具眼者将泥块等见为马象一样。

这一宗派不承认此等行相是心的自性，而认为这些行相好似空中浮现毛发般是虚假的，因此并不会变成与心等量的数目；如果所有行相实有，则与一相违，然而由于虚妄不实，则不存在一、异等相违之处。所以，不会有上面对真相唯识宗所说的一切过失，而承认明知之识成实是完全可以的。

巳二（破彼观点）分三：一、略说遮破；二、广说彼义；三、破遣过之答复。

午一、略说遮破：

设若相无有，岂明受彼等。

与其事异体，如是识非有。

倘若这些行相不存在，那么从凡愚到智者之间现量无欺、不可否认明明感受或领受此等行相岂能合理？对于原本不存在的任何法，决定无有领受它们的可能性，就像感受被兔角所戳的所触、品味空中鲜花的芳香、领略石女儿的美色不现实一样。

假相唯识宗的论师认为：不能承认眼前的这一行相根本不显现，因此并不是说行相在心目中不存在，虽说本不存在，但单单亲身感受其存在实属合情合理，就像毛发本来无有却浮现在识前一样。

这种想法是不合理的。如果细致分析，则凡是显现，唯有现于心中而不可能现在他处。因此，识与相这两者虽然同样是心，但如果观待而分，则可以安立为能取之识与所取之相两种名言。相与识这二者仅仅是相互观待而以心来分的，实际是一本体，因而它们之间并不存在贤劣、真假、有无等任何差别，如果其中一者不存在，另一者必然不存在。而假相唯识却说“识存在、相不存在”，如此辨别有、无的差异。当然，作为唯识的共同观点，如果承认除识之外另有一个他体的实法，那么显然已超出了唯识的界限，所以谁也不会这样承认。

任何法如果存在，则必须是以识的本性而存在。可是，此假相唯识宗却将相为识的自性视为不合理之举，于是说“相不存在”。原因是：他们认为，如果没有声明“相不存在”，那么就说明相存在，如此一来就是以有别于识的他体而存在了，这显然不应理；倘若承认相与识一体而存在，就与真相唯识宗无有区别了。为此，他们才主张相不存在，或者相不是识的自性，或者相虚妄、识真实。

即便按照你们假相唯识宗所说的那样相不存在，然而你们承许存在的孤立无助、独一无二、如水晶球般的识又怎么可能明确地感受千差万别的行相呢？如果相不存在，那么识缘什么来生起具有对境特性的法，这样合理吗？请你们深思。

譬如，空中浮现毛发时，如果（按照真相唯识宗）所说的“尽管毛发不存在，但现为毛发实际上是识本身显现为毛发相的”，如此一来，虽然无有毛发但仅仅现为毛发的感受是存在的，这一点并不相违，可是如果声称“现为毛发的行相也是不存在的”，则产生具有毛发相之自识的感觉也需要同样永不存在。因此，说“无有相”以及承认“任何相也不可能显现”这两种观点在此处是一模一样的。

当然，如果什么也不显现，则可以说相不存在。假设有一个行相显现，那么它既是相也是识，说“它不是识”实在无法立足。如果不是识，那么就如同超越了识之范围的石女儿的颜色一样，不可能成为任何识的对境，这是总的规律。所以，“这般明明感受者是假的，而没有领受的法是真的”这种说法究竟有什么好处可言呢？实无任何好处。

总而言之，识与相仅仅是观待而分为异体的，而真正区分成有与无始终也不能立得住脚，所谓的相只不过是识觉知各自对境的明觉之分，并不存在单独的类别。因此，与某一行相事物异体的这样一个单独的识在何时何地也不可能存在。可见，分辨所发的“无有不显现”这一太过的方式，再深入细致地进行思索极为重要。否则，只是耽著在无有本体而处于无所适从的境地、最终对别人所说的过失自己也同样在劫难逃的诸位恐怕已远远背离了细致入微的中观道。

如此说来，真正的唯识宗要算是真相唯识，此真相唯识宗的论典也极有深度，而假相唯识宗认为外境也不是心，因此稍稍接近实空的观点，可见它相当于（唯识）与中观之间的连接纽带，因而从层次上讲应当位居于上，但由于在名言中极不方便，所以名言中要唯一按照真相唯识来承认。如果掌握了这一关键性的要点，那么对于下面所进行的一切破斥，依靠这样的方式轻而易举便能理解。

午二（广说彼义）分二：一、无相观点不合理；二、宣说单单能取相不合理。

未一（无相观点不合理）分三：一、观察认知对境不合理；二、观察相属不合理；三、观察因不合理。

申一（观察认知对境不合理）分二：一、总说；二、别说。

酉一、总说：

如是何无实，彼知彼非有，
如苦为乐等，诸白亦非白。

如是对境与有境中的任何境，如果无有任何一个实法，则有境之识依靠自力在那一对境上所了知的某一无实法也是绝不会有的。譬如，对于非乐的痛苦了知为安乐，“等”字所包括的将安乐视为痛苦的情况是不会存在的。同样，对于对境的一切白色也不可能视为非白色的黑色。

这以上是总说。

酉二（别说）分二：一、真正认知不合理；二、甚至假立认知也不合理。

戊一、真正认知不合理：

于此行相者，真知不应理，
离识本性故，如空中花等。

识认知对境的方式无外乎真正认知或以假立的方式认知。真正认知是指超离无情法自性的明知本性之识生起某一对境的行相，也称为真正证知。

按照承认外境存在之宗派的观点，诸如于对境的瓶子，虽然没有亲自证知，但借助外境的力量能生起与之相同而显现外境的识，并且可假立为证知对境的名言。

可是对于承许无相的宗派来说，这两种方式任何一种都不可能实现。对于亲自现量明显感受的蓝、黄等这一行相，真正现量认知是不合理的，其原因是：如果真正认知必须要以与识之自性一体的方式而了知，但由于你们宗派承认相不是识而离开识之本性的缘故，无论何时亲身感受又岂能合理？就像空中的鲜花与石女儿的美色不可能现量领略一般。

戊二、甚至假立认知也不合理：

无无能力故，假立亦非理，
如马角无有，非能生现识。

任何法如果存在，承认未曾亲自领受它倒也可以，由于其具备产生显现出能指点行相之对境自性的识的能力。因此，识与外境相同而生起，也可以说现见或了知某某对境。但作为原本无有的任何法，根本不具有产生显现本性之识的能力，所以甚至仅仅从假立的角度而言，所谓“感觉或了知是此是彼”也不合理，如同马角一般。马角本来不具备产生现出自身之识的能力，因此取所谓“它的行相如何如何”自相的一个识甚至在名言中也是不可能存在的。与此比喻相同，如果行相也不存在，那么不可能具备可以产生显现所谓“蓝、黄等这样那样”本性之识的能力。

假相唯识宗并不承认外境单独存在以及识以相同体验的假立方式来感受。

但是对此如果以真正、假立任何方式都不可能感受，那么再无有其他感受的途径了。因此，正是为了使“领受相之识永不存在”的太过径趋直入（对方观点的要害）而进行了彻头彻尾的破斥。

申二、观察相属不合理：

有彼定感受，与识何相联？

本无同体属，亦非彼生属。

无论领受任何对境都必须要与它之间存在联系，对毫不相干（的法）不可能领受。为什么呢？所存在的蓝色等某一行相依靠有境之识不可泯灭而必定感受这一点，如果按照你们的观点来讲，行相与识之间到底有什么联系呢？有联系绝不合理。为什么这样说呢？因为（你们）承许行相本身不存在而识是存在的，所以相与识是同体相属显然不合理，假设是同体相属，那么如同行相一样识也应成无有，或者如同识一样行相也必定成为存在。而且（相与识之间）也不是彼生相属，因为原本无有的法不可能（产生）任何法的果。即便它们之间是彼生相属，但由于有先有后，因此将导致同时不具有识等无量无边的过失。然而，仅仅在以彼生相属并不能感受对境的共同场合里才需要分析这些，而在此处假相唯识宗不应承认彼生相属，故而没有必要对此进行分析。由于必须承认尽管领受行相但（相识之间）却无有联系这一点，因而使矛盾就显得更为尖锐了。

任何法不舍弃他法即命名为相属，外道徒将具相属、集相属等作为别法，而总法的边际却始终无法确定。具德法称论师认为：任何法决定是一本体或异本体。如果是一本体，则必定是同体相属；假设是他体，就必然是彼生相属，决定包括在这两类当中（定数为二）。

就拿对境一个瓶子来说，从排除是常法的反体而言为无常，从遣除非所作的角度来说谓所作，从遣除无实的侧面而称为有实，通过遣余的方式排除违品之增益而拥有的各自部分借助各自名称而能够理解，而以其他名称则无法理解。为此才分开安立为语言、分别的对境。由于在外境瓶子的本体上是一体，因此所作与无常在瓶子的上面立为同体相属，当然这只不过是在遣余的分别念前根据分摄的不同而言的，实际上由于是同体，所以自己不可能与自己存在联系，就像指尖无法自我触受等一样。

彼生相属是指以因果的方式相联，其中（因）包括近取因与俱有因两种，同时也应当了解其他论典中有以六因与四缘等生果的方式……虽然一般来说因包括五种等类别，但实际上可以归集在观待因与能生因二者中。（总之）对于某法若不存在，则不会生果即安立谓因。

旁述相违：

相违也就是指两种事物之间结成所害与能害的关系，决定有不并存相违与互绝相违两种。一、不并存相违：彼此之间不能持续平衡相伴、并存，称为不并存相违；二、互绝相违：对立面是无实法，诸如蓝色与非蓝色之间是互绝相违。

其中不并存相违也包括“光明与黑暗”之类的境相违以及“我执与证悟无我”之类的心相违。

互绝相违有直接相违与间接相违两种。直接相违是两种事物之间正面抵触，如“常”与“无常”；间接相违：彼此之间虽然不是针锋相对互为违品，但一者的违品作为另一者的能遍，因而不可能有同是两者的情况，如“所作”与“常有”，也就是说，“常有”的能遍是“非所作”。

本来在此外，深入透彻地理解相属与相违的含义虽说格外重要，但唯恐篇幅冗长，而叙述到此为止。相违与相属的名词是一切“因”的能遍问题中必然要涉及的，因而在此只是简略说明。

申三、观察因不合理：

无因何以故，成此偶尔生？
具因何以故，摆脱依他起？

请问对方：蓝色、黄色等行相到底具不具有因？只能选择承认其中之一。

如果对方说行相无有因，那为什么不是恒常有或者恒常无有，岂能成为时而存在、时而不存在这般偶尔性产生的现象呢？关于不观待因则偶尔性不合理的道理在前文中已论述完毕。

即便对方承认此行相具有因，但由于从外缘中产生的缘故，已成了缘起生的依他起，以什么原因能摆脱得了依他起的身份呢？不可能摆脱了得。如果依缘而生则可以说是存在，然而由于唯识宗并不承许识以外的其他因，所以不成为遍计所执而定成依他起的这一太过对方实在无力回避。

未二、宣说单单能取相不合理：

设若彼相无，彼识成无相，

如水晶球识，终究无感受。

假设对境彼行相不存在，那么有境独一无二的识即被承许为无有二取自明的识本身也理应成了以无相的方式来自我感受，可是离开对境的染料来改变颜色的有境——如洁净水晶球般一个孤立自性的识如若存在必然可得，但由于没有得到过，而终究也不会有领受或感受的结果。

一般来说，分别认知某某对境而立谓识，诸如眼识也是同样，如果始终未曾见过色相，则无法认定说这就是眼识。同样的道理，孤立的无相之识是不会有领受的。即使口口声声地说“自明自知的识如水晶球一般”，也只不过是指缘识本身作为对境的行相。因此，如果缘所谓“这样那样”的某一法，则必须显现出那一法的行相，甚至连行相都没有显现却安立“是此是彼”只不过是立宗罢了，如同评论“石女的儿子身色洁白”一样。

所以，无相的自性（如若存在）按理来说也该能领受，但由于未曾领受过而足能确知这样的无相自性根本不存在。因为“它是如何如何”现在不可得的任何原因也是没有的。你们宗派认为行相既不在外也不在内，这样一来，如改色染色般的行相若不存在，则如清澈水晶般无二之识为何不亲自感受呢？在明明感受的同时心却未能确定又怎么可能呢？因为无有不定的其他染因之故。

如果对方认为：就像阳焰等原本无有水的行相，与之同时会被感受为水，因此你们的那一“因”不一定。

对于阳焰等景象也可以同等予以观察、驳斥，因此并非不一定。对于阳焰等景象来说，水的行相纵然在外界中无有，但如果于内在的识前也同样连它错乱为彼之相的行相也不存在，那又怎么能感受根本不存在的事物呢？绝不应该感受。

午三、破遣过之答复：

若谓迷知此，无论依迷乱，

或由彼力生，彼皆随他转。

当这般明确地指出相不存在则感受不合理的时候，假相唯识宗的诸位论师如果承许说：虽然行相不存在，但识领受的名言无需中断，行相尽管不存在，可是依靠错觉之心的习气的力量或者说是由迷乱而这般了知此行相的。例如，在罹患黄胆病之时，明明（外境海螺的黄色）不存在却觉知海螺为纯金相。同样的道理，由于受迷乱习气所牵，原本无有却似乎显现黄色等真实的行相。

无论你们所指的那一行相是以同体相属的方式依赖于迷乱，还是借助迷乱的威力而生的彼生相属，不管是两种相属的任何一种，只要有这种关系，那一行相绝对都变成了随他而转。

本来，所谓的迷乱有迷乱之因——习气与果迷乱自本体两种。其中因习气与行相二者之间是同体相属不合道理，原因是：习气是未生果之法，因而由它来感受行相显然不合理。果迷乱与行相是彼生相属也不应理，因为有行相与迷乱二者非同时的过失。可见，如果是由迷乱所牵而显现，则行相与习气必须是彼生相属而与迷乱是同体相属。只要有这种关系，行相就已成了依他起，因为所谓的“依他起”除了清净与不清净缘起以外丝毫也不会单独存在。所以，“迷知”的说法对于承许无相的宗派来说无法实现，如果可以实现，那么（相识之间）必须要有关联，而作为无相派来说，这一点也是不可能的，并且已成了依他起。倘若什么联系也没有，那么即便是迷乱了知也无法办到，就像石女儿的色彩一样。依此也已答复了“诸如远距离小见为大的比喻等”。

此外，对于善护阿阇黎亲口所说“识唯明觉性，习气过扰故，令受蓝色等，唯一行相生。彼分别蓝等，非蓝等法相，愚者于彼末，思为外蓝色”也做了回答。

他们对方认为，蓝色等行相虽然不存在对境，但它们唯一是能取之相，而不是所缘之相，因此凡夫的所有识也并不是被所缘境蓝色等所改变的，为此不至于失毁“无相之识是一”的安立。

驳斥：只要是取蓝色等行相，那心目中必然存在对境，那一对境如果在外境与内识何处也不存在，也就不会有以真正或假立任一方式被感受的可能。纵然是受迷乱的牵制而显现的，但通过对此二者关系进行的这番观察也已经推翻了对方的此等论调。这些辩方尽管表达的方式有所差异，但实际上通过分析，凡是无相的观点都实在无法立得住脚。

当对承许无相的所有宗派用梦境与总相的蓝色显现来说明（对方的观点）不一定时，他们则回答说：虽然行相不存在，但以迷乱所牵而显现为行相。对方所给予的这一答复依靠上述的理证方式可以全盘否定，这一点务必要清楚。

另有些人认为：即便对于在完全不清净的阶段识现为种种这一点实属虚妄，但在清净的阶段，由于已变成了独一无二的自性本体，因此他们对破实一之识的“因”心中疑惑重重，而觉得此“因”不成立。

假设在清净的阶段一切行相有消失的可能性，那么当时也应当有像你们所说的这种可能性，（可实际上清净阶段）迷乱虽然已荡然无存，但是所有行相不可能化为乌有，原因是：你们承许所有行相不存在，所以它与迷乱及其习气都无有关系，就像马匹不存在黄牛不一定消失一样。

另外还有过失：

如果主张说：在不清净的阶段，识绝对是虚妄的，然而在清净的阶段，由于各种行相不存在，因而成实的唯一之识绝对存在。

倘若如此，那么前所未有的实有之识到底从何因而生？这一点需要你们讲清楚。可以肯定它不是由以前虚妄之识中产生的，因为作为真实违品的那一识不具备产生实有法的能力。如果有这种能力，也就不成其为虚妄了。如若明明有能力还不是实有，那么所许的实有也不成为实有了。清净时的成实之识不是无因之法，否则有恒常存在或恒常不存在的过失。那一识自然而然（无因）在成实的唯一阶段才成立的情况是不可能的，否则破斥自在天常物等的理证妨害前后无有差别对此同样难免。即使对方承认它是由前刹那的力量而生，但实有之识在胜义中成立是不可能的，因为胜义中因果关系的有实法不成立之故，理由是：如此因果同时不合理，其原因是：在生果之前，由于无因而不具备能力，待到自己形成之后力所能及之时，果也已经形成了，因此这两者无法安立为因果；前后时间虽然是各自分开的，但是对于因果成实而言也不合理，因为无论被其他时间中断未中断都不会从任何法中产生：如果被其他时间中断，则果与因二者之间需要有一个灭法，可是由于因未灭也不可能中断之故（，这种情况显然不成立）；如果需要从因已灭亡的唯一灭法中产生也同样不应理，原因是：因已灭尽即不复存在，而无有之法不具任何能力。如果灭法不具有无实的法相，那么因怎么能成灭法呢？显然已经成了未灭。假设灭法是有实法，则焚烧完毕的木柴等先前的所有事物现在为什么不存在呢？除了灭法以外现在的这些法安立为无实的其他理由是没有的，结果一切有实法都将成为常有；如果因未灭亡，那么果也不该产生，由此一来果相续已将中断，并且灭法本身也成了非由因生的有实法……妨害无穷无尽。所以，是对因灭尽后不存在的这一分安立谓灭法的，而灭法自本体丝毫也不存在有实法。

假设说（灭法）存在，那么无实法在所知万法当中就不可能有了，因为仅仅是遮遣有实的这一分假立为无实而已，除此之外所谓的无实法绝不会单独存在。倘若这样的无实法不是无实法，那么最终破立、有实无实、有无等一切的一切都不会成为相互对立的法而乱作一团，如此一来，所知万法的安立都将隐没无余。可见，所谓的灭法只不过是灭尽因的无遮分，所以它本身不具备任何功用。作为因，当下绝不会存在，因此由间断中产生不合道理。这一妨害与宣说由因果不接触而生不合理二者意义是相同的。假设承许由灭法中产生，就是承认说从未接触中产生。假设因果之间没有被其他时间中断，那么就成了同时，除了两个无分刹那未中断以外再不可能有其他的同时。如果片刻也没有间隔，显然已成了一体，这样一来，自己产生自己也不合理，而且一劫的时间也变成了一刹那。

如果有人提出这样的疑问：那么，由因果之间的关系不合理这一点不是已说明世俗的因果也不合理了吗？

事实并非如此，虽说如此显现为因果，但这一因果经不起观察。如果世俗中安立的因果经得起分析，则已成了胜义，又怎么会变为世俗呢？由此可见，并非在世俗中也同样破斥与观察（因果）。

这以上是按照嘎玛拉西拉论师的《难释》中所说而明了归纳阐述的。

如果有人说：倘若因果不是由接触不接触中产生，安立为因与果难道不是成了无有意义吗？

不会成为无有意义，原因是：对于承认因果二者成实的宗派来说，成立实有必须要经得起理证的分析，如此一来，除了接触不接触、中断未中断两种情况外再不可能有其他边，所以必须要以二者其中之一的方式而生。

如果离开了这两种情况，则不会再有其他因生果的方式，致使因果也成了非理。但对于不承认因果成实的宗派来说，依靠无因不生的这一有实法规律即可，而无需承认接触未接触任何一种情况。虽然没有这样承认，但不仅不会造成因果非理的局面，反而更能证明因果极富合理性，关于这一点在下文讲世俗的道理，“依自前前因……”时再加以叙述。

如此破斥假相唯识宗的这所有理证极其具有说服力，也蕴含着独特的深要，如果能够认真领会，那么对唯识的宗义将会清澈见底，并且能开显中观的密要。因此，对于中观、唯识二派来说再没有比这意义更重大的了。

壬二、建立离实多：

分析何实法，某法无一性，

何法一非有，彼亦无多体。

如是在分析自宗（佛教）他派（外道）所承许的常、无常、遍、不遍、微尘、粗法、能知、所知等任何有实法均不成立唯一的当时，作为在未经观察的侧面似乎现为一体如水泡般的一切有实法中，能承受得起比十万金刚山还要沉重的观察之负荷极微尘许也是不存在的，结果只能是七零八落、碎成百瓣而东离西散，除此之外某一有实法根本不成立一体性。任何法既然一体性不存在，它也就无有多体可言，因为多体必须要由一体来组合，怎么会存在无有“一”的“多”呢？就像无树不成林等一样。关于这一点，《楞伽经》中云：“若以心剖析，本性无所取，故彼等无说，本性亦称无。若以心剖析，无有依他起，遍计圆成实，以心岂安立？无性无有识，无实无普基，如尸愚寻思，劣者立此等。凡是相有实，识意之动摇，我子尽越已，彼等享无念。”这其中的意思是说，如果以心来观察分析，那么“一”与“多”的体性均无可取或无可得，因此这些有实法无有可言表为“是此是彼”的“实一”与“实多”。所谓的“以意执为是此是彼”的体性皆不存在，说明外境无有，接着对观内法者也同样说明这一意义。所以，如果以心剖析，则依他起、遍计法与圆成实三者一无所有，既然如此，又怎能以心来安立它们存在呢？

如果有人想：倘若本不存在，那么里里外外的这些有实法为何被世人一致公认呢？

外界的色等之自性无有，并且有境的眼识等识也不存在，现为外内住所、身体、受用的有实法不存在，受持彼等之种子的阿赖耶也不存在。然而，远离证悟真实义的觉性智慧或者说远离如理如实辨别正法的妙慧之灵活、犹如死尸般的凡愚以恶劣寻思所牵而共称（这些存在，）尽管他们如此思量为实有，但并非是真实的。

再者，如果有人想：精通真实法理的诸位智者将处于什么样的境界中呢？

超越了蓝黄等之行相、内处外处之有实法、眼识等识以及依他起之意的动摇等所有分别之戏论的诸位佛子智者均享受无分别的境界。

此外，智慧卓越的法称论师也亲言：“何定观实法，真实无彼实，如是彼等无，一与多自性。异实诸外境，设若一非理，彼心种种现，亦岂成唯一？屡屡思外境，如是离行相，是故相空故，皆称无自性。诸智者所说，彼理当明了。”所说的意义也与上述之理相同。

辛二、建立周遍：

除一及多外，具有他行相，

实法不容有，此二互绝故。

有人心里认为：在自宗他派所说的欲知物的有法上，尽管从“因”与贴切的比喻同品遍一致成立“有”的角度可证明是离一与多，但会不会仍旧有一个成实的法呢？进而对因违品的异品遍产生疑义，而试图得出“此因不一定”的答案。

这纯属无法实现的妄想。假设可能存在一个既非一也非多的有实法，则即便一与多二者是无实的，但所知万法仍然不一定是无实。（当然，这是不可能的。）为什么呢？除了一与多二者之外，具有其他行相、非一非多的一个实法是绝不可能存在的，因为一与多这两者之间是互绝相违的法相而不会有第三品物体之故。如此一来，在自他宗派所说的这些所知法上，离一多因能成立并且必定周遍于宗法，由此足可证实万法无有自性。

对此，有些人认为：一与多二者是有实法的异名，与之相反的离一与多是指无实法，这样一来，所立与能立（因）二者已无有差别同属无实法了。因此，如果在此有法上无自性这一所立不成立，则与之本体无别的“因”也将无法立足；如果因成立，那么所立万法无自性也已经被证实了[1]，就像离一多因已经决定而兔角等仍然存在有实这一点是谁也不会承认一样。于是他们声称此因只是成了建立所立之单方面的能立。

1 此句说明无需以因来推出所立。

事实并非如此，虽然一切有实法原本就是无自性而存在的，但对于由无始以来的愚痴所致不明真相的众生来说，依靠离一多因能令他们了知此理。诸如，对于不知具有项上厚肉等特征是黄牛的人说：由于具备垂胡、项峰的缘故，这一动物叫做黄牛。或者可以断言“面前作为可见的所知瓶子是不存在的”，因为如果存在必然可见，由于未曾见到之故。对于未证悟无自性的识前所显现的有法本身来说，犹如无有树木而无沉香树一样，由于实有的能遍——“实一”与“实多”不存在，由此必会遣除所遍实有。可见，所立与因这两者通达的方式并非毫无差别[1]，为此才凭借因而建立有法无实，而并不是像瓶子无自性是通过瓶子是无实有的因来证实那样，成为能立（因）与所立是相同的异名，原因是：依靠因令未了知者了知，已了知者进一步明确，而且具有遣除无自性之违品增益的功效。

己二（宣说世俗中有实法存在）分二：一、认清显现许实空之世俗；二、分析彼世俗之自性而宣说。

庚一、认清显现许实空之世俗：

故此等实法，持唯世俗相，

若许此体有，我能奈彼何？

无论是一体还是多体都同样经不起观察，因而此等一切有实法好似虚幻的马象等一样仅持受未经观察似喜存在的这唯一世俗的法相。假设认为这一切有实法不是持受世俗的法相，而似现的本性或本体实际存在，那么我破斥又能对他起到什么作用呢？

1 并非毫无差别：意思是说，因与所立二者中，因容易通达而所立不易通达。

有实法的法性即是指它自身的本相，而不会因为他人的承许而有丝毫改变。例如，倘若虚幻的马象之相如同显现一样成立马象，那么不可能安立说“它是假的”，如云：“无论诸佛出有坏现身于世或未现身于世，诸法之此法性本来即如是安住。”

万法的本相绝不会因为以心安立而有所改变，如果心与事物的本相相符合，才是真正的心境一致；假设心与事物的本相格格不入，那么纵然如何观察，都会成为自心颠倒分别对境的增益，而那一对境并不会跟随人们凭意愿而安立的。因此，如果是未被他改变自本体的真相，则对于那一有实法的法性或它自身的本相或自性也就是它自身据为己有的特征，谁也不能使之背其道而行，为此称为无铁钩或离铁钩，其中“铁钩”是指能取，也就是说，（法相）不可能被随心所欲安立的铁钩捉住的意思[1]，譬如，对火是热性这一点谁也无法建立其不是热性。

颂词中“唯世俗”的语义是说受持真假中假的本体而真实的本体成实永不存在，这显然是在否定“真”。虽然在有些书中见到将“此体”写成“此等”，但这是由于藏文中漏缺了前加字，因而实属文字上的错误，在极古老的所有经函中都是“此体”，需要唯一遵循于此。

尽管有人解释说后两句不破名言量成，但一般来说，在讲相似胜义的场合里世俗的自相依名言量可成立，并能破胜义成实，这正是自续派的主要所立。因此，不破名言量成虽然是真实的，但此处颂词的意义如此解释实在不妥当，关于欠妥之处不再广说。

1 此句的意义是说有实法的特征不会随着能取心而改变。

这一偈颂意义重大并且极其深奥，因而有许多需要说明之处，但概括而言，所谓的“故”与“唯”，有些书中由于翻译的不同而确定为“世俗性”。实际上，这两者的意义是相同的。再者“若许此体有，我能奈彼何？”也有耐人寻味丰富的言外之义：从中可以领受到以胜义的观察所遮破的一切无不成为通达世俗法相的方便、世俗中形形色色的一切显现也作为证悟胜义的方便即二者相辅相成关系的这一含义。

显现许实空这一点即是世俗的本体，假设此等如显现那样真实成立的话，它就已经不是世俗了，如此一来，胜义也将变成子虚乌有。尽管显现但绝非如是成立，因而这才是世俗，并且胜义也可依此而成立。正由于诸法远离一体与多体而在胜义中无有自性的缘故，这一显现许才获得了世俗的法相。可见，二谛是交相辉映的关系，彼此之间又怎么会有妨害呢？

将上下文的内容贯穿起来，进而千方百计地通达空性缘起之间一者无有另一者也不可能存在的相辅相成之含义，可以说在所知万法当中再没有比这更为重要的事了。

如此有人想：这些有实法的实相到底是怎样的呢？

所显现的各种行相均无有自性，因此分析无自性也正是为了遣除世俗真相的违品增益从而显露出世俗的实相，如果没有将显现与空性圆融一味，证明尚未通达有实法的本相；如果明白这两者无合无离，那么就已通晓了有实法的本相，如同虚幻之马象的自性显现为马象，显是显现，但实际是不实虚妄的，也就是显现虚妄兼而有之。彻知存在的有实法之真如的诸佛出有坏对于此等道理已详尽地说明过。《摄正法经》中云：“菩萨当通达善逝出有坏真实圆满正等觉所说之十名言，何为十名言？说蕴、说界、说处……”《宝云经》中也云：“善男子，若具十法，则菩萨精通世俗。何为十法？色亦是假立，于胜义中色亦不得，无有耽著。如是受……”其中对此作了广说。《宣说圣无尽慧经》中也云：“所谓‘如理’即诸法无我，如是诸法以理而见……”又如《大般若经》中也说：“法相空性故，乃至识之间，识之本性空。”

唯识宗论师声明：说为空性，这是指以遍计所执法本体而空的意思。

这一点千真万确，在真实的立场上，我们承认所谓的“识有自性”也是遍计法。依他起的本体如果成实，那么即便唯一显现为二取称为遍计所执也是成立的，然而由于以前面所说的正量有妨害的缘故，依他起也成立为遍计性。正如《象力经》中也云：“舍利子，汝如何想？了知诸法之本性存在抑或不存在？舍利子白佛言：‘世尊，了知诸法之本性无所了知，何以故？世尊为说明诸法虚幻之自性，皆是如幻，本不存在。如此了知诸法本性无所了知。何以故？此于真实中何法亦不得也……’”

因此，对无有自性与缘起显现二者本体无二无别犹如水月般空而显现这一点生起殊胜定解后通过这样的执著相而作意，这就是所谓有现行境者如幻之定解。也就是说，相合实相而执著，但空性的基性与它的无自性只是以心来认定的，破立两种分别念的耽著对境依靠理证能够摒除，并且会有所增进。由于依赖于分别念，故称为世俗。如实修行实相是指远离一切破立的分别戏论，称为无现行境者之如虚空入定。即便按照承许入定为有现的观点来讲，也指的是离戏实相，这一点无有任何分歧。

庚二（分析彼世俗之自性而宣说）分二：一、显现许无欺而存在；二、现基必为实空。

辛一（显现许无欺而存在）分二：一、如何显现；二、以何因而显现之理。

壬一、如何显现：

未察一似喜，生灭之有法，
一切具功用，自性知为俗。

如果有人问：所谓的“世俗”是像兔角等与常有的自在天等一样徒有虚名，还是缘起无欺能起作用乃至牧民以上众所周知的那一意义只是以表示的不同而安立为世俗的，到底是哪一种呢？

此世俗并不是指如同兔角等一样仅以语言安立、不可现见、不能作所想之事的无实法，若对如是缘起显现的本体加以观察，则经不起分析，但是单单从未经观察这一侧面而言似乎欢喜、现量显现，而且是因果本体刹那生灭的有法，对于这一切真实不虚可以见到并具有作所欲之事功用的有实法之自性，应当了知为世俗。

世俗的法相从否定的角度宣说了三点，从肯定的角度建立了一点。

一、未察似喜：对于这些世俗，从遣除是实空的同时不显现的这一角度说为“未察似喜”，虽然一经观察了不可得，但在未经观察的侧面无可泯灭而显现，如同水中月一般，此等无欺显现这一点依靠上述建立实空的那些理证足可确定。

二、生灭有法：为了否定非刹那性而说是生灭之有法，这些以破常法的理证等可明显证实。然而，如果对此稍广阐述，则建立刹那的理证有无观待因与有害因两种。

（一）无观待因：（推理方式：）存在的任何有实法决定不观待其他灭因而自然刹那毁灭，如闪电与火焰等，声也是存在的有实法之故。

对此，有些人认为：以瓶子为例，在没有遇到灭因之前是常有的，乃至没有用（铁）锤等将其凿成碎片期间，今天的这个瓶子也就是昨天的那个瓶子，明天的那个瓶子也就是今天的这个瓶子。

所毁灭的有实法与灭尽的无实法二者虽然同样称为“灭”，但无论如何都不需要其他因，这其中的理由是：作为所毁灭的有实法，本身足可产生而无需他法；而身为无实法，根本就不存在因。举例来说明：一个瓶子从形成时起至一百刹那之间未曾遇到毁灭之因，之后遇到灭因而毁灭，必然有第一刹那刚刚形成的阶段以及依次的第二刹那等阶段，假设这些刹那阶段的瓶子均是一个，那么刚刚形成之刹那与即将灭尽之刹那的两个瓶子也需要是一个。如此一来，那个瓶子刹那便会毁灭而不会住留一百刹那。同样，如果中间的某一刹那不是各自分开的，则成了不具备那一刹那，因为所谓的刹那不可能是与瓶子他体存在，也就是说不会有“瓶子常有、刹那单独计算而存在”的情况。

同理，无论住多少日、多少年、多少劫都成立为刹那（即是以刹那组成之义），不积累刹那的年等是绝不会成立的。所谓的人间百千年也是如此，由一年一年而计算为百年的；年也是同样，如果未圆满十二个月，则不能算作一年；一个月也有三十日，一日有六十漏刻（简称刻），一刻有六十漏分（简称分），一分有六息，一息有呼气与吸气，而且每一呼气及吸气也有许多刹那。

层叠的一百个青莲花瓣用针快速穿透的同时，所有刹那只会次第性出现而绝不会顺序紊乱地出现，诸如其中的一刹那不齐全，以它的数目不可能不使停留的时间缩短。第一与第二刹那间的那一有实法如果成了一体，则只会像第一刹那一样，而第二刹那已成无义。如果它在第一刹那中纹丝不动、并不毁灭，那么最终也不可能有变化。总之，第一刹那缘什么法，再不可能缘除此之外的其他法，新与旧、前有与今有的差别、成为与未成为谁的根境、做与不做的万事都需要变成无有差异。但事实并不是这样，前者灭亡才使后面的阶段产生这一点是决定的。

诸如瓶子也是同样，前面无水时的瓶子与现在有水时的瓶子如果是一个，那么有水的同时也需要是无水阶段的瓶子，实际上绝不会有这种可能性。前面无水时的那个瓶子已经灭尽了，这一点务必要明白。如果它仍然没有灭尽，则不可能出现有水的机会。同样，凡是显现能起作用的一切有实法，如果前刹那未灭，则后刹那绝不会产生。

因此，我们要清楚地认识到，有实法本身的生灭二者是由一因而引发的，并不需要其他因来灭尽。尽管是如此一刹那生灭的，但（众生以）同类连续不断而生作为迷乱因，将其执为一体。比如，心里认为“去年我渡过了这条河，明年还要再次渡过”而将去年、今年与明年的那条河思维成是常有的一条河。但如果加以观察，则不要说去年与明年，甚至今天早晨河水流过的地方连一点一滴也是没有的，所出现的完全是崭新的河流。

所以，思维所谓“瓶子是用铁锤毁坏的”，只不过是将遮止瓶子的未来刹那持续产生这一点说成是毁坏瓶子而已，实际上（铁锤）并不是真正毁灭瓶子的因。如果观察（铁）锤到底能毁灭（铁）锤本身、碎片还是除此之外的他物？则（铁锤）自我毁灭终究不现实。尽管瓶子的近取因加上铁锤作为俱生缘，结果导致碎片的产生，但是身为造出碎片者又怎么会毁坏瓶子呢？

如果认为：一个铁锤将瓶子毁成无实法，同时又产生碎片的有实法。

破斥：有实法与无实法二者不可能成为（铁锤）所作的对境，作碎片的其他事不至于使瓶子毁灭，就像造柱子不会摧毁瓶子一样。

如果有人认为：用铁锤打破瓶子，而碎片就像烧火的灰尘一样自然产生。

破斥：倘若如此，那么陶师也成了摧毁泥土者而不会成为造瓦罐者，具有诸如此类的过失，因而对方的观点未免有些过分。

因此，“无实毁灭法以因而作”的说法实际上已承认了以因什么也没有做，就像说“看见无有”与“一无所见”这两种说法意思相同一样。

（二）有害因：有些人声称：“大多数乌鸦是黑色，但也有是白色的，同样的道理，大多数有实法是无常的，然而也有大自在天等个别有实法是常有的情况。”

（对于这一说法，通过推理的方式予以破斥：）无论任何法，如果是不具有次第性或同时起作用的常法，那么决定不是有实法，犹如虚空，常有的自在天也无有功用。（这一推理说明：）任何法如果有功用，则必然是次第性与刹那性，常有法不可能有变化结果也就无有功用，无有功用的法不可能是有实法。简略地说，我们要知晓：如果常有，则与是有实法相违；如果是有实法，则与常有相违，这两者不可能有并行不悖的情况。恒常的有实法在万法之中不可能存在，任何存在的有实法毁灭并不观待他因是成立的。所以，我们要清楚，在所知万法的整个范围内没有一个恒常的有实法。

不具备功用的虚空等法实际上是没有的，它仅仅是对遣除其他有实法的这一分假立为有的，虚空作为常有等的比喻也只是从非无常的角度来安立的，而无有任何常有的自性成立。依靠这样的道理而理解“生”本身就意味着“灭”，这在名言量当中是至高无上的结论。依于这一点也可以了知能作所作、因果的无误安立以及名言的实相，并能无余推翻耽著世间、常法等颠倒的妄念，而且也能够轻而易举悟入无实的空性，可以说无常是此等一切清净白法的根本。世尊也曾亲口说：“一切足迹中，大象迹最胜，一切想之中，无常想最胜。”

三、能起作用之理：正如兔角等除了虚名之外自本体少许也不存在一样，一切无实法实际上均与之相同，仅仅是遮遣有实法而已，自主成立一丝一毫也是无有的，因此虚空等不能起作用的法以名言量也无法证实其存在。所以，我们应当了知无实法本来就不存在。由此可见，人们取舍的对境唯一是在名言中具有自相、能起作用的有实法，为此这里也该将它确定为世俗。如云："如若建立一，依彼置他法。"

此处堪当所知的事物——为诸大智者到愚笨的牧民之间所共称、能起作用、无害之根前能呈现自相并且可产生后面自果的一切法才是名言量所衡量的真正所量。依之足可明了并命名有实与无实、破与立、总与别、相违与相属、实体与反体、所诠与能诠、显现与遣余等无量无边的类别，因此所谓"世俗"的真正对境唯独是能起作用的法。

如果有人认为：这样一来，相续即将灭尽的最后刹那就不具备能起作用的法相了。

对此，虽然（有论师）解释说：如果遇到外缘则能起作用，因而无有这种过失。事实上，即便没有遇到外缘，尽管不产生后面的自果，但一般来说也不致于成为不能起作用。

其他论典中将世俗分为正世俗与倒世俗两种名言。从现相的角度而言，在此也只是这样作为它的名言虽说并无相违之处，但此论对于名言的实相以量分析而安立的方式何时何地都必须唯一按照因明的典籍。因而，甚至在名言中，无有功用的一切法也无法安立为名言量的照了境[1]，所以必须要将绝对能起作用的法认定为世俗，诸如二月等之类的颠倒耽著境显现为它，实际上只是识本身现为那一行相而已，所以不包括在世俗中的过失是没有的。如果考虑像显现那样的外境自身的本体成立不成立，则绝不成立。

1 照了境：心识自己所了知之主要对境，如眼识照了之对境为色法。

假设有人执著这样的显现实际存在，进而认为它不具备世俗的法相，结果成了不包括在二谛中的第三品物体。如果承认此显现存在并且不是刹那性，那么就成了恒常的显现而且也不会变成虚妄的性质。如此一来，建立无实的同喻[1]也不可能存在，有诸如此类的过失。本身具有比普通世人更为愚痴的旁生特征，而与比精通万法本性者更胜一筹的诸位智者进行辩论，那简直是一个天大的笑料。

同样，依此也可类推借助遣余的力量认定无实法的行相，就像所说的“无实法的体性空”等一样。

对因明含义一窍不通的人们对于分为正世俗与倒世俗容易铭记于心，但这里从决定将世俗许为能起作用的法而言，具有名言量的深要完全是久经修习法称论师之自宗者的行境。上面虽说已从否定的角度说明三法相，但从肯定的方面而言，一个世俗的本体也必须要齐全这三者，也就是以名言量所得出的意义，或者人们共称的能现出自相的一切有实法，或者现而无自性，这即是世俗的本体。（相关论典中）再三提到的也是指它。

接下来简明扼要地阐述否定与肯定的道理：某一事物以排除非本身或者遣余的方式来命名，遣余方式也有“无瓶”之类的无遮之遣余与“非瓶”之类的非遮之遣余两种。其中，通过排除非本身的方式来了知它的本体为否定；依靠建立自本体的方式排除所有非本身的法为肯定。因此，某一事物如果通过否定非本身的方式加以遣除，则也能明白以肯定证实它的本体

1 同喻：二种正喻之一，因及法二者俱全，即在所立宗确定之前，作为确定同品遍之事物，如证成“声是无常”之先，所列举的“瓶”。

以及与之相反（通过肯定它的本体而否定非它本身之法）成立的道理，这是就总的方面来说的。

分别而言，否定也包括词否定与义否定两种。

词否定：如是一切词语均是遣余的有境，因而某一词语借助否定非本身之所诠意义的力量，便能理解以肯定方式建立所诠的本体。不必说是一切具有实义的能诠词句，就算是说不符实际的“兔角”也是排除了非兔与非角以后建立起所诠的本体，如果这一点不存在，则某一对境的概念就无法生起；如果不产生那一概念，则执著为永不存在的概念也不可能存在。然而，除了凭借词语的力量而映现在心境前以外，兔角的本体再也没有以否定与肯定而成立的他法，事实上于名言中也是不存在的。

义否定：也有以肯定而成立与以否定而成立两种。其中，一切无实法具有仅仅排除有实法的这一根本，表面看起来似乎观待遣除所破而在名言中建立肯定它的本体，但实际上，除了借助否定的力量而建立以外肯定自本体丝毫也是不成立的；而一切有实法以肯定的方式建立自本体，间接也以否定的方式遣除一切非本身的法，因而是以肯定与否定两者来证实的，但主要还是借助肯定的力量间接加以否定。

所以，如果未辨别词否定与义否定，则无法分出名称所表达的意义在名言中有无的差别。对于意义的本体，倘若没有区分以否定来证实和以肯定来建立的差异，则无法将有实法与无实法区别开来，由此可见，鉴别此二者的这一方式极其重要。

无论在差别事上建立任何一个差别法，都有以排除某一事物不具有某一差别法来建立以及排除其本身之外的他法具有而以唯其具有的方式来建立两种。以法相为例，在某一事物上具有的方式也有三种：一、非可能否定[1]：排除诸如将微尘立为识之法相这种不可能的情况后安立识本身容有的法相，称为非可能否定。二、非有否定[2]：某一事物的一个侧面虽然容有某一特法，但对事物的其他方面来说却不一定（不遍），诸如依赖眼根而生起的认知对境之识安立为识的法相，排除事物的所有侧面不具备的情况后周遍而安立，称为非有否定。三、另有否定[3]：虽然对于某一事物来说是周遍的，但对不想表示的他法来说也同样周遍（过遍），诸如凡能作为心之对境的法安立为识的法相，排除他法具有而安立唯它本身才具备，称为另有否定。

以这三种否定形式断除三种过患的法相才能被共许为无谬的（真实法相）。

如此凡是在差别事上建立差别法均要通过唯它具有或者他法也具两种否定形式，按照想表达的意义才能建立。因此，从任何事物上所具有的任何差别法的反体角度可以分出有同样数目的否定，排除一切非本身之法的本体与肯定是同一个意思。也就是说，从分为差别事与差别法的角度而

1 非可能否定：也叫不容有限制，限制词之一。即否定某一事物不容有某一属性，以说明其只有可能者。如云："优钵罗花只可能是青色。"
2 非有否定：也叫非有限制，限制词之一。即否定某一事物不具备某一属性，以说明其定有此属性时所用限制词。如云："老黑只是神枪手。""声即是无常。"
3 另有否定：也叫别有否定，限制词之一。否定他处有某一事物以说明唯一此处有某一事物。如云："唯声是所闻。"

言，（以蓝色为例：）差别事是指单单蓝色的反体，蓝色上面的所作、无常等作为差别法的反体。倘若从分为法相、名相与事相三者而言，则这三者的反体分别被共称谓义反体、自反体与事反体，诸如此类。如果归纳而言，则一切反体都是从否定或遣除非其本身之他法的侧面来安立的。关于两种否定的方式，在此已经极其明了地宣说完毕。

如果是世俗，则以上的（未察似喜、生灭有法与能起功用）三法必须在一个事物上不相分离而齐备。

（辩论一）有些人说：这是不合理的，假设具有合理性，那么苦受的事物（有法），在未经观察的情况下也应是喜受了（立宗），因为是世俗之故（因）。不能这样承认，因为明明是不喜的感受之故。

（以同等理而破：）梵天、大自在天、转轮王的世间安乐（有法），应是痛苦（立宗），因为一切有漏皆是痛苦的本性之故（因）。不能这样承认，因为明明是快乐之故。还有许多同样的实例。如果（你们所说的要）分析密意，那（我们所说的）另一者也同样可以分析。

（辩论二）对方说：单单无遮的空性（有法），应成刹那性（立宗），因为是世俗之故（因）。此推理是成立的，其原因是：《自释》中说："由于依于所谓世俗之分别念的缘故，无生等也成世俗，而不是胜义，如同树木等的词义一样。"又云："无生等也归属在正世俗中。"不能这样承认，因为（空性）是无实法之故。

破斥：无遮空性（有法），应成你不能思维、言说（立宗），因为你承许它是胜义之故（因）。这一点是周遍的，其理由是，经中说："胜义尚且在心之运行中亦无有，何况说一切文字。"不能这样承认，与现量相违之故。

（辩论三）对方说：虚空等无为法（有法）应成能起作用（立宗），是世俗之故（因）。此推理是成立的，原因是：所知万法必定可包括在二谛中，而虚空等不是胜义之故。不能这样承认，因为虚空明明无有功用。

破斥：关于这一点，推理要从意义上来理解，而词句也是间接切合意义的。原因是：倘若如此，则以甚至对世间名言中本不存在的石女儿同等类推时，对方自己也应当会清楚虚空根本不存在。以词句一致并且意义的本体不存在对于所有无实法来说都是相同的。可见，如果说要对意图等差别加以分析，则另一者也同样可以分析。依此便可（否定对方的观点）。

如果对方认为：这两者是截然不同的，因为在名言中有着存在、不存在的差异之故。

破斥：如果在外境自相上不能建立有差别，那么仅仅以否定来证实这一点在观察外境的场合里同样还是尚待观察的对境。

如此这般只不过是为了开开玩笑才稍稍运用了辩论，实际意义是这样的——所谓的"未察似喜"也就是指：恰似虚幻的景象一样，如果在未经观察的情况下听之任之，则似乎真真切切地存在，对此可以称为"似喜"，而凡是虚幻的景象也不决定是似喜的，例如当呈现令人恐惧万分的景象时（就不是似喜了）。这也只不过是对在未加观察的情况下似乎真实成立的取自之识欺骗或者说能令生起欢喜的感觉，而相似表示的，万万不可执为绝对是身心乐受的欢喜感觉。

因此，第一个辩论只是咬文嚼字而已，没有太大的实义，而后两个辩论却有可取的深远含义，其中无遮空性是观待远离一切名言之真正胜义而安立为世俗的，又怎么会是与相似胜义对立的那一世俗呢？如果从彼世俗的角度而言，无遮空性即是胜义。所以，需要分析名言与胜义的差异这一点对于讲论者来说犹如明目一般，如果不具备这一明目，则可谓寸步难行。

按照第三辩论的教义，虚空等是无实法，单单无实存在的名言也是来源于所破对立之有实法的力量。因此，一般来说不至于成为非所知及无名言。虽然何时何地都不能如此承认，但也不会由于它不摄于世俗（此处世俗是指能起作用的有实法）之中而导致它既不是世俗也不是胜义的局面。对于肯定“所知为常无常两种”的说法，令对方没有说“不能包含不可思议的我”这样吹毛求疵的余地。应当明白，自以为是地认为虚空等不包括在胜义与世俗之中也与之一模一样。虚空只是对于无有触碍的这一分而假立的，因此虚空与石女儿二者只不过是以名言来区分有无的，但若从意义上分析，则它们的自相根本没有任何有无的差别。所以，在口说“兔角”的时候，表面上看来似乎是以言词排除无有兔角，并且心也如此而缘，可实际上兔角的自相不可能成为所知，因此可完全断定说它不是所知。相反，如果仅仅因为缘名称就成了所知的话，那兔角也成了所知，最终不是所知的事物根本不会成立。如此一来，将变成没有任何不可存在的事物了。同样，人们只是缘虚空等一切无实法的名称而已，实际上这些无实法并不成立。可见，从意义为出发点的如此安立是合理的，其他论中也异口同声地说："虚空等同石女儿。"

如果有人问：倘若虚空不存在，难道不是与世间中将它列为五大种之一、论典中也以其作为比喻等相违了吗？

作答：正如上面所说，虚空只不过是对无触碍的这一分而假立的，从未经观察而认为的侧面而如此表达罢了。如果详细观察、分析，则无有能建立虚空存在的正量。由于虚空无有自相，因此以眼识等境证现量无法证实其成立，原因是：如果能依此得以成立，就已成了色法等；如果依自证而成立，就已成了识；如果认为由于亲身体验而成立，那仅仅是指无有碍触；如果其本体有可缘的，那么也就不能算作虚空了；作为无有自体的它也不可能有两种相属，因此不是依比量而成立的。结果，所谓的虚空已经徒剩虚名了。如果理解了这样的道理，则将领会到（虚空正是）万法除了由分别念而安立以外无有本性的比喻，如云："所谓见虚空，众生词言说，虚空岂能见？当观察此义。"关于庄严虚空与空隙虚空不能充当虚空存在的依据，这一点在前文中已叙述完毕。

所以说，如果通达了仅仅是以名言量在无有本性之法上假立名言，则不需要以胜义量再度附加建立，上下宗派的道理也是如此。

因而，在一切能起作用的有实法上可以正确无倒地进行破立，同时也能遣除颠倒增益的二我，就像具明目者打量青春年少之士一样。

通过遮遣有实法而使无实法本身成立为心的对境，除此之外再无有其他成为破立对境的所谓无实法。然而，只是在它的词义上采用各种名言，这一点对于空中的鲜花也同样适用。

作为世俗之事相的法：色等十二处足可涵盖一切所知。一般而言，处有内六处与外六处，它们的法相依次是：（眼）作为取色之识的不共增上缘并成为眼识的所缘缘……成为识独有的所缘缘之间。明觉是识的法相，如果分类，则有八识聚，依赖于增上缘眼根而生起的觉知等即是眼识等的法相。种种习气之依处的明知分以及执识相续为我二者分别是阿赖耶与染污意的法相。

总的来说，所谓的“法相”是安立某一有实法名言名相之因，所以为了对义反体与自反体的分类、意义与名言心领神会，如将“大腹”称为瓶子的法相一样。有人认为，必须通过某一法相与名相一致的方式遣除士夫之心可趋入其他边的所有增益而以一个相续的语言来周遍，进而在文字名称的戏论上下功夫，其实按照诸大经论中词句的风格而掌握意义的要点才是最关键的。

唉！当今时代的愚者们由于自己未能正确决定意义与名言的真理，甚至濒临对佛语也妄加品头论足说“完美不完美”。对此法相，只不过是在把握义反体之要点的方式上有所差别，而从语句的侧面观察其他边之增益的巧言花语基本上都无有任何实义，就像婆罗门持咒一样将别人所说的词句铭记在心而得以满足，（这些人）甚至对前辈殊胜大德的论典也藐藐轻视，这实在是件极其遗憾的事。

对于加不加鉴别等一切含义的要点也应当如是确定。所以，在任何情况下，意义上具有的过失依靠任何词句也是无法遣除的，因为单单词句的用法就像握在自己手中的羂索等一样，根据智力而随着想表达的意愿。诸位智者凭着事势理进行的辩论均是依于意义，并不是仅仅着重词句的用法。然而，所有愚者却在词句上争论不休。如果远离了智力的铁钩，那么所有词句仿佛醉象一般必然不由自主地面临着危险之地。因此，恒常唯一用布来保护眼目[1]的人，在智慧的体力尚未达到健全之前其他人暂时无法给予安慰。将重点放在词句之用法上的讲、辩、著全部是言词冗长、意义空洞，必将导致延缓生起要诀的证悟。因而，诸位有智慧的人士要依于意义而注重所有论典的本义，当甚深的智慧已自在圆满之时，所有语言自然会得心应手、运用自如，也能了达论典的一切要义并通过应成论式摧毁反方的辩才等。

略说完整无缺的法相等之理：所谓的名相就是有理由之概念的名言，假立瓶子等这些的义反体实际就是安立瓶子的理由。比如，大腹立为瓶子的法相，它是瓶子的能立，而“撑起横梁”的作用等并不是它的法相。与事反体（相当于事相）、自反体（相当于名相）二者不混杂的法相自本体已经明明白白无误确定时，即是远离不遍、过遍与不成三种过失、或者说具全非有、另有、非可能三种否定，何时对法相与名相的关系生起定解，那么依于义否定的力量，它的一切特征已经应有尽有，虽然没有繁琐的词句，但掌握要点就已经足够了。比如说“请将柴拿来”，依靠义否定便能明白（说者指的是）前面放着的木柴，而无需说出柴的差别以及它的地点、时间自性不混杂的一切行相。

1 用布来保护眼目：意为用词句掩盖本义或自智。

如果不能通达法相与名相之间的关系，那么在表达法相的词句上说再多的话也无济于事。例如，有人看见晶莹剔透的水晶宝问：“这是蓝宝石吗？”别人回答：“不是，蓝宝石是蓝色的。”那人只是从字面上思量而接着问：“那么，蓝布也是蓝宝石吗？”回答：“布不是蓝宝石，蓝宝石是蓝色的宝珠。”问：“那么，蓝如意宝也是它吗？”答：“不是，与蓝如意宝相比，蓝宝石的价值要低廉。”问：“那么，是蓝水晶吗？”答：“不是，它要比普通的水晶价值昂贵。”……无论说得再多，都未能完整地表达出蓝宝石独具的一切法而认清它，就像盲人说象一样。当说“蓝色”时，如果了解了在外境上面的法——蓝色与蓝宝石之间的关系，则相当于断除其本身的增益而掌握了法相的要点，依此间接也能了知不共的正相，并且灭除其他增益，就像命绝而使其他根灭尽一样，因而应当精通抓住要领。也就是说，一切时分将义否定的本义铭记在心极为重要。

比如，当说“瓶子”时，心中虽然浮现出大腹的行相，但不可能误解为凡是有大腹特征的其他法。因此，当以那一法相而安立的“瓶子”名相，在某一事物上建立时，如果“金瓶”等名相的任何一个类别不特意分开，则势必造成名相与事相句义的概念无法现为异体，结果导致无法认清事反体。事相如果是金瓶，则必须成为法相与名相二者的依处，因此决定既是“大腹”又是瓶子，但设施处不需要是它[1]，如同瓶口、瓶腹、瓶底的部分与色尘等虽是瓶子的设施处但其中每一部分不需要是瓶子一样。然而，在讲事相的场合里，诸如：对于虽见到“瓶子”却不知其名称者来说，可以运用建立名言的正确推理。金瓶与瓶子二者仅从瓶子的反体上来讲概念是一

1 设施处不需要是它：意为大腹与瓶子虽然是金瓶的设施处，但瓶子与大腹不需要是金瓶。

致的，因此当时容易将具有大腹特征并起到盛水作用的金物（即金瓶）认定为瓶子的事相，并且所有与之同类的事物均可依此类推，就像东方具有撑起横梁这一功用认定为柱子的事相一样。无常的事相，诸如“声音”，即以不同名称而分别安立即可。一切因明的秘诀当从其他相关论典中得知。

如是所谓的“世俗”通过否定的方式而说明具有的三法相在名言量前无有欺惑、不可否认而显现，但是自性成实丝毫也是无有的，它的现分世俗、空分胜义具有缘起显现的法相。正如龙树菩萨所说：“何者缘起生，说彼为空性，彼作因假立，彼即中观道。”

壬二、以何因而显现之理：

未观察似喜，依自前前因，
如是而出生，后后之果也。

如果有人想：那么，具备如此法相的所有世俗法不灭而现到底是以什么因而显现的呢？

作答：正为了说明此显现并没有其他任何因，唯一是以缘起的方式而显现的，作者才如此说道：未经观察似乎欢喜的此景象并没有另外的显现之因，之所以这样显现唯独是依赖于自己的前前之因而如是产生后后之果的。

某一法不观待任何事物如同空中的鲜花一样显现是不合理的，凡是作为所知的法决定观待，一切有实法绝对是观待而产生，所有无实法绝对是观待而假立。

那么，是如何依缘而起的呢？缘起法有内缘起法与外缘起法两种。其中外法是以种子生芽的方式依缘而生；所有内法是以缘起十二支的方式使因果连续不断而生。缘起十二支：（一）无明：也叫痴心，即对一切万法的自性真如一无所知，它并不单单指无有明知，而是指直接与觉性智慧对立的违品——愚痴心所。（二）行：由无明中产生、依靠对自他等的颠倒分别念而积业。（三）识：由行而在识上熏染习气，并且一旦现前时，便能形成果之识。（四）名色：依赖于识而形成四名与胎位的凝酪等色即五蕴。（五）六处：依靠名色而产生眼等内六处。（六）触：如果某处（指六处中的某一种）存在，则必定产生值遇六境的触。（七）受：一经接触，必定生起苦、乐与中等（等舍）的感受。（八）爱：一旦有了受，就不可能无动于衷而置之，便会产生爱。（九）取：如果生起了爱，则不会善罢甘休，自会竭力追求所爱的对境，于是出现了取。（十）有：对于凡是这般取受而积业，称为有。（十一）生：所造之业永远不会虚耗，将随着黑白之因而投生到善趣与恶趣，即称为生。（十二）老死：从出生时起，便存在相续逐渐变异的老与相续灭尽的死，由于这两者从无常的角度而言是相同的，因此才合称为老死。此十二支完全可包括在烦恼、业与痛苦三者中，它们彼此互为因果，从而（使众生）犹如旋火轮般接连不断地流转于世间。

可以显现的此等法也并非是依于一个不空的因而显现的，如颂云："唯有空性诸法中，起现空性万法已，经忏[1]明灯镜印章，火晶种子酸与声，蕴结生亦不迁移，智者理当通达此。"这其中的意思是说，某人朗朗

1 经忏：日常讽诵的经文。

诵读经文，当其他人记在心里时，对方（指诵经者）意中所拥有的经典等并未迁移到另一人的心中，自方的相续了知经忏的心是依靠对方的经忏声而呈现的，并非无因。同样，前面的蕴没有迁移到后面，否则有恒常的过失；后面的蕴也并非不依赖前者，否则有无因生的过失。又如油灯传递油灯、明镜中映现影像、印章中浮现出凹凸不平的行相、火晶中出现火、种子生芽、依酸味而分泌津液、声音出现回响的一切比喻，均不是由因迁移到果中而成为一体的，果也不是不依赖于前因而生，这完全是若无因则不可能生果、倘若因齐全则不可能制止果之产生的缘起生。如理如实、毫无错谬地宣说如是有实法之正相唯是大沙门佛陀出有坏至高无上的特法。

这些因生果的方式虽然由于有实法之能力的法性不可思议而各自因只能无欺产生各自之果，但实际上是远离能生、所生关系的现空双运，如此因与果若接触而生不合理，即便不接触而生也不合理，而除了这两种情况以外的产生方式不可能存在。可是，因果无欺显现极富合理性这一点，仅以“由此因无欺产生此果”这一结论就足可证明，除此之外，无需找到“若生则如何生、生的理由是什么……”的合理性，就像“火是热性乃有实法的自然本性，而不需要另外去寻觅它是热性的理由是什么”的合理性一样。

所以，一切有实法的正相即是所量，与之相符而加以衡量就是量或理。此理也有从衡量对境之因、果、体三个方面，而说为作用理[1]、观待理[2]

1 作用理：不同诸法各别作用，如青稞种子只生青稞不生其他荞麦豆类。

2 观待理：依靠原因始生结果的道理，如苗芽观待种子而后生，十二缘起的行支观待无明支而后生的道理。

与法尔理[1]三种。对于这些所量遣除增益后毫不颠倒地进行遮破与建立的道理，称为证成理。这一证成理也有衡量明显分的现量与衡量隐蔽分的比量两种，比量也由于是能推断隐蔽分对境具有理由的法凭借量而确定的，因此最终归属在现量中，现量也需要纳入唯一法尔理当中。如此作用理与观待理均是有实法的自然本性，所以绝对包括在法尔理中。可见，一切理归根到底的落脚点就是法尔理。只要归入法尔理中就无需再建立其他的合理性，就像火为热性的理由无所言说一样。因此，符合有实法之自然本性的法尔理即称为事势理。由于能无误衡量有实法的正相，因而此理是不被他夺（或颠扑不破）之义。名言量与胜义量这两者称为事势理。“火性为热”是世俗的法性或正相，“火无自性”为胜义的法性或正相。可见，此二量兼而有之才能无误地抉择有实法的正相，而每一个孤立的量并不能做到这一点。

佛陀出有坏所说之语也是以此二谛为基础无误如实说明有实法的实相。身为后学者的我们也必须如此以理抉择，这是我等大师释迦佛的正确宗旨。而声称“总的以理分析、尤其是因明等内明无有用途”的论调简直是对亲身体验以三观察清净的佛语这一完美正量者造违缘之恶魔那可怕的密语，如果对于佛陀出有坏真实彻见了万法实相后以慈悯心为他众开示之义生起定解的途径妄加诋毁的此类词语还可能有真实的一分，那么在这个世界上根本不可能再有颠倒的言词了。因此，如是了知一切正量的究竟之理在二量的场合中格外重要。

1 法尔理：如水流向下，火向上燃，世间共知的自然法则。

如此已经通达总的道理以后在分析因果的此时，虽然有实宗的诸位论师由于生起“业已灭与业之果这二者之间被久远的时间隔断，结果因与果该如何联系在一起”的顾虑，于是承认存在起到联系作用的得绳与不失毁法等。然而，中观师则主张这只是缘起相联而在此二者之间无需再有任何充当连接纽带的其他实体。以往的业力在任何情况下，于因缘具足的某一相续中不会虚耗而成熟果报，所以因果极富合理性。就算是相续不断而显现的种子与苗芽，也不可接触以后而产生。因此，我们丝毫也不能认为“种子与苗芽那样相续不断一样因果是合理的，像业果相续中断而生一样因果是不合理的”。完全通达这两者一模一样，是最为关键性的一个要点。

因此，通达了种子本身生芽即是作用理，也是种子的法性所在，就像火的自性为暖热一样。所以，因凭着无有阻碍的能力并非不生自果或者错乱生或者无穷生等，这也是有实法的自然本性。如果观察芽是由已灭之种子中产生还是未灭的种子中产生，则这两种情况均不合理。实际上果只不过是以前刹那种子这一因作为前提而生的。也就是说，将前面的种子这一因安立为生芽的因，而在它的上面未灭的有实法与已灭的无实法二者分别开来以后以其中任何一者生果都不合道理，犹如芽的因唯是种子，而它上面的色法部分或者遣除无实的反体单独的每一个都不能立为因。如果分成方向、时间的部分而安立为因，那么除了特意分出的（这一特定时间、特定地点的）因以外不能充当因的名言安立将全部瓦解，就像“所谓瓶子唯一是色尘”的说法一样。

因果接触未接触任何一种情况均不合理，但以因无欺引果却是一种规律。如云："日月的影像映在水中时，所呈现的是真正日月所拥有的一切行相，色法与影像虽然脱离了接触未接触的合理性，却能以现量而现作为比喻，由此因果的方式也是同样依缘而生。"如果超越了以因本身的能力生果唯是缘起规律这一点，再如何承认也不合理。

如果对"种子生芽，业现果报"分析灭未灭的情况，则在未灭的情况下有如前所说因果同时的过失；如果由灭法中产生，那么种、芽之间由于被刹那性的灭法中断而具有因果不会连续产生的过失；如果在种、芽之间未被刹那性的灭法中断，则因怎么会作为灭法呢？

再来观察是在第一刹那灭法未灭的同时生芽的还是已灭后生芽的？如果是在未灭之同时生芽的，那么灭法之因与苗芽之果二者已同时存在，因而不合理；如果是已灭后生芽的，则第一刹那灭法已灭尽后，会再度出现第二刹那的灭法，第二刹那的此灭法与芽同时并存，也成了因果同时，所以也不合理。如此一来，最终从任何一个灭法中产生均不合理。如果灭法不是刹那性，则由于既是恒常又是有实的事物或者无有功用的缘故，又岂能充当生果之因？

由此可见，即便种子灭尽，但由于被灭法占据位置而永远不会有生芽的机会，灭法将无有休止而产生等。此外，还会导致所有的因果一概断绝、一切万法永不存在的结局。正如本论的《难释》中所说的那样，由于从已灭和未灭的两种因中产生均不合理，故而应该对由因生果这一法尔理诚信不移。以种、芽为例，在名言中因灭了或尽了以后生果的主张只不过是从排除因本身在果位时不灭而存在的角度来安立的。如果观察因的刹那灭尽与果的刹那产生这两者之间未被他法中断而生灭，则不会存在这种情况。除了先前的因本身以外所谓能生果的灭法在因灭亡之后遗留下来成为有实法的现象是一无所有的。一切果虽然均是以因作前提而生的，但所谓的“前提”应当理解成除因以外能生果的任何有实法也不存在。

辛二、现基必为实空：

故谓俗无因，非理亦不然，
设若此近取，真实请说彼。

如此在毫无自性的同时以因果的方式不灭而显现，是故万事万物绝对是在自性不成立的同时显现的。而诸有实宗的论师则声称：如此现量领受的这些世俗法如果无有一个实有的现基或因，那么这般显现不合理。

这种说法也不正确。其理由是：倘若此世俗的一个现基或近取因真实存在，那么请你们讲讲它。如果以理证无有妨害而成立，那我也同样承认它是因。可是，凭据上述的理证已经证实了一切所知均不成立实有。所以要安立实有的因实在无能为力，正如龙树菩萨在《成名言论》中以密咒、妙药、魔术之比喻证实缘起所说的偈颂“字一咒皆无”那样。

有实宗考虑：如同无有毛线的氆氇一样，世俗中形形色色的景象如果无有显现的因，则不可能呈现出。于是他们将无分尘与无分识或者二空（能取所取空）之识等承许为现基或因，并且说：“释迦佛也在经中说：依于车的零件而假立为车，同理，以蕴为因而假立众生。”

中观宗彻知根本不存在一个作为现基的实有法而显现不灭后，承许万法由空性中自现，阐明如同影像在是空性的同时而成为根的行境等一样。在初学者的心目中“现与空”或者“有与无”这两者似乎是以对立的方式相互排斥，而不可能浮现出来，因此很难彻底通达双运之本义。

（实际上诸法的）本体：诸如对前面放着的一个瓶子来说，凭据离一多理进行分析时，如果见到其自性尘许也不成立，则（能真正明白）并不是当现在分析时它的空性才出现而以前并不存在。因此，瓶子正在显现生住灭时，于无有自性的本相中丝毫也未动摇。所以，我们务必要对“空即是现”这一现空双运的正相生起定解。

一般来说，以无实的理证容易证悟空性，但对空性显现缘起却难以达到坚信不移的境界，现出这种诚信之后就已稳妥、扎实地奠定了一切显密之见解的基础。因此，由径直决定现基直接无实的定解中现见无欺缘起显现的道理这实在是稀奇中的稀奇。关于证悟（缘起性空）的方式，这一偈颂已全盘托出了。

戊二（遣除于此之争论）分二：一、略说无过之理；二、广说彼义。

己一（略说无过之理）分二：一、能推翻辩方观点；二、无以反驳之理。

庚一、能推翻辩方观点：

万法之自性，随从理证道，

能遣余所许，故辩方无机。

所知万法的自性正确无误之理，跟随事势理之道，足能遣除淡黄派等颠倒分别有实法自性的其余教派所承许的果存在或不存在等一切观点，故而能一并推翻所有辩方的邪说，令其无懈可击、无机可乘，就像万里无云的晴空中升起太阳时日光下的黑暗顿散九霄云外一样。（这里所说的辩方是指）主张果自性存在的淡黄派、说果不存在的吠陀派、声称果既有亦无的裸体派等。由于他们的观点不符合万法的实相，因此无有正量可言。而中观宗则具有颠扑不破的事势理，因而要遣除他们的观点可谓易如反掌，并且极具说服力。

庚二、无以反驳之理：

谓有无二俱，何者皆不许，

纵彼具精勤，何过无法致。

从凡愚的阶段起直至遍知佛智之间，要亲身领受、显现许无欺的缘起是无以遮破的，这些自性毫不成立，对于片面性地说有、说无、说既有亦无、说非有非无四边任何一边全然否认的宗派来说，纵然对方在强烈寻过之想法的驱使下，以最大的精勤百般努力挑剔过失，但任何过错也无法招致于身，就相当于希望穿破虚空一样。

在如此推翻有缘的见解后安住在自性远离一切的中观道者面前，有人认为（如果按照你们中观宗所许那样）一切法都不存在，则如空中鲜花一样，显然与区分所见所闻、分辨差别、圣与非圣等的名言及宗派的安立相违。怀有这种念头来挑剔过失，结果就成了无有任何实质可言的空口虚谈，诚如圣天论师所说："有非有俱非，诸宗皆寂灭，于中欲兴难，毕竟不能申。"

己二（广说彼义）分二：一、遣除于胜义之争论；二、遣除于世俗之争论。

庚一（遣除于胜义之争论）分二：一、远离四边之胜义中无有承认之理；二、遣除于彼之争论。

辛一（远离四边之胜义中无有承认之理）分二：一、宣说具有承认之相似胜义；二、宣说远离一切承认之真实胜义。

壬一（宣说具有承认之相似胜义）分二：一、以教理成立；二、彼之名义。

癸一、以教理成立：

故于真实中，何法皆不成，

故诸善逝说，万法皆无生。

以上面所说的理证已证"实一"与"实多"不存在，因此从真实义的角度而言，任何法皆不成立，为此，一切善逝圆满正等觉佛陀如实宣说了"万法皆无生"这一万事万物的真相。《慧海请问经》中云："何法依缘起，彼无真实法，何法无本性，彼等皆无生。"《象力经》中云："何者得以生，彼法皆不缘，无生之诸法，凡愚许彼生。"《宝源经》中也说："何法自性皆非有，无性岂能依他缘？无性岂能依他生？此因乃是善逝说。”《父子相会经》云：“趋入缘起者趋入法界乃本师所说，世尊，无明以无明本身空……”其中对此等法理作了详细说明。彼经又云：“此等诸法三时以等性而平等，过去时诸法亦离自性……”又云：“正如说诸法本性空，何法无自性即非过去非未来……如此缘起生于三时中无实有之生，如是善说偈言：如若转法轮，后寂灭无生，谓自性涅槃，怙主说诸法。”意思是说，由于无有自性的缘故，未来时得以寂灭；现在正生之时无有生，因为远离本性之故；过去时也同样为自性涅槃，因为无有本体之故。依此说明诸法三时等性。这般以理成立的万法即是如实正确开显意义的诸佛所说，一切佛陀所说的这一意义如此以正理成立。

癸二、彼之名义：

切合胜义故，此称为胜义。

如是遮破相互对立之有无中的所破成实的这一单空归属在了义名言或世俗中，而不是究竟的实相，由于切合究竟胜义或实相之法相的缘故，以因取为果名的方式，将实有之违品——此无实单空也称为胜义，但它只是相似胜义或假立胜义。

真正的胜义并不只是一个单空，而是超离四边之戏论。然而，如果无有存在于遣余分别心境前万法的无实这一相似胜义，则无有证悟大胜义的方便。正由于它属于能证悟真实胜义的方便或因，才命名为胜义的。如《中观藏论》云：“于此若无有，真实世俗梯，欲上胜义楼，智者非应理。”

由于否定所破的实空无遮分与缘起分各居本位互不混淆而存在，因而秉持这一观点者也存在有承认。如果无实的那一部分是究竟的实相并且缘它的心也跟随究竟胜义，则本基或实相就不是现空双运，已经偏堕于唯一空分的一方，而且它的有境也不能超出执著或分别念的范畴。以理遮破单单成实的实空之余不破的某一有法不能立为无有自相。如果自相成立的有法不予以破除，则必有名言经得起真实理的观察、不破胜义之生、圣者之根本慧定成为有实法的灭因此三太过的妨害。所以，自相成立与安立实空也只是名言，而在实相中成立现空无二无别。可见，如果不依于这样的理道，岂不是很难证悟入定智慧的中观——具德月称论师的甚深密意吗？请诸位智者慎重思维。

壬二（宣说远离一切承认之真实胜义）分二：一、略说；二、广说。

癸一、略说：

真实中彼离，一切戏论聚。

如果有人怀有这样的疑问：破有实法存在的胜义为什么不是真实胜义呢？至高无上的究竟胜义的法相到底是什么呢？

答：否定有实法所遮的这一单空只是排除存在之遣余分别念的影像，因此尚未脱离戏论，而在真实究竟的意义中，胜义的法相脱离了有无是非等一切边执的重重戏论。

这以上是略说。

癸二（广说）分二：一、说明胜义超离言思之境；二、说明言思是世俗之行境。

子一、说明胜义超离言思之境：

生等无有故，无生等亦无，

彼体已遮故，彼词不容有。

既无所破境，则无正破因。

在胜义中，断除有实无实、生无生、空不空等一切戏论之网，如是生住灭等不存在，因此它们的违品——无生、无住、无灭等也不可能存在。由于有生无生等的本体已遮破的缘故，所诠之义与其能诠的词句也就不可能存在。既然无有所破的对境，则除了虚张声势以外根本无有遮破它的正确无误、切实可靠的理由（因）。无论否定有与无或者破是二、非二任何一种所破都是同样，这些所破的本体本来即无生，破它的理由（因）、说它的声音、如是思维它的心这一切均相当于想杀石女儿的声音与词句等一样。仅是迷乱分别妄念而已，并不能触及万法唯一的法性。因此，就像梦中生子、子死生悲之时儿子已不复存在的妄念一样实属于万法之实相颠倒分别的“有”之妄执，无遮的所有理由（因）正是为了说明这种妄执并不真实这一点，而无遮的这一执著仅是以分别念打破分别念，“无”本身也不超离分别念安立的范围，因而实相中“无”也同样不成立。正如寂天菩萨所说：“不依所察实，不取彼无实，所破实既假，无实定亦假。如人梦子死，梦中知无子，能遮有子想，彼遮也是假。”又云：“悟明所析空，理智无所依，无依故不生，说此即涅槃。”

所以，尽管乃至有语言与分别之行境的动摇期间就没有超越世俗与名言，但必须要依于分别念而产生无分别的智慧，依于名言而获得胜义，依于辨别二者之智慧而证得无二智慧。可见，究竟法性的本体由于超离了四边之一切戏论的缘故，要想以所谓“此法”的词句来言说、以所谓“此法”之心来缘是根本办不到的。如云：“无有言思智慧到彼岸。”

（此智慧之）本体：即不偏堕于现空一方、远离一切生灭戏论、最极寂灭的自性光明，如云：“不生不灭虚空之体性。”尽管超越了如是世俗语言分别心的一切行境，可是对于能遣除一切边执恶见之黑暗的自相法界，瑜伽士的各别自证智慧以无所见的方式而现见，以无所住的方式而安住是存在的，并不是像沉睡与昏厥等一样，如云：“各别自证智慧之行境。”

在宣说胜义不是心的行境时，有一点务必要懂得，也就是遮破成实之无遮的这一相似胜义既是心的对境也是语言的对境；真实胜义由于不偏堕于现空一方，因而命名为现空双运、二谛双运、离戏中观等仅仅是能诠，就像用手指指示月亮一样，实际上真实胜义已彻底超离了语言、分别的对境。但是，以理来分析而遣除一切边执之耽著对境的结果，以远离所有分别念之网的方式而无破无立地趋入超离破立的法性，即是智慧波罗蜜多的实修正行。如云：“于此无所破，所立亦毫无，真实观真性，见真性解脱。”

比如，所谓的“一无所见”是以否定见的方式而表达的，“见无所有”似乎是建立见到的语意，但事实上这两者全无差别，后者也并不是宣说有所见。同样，承许“胜义离心或者非为心的行境”与承认“是无分别的行境”实际上无有差别，因为无分别是指断除一切戏论、无有能取所取的境界，因此不能说它的行境有所缘。应当按照（《入中论》所说的）“不生是实慧离生，此缘彼相证实义，（如心有相知彼境，以名言谛说为知）”的含义理解。正如色不是耳识的行境而是眼识的对境一样，无分别的对境如果以缘胜义的方式来建立，则无分别与无能取所取的道理也将失毁。因此，说胜义离心何时何地也无妨害。如佛经中也广说了超离（一般之识）直至佛智间所有识之行境的道理。

所以，对于直接衡量远离一切名言的究竟胜义来说，世俗的有境——世间之识并非是正量，世间之识除了有一个所依法以外无法缘不依一切、出世间智之行境的法界，就像刚出生的婴儿看太阳以及天盲看色法一样。

如果认为“有所依法”或“无所依法”的想法作为所缘境而以执著相来思量此对境是实相。

事实并非如此，因为心所依赖的任何对境，以中观理不可能不予以打破，因为法尔理不具有远近，无论站在任何立场上，喜欢相状的人们所执著的所缘境都是不能安立的。

如此，在离边空性那一望无际的大海中，当实执的航船沉没之际，贪恋各种各样所缘相之网的三世间意的诸位商主在惊惶失措、魂飞魄散之中虽然准备抓住一个对境的依处，但所依本身也是不坚固的法。在法界无边无垠的汪洋中，无始以来束缚轮回之因的所有分别念全部葬身其中，谁人对此又有什么闷闷不乐的呢？要拥有不住一切的涅槃国政就必须生起无分别的智慧，因此具有深深胜解的诸位对于此理非但丝毫不惧，反而会兴高采烈。

尽管中观的所有论典均开显了万法无自性，但对于无自性与空性可以理解成相似胜义与真实胜义的差别。按照真实胜义来说，远离一切戏论，如云："所谓空性是一无所见之异名。"对此生起定解之后万万不可再以无自性的词句来固步自封，其实"无自性"就是为了说明远离戏论之义。如《显句论》中讲述：有人言：没有任何给予你的财物，对方说：那么请将"一无所有"的财物给我吧。有什么办法能让他拥有不存在的财物呢？务必要清楚耽著空性也与之相同。

总之，心中具有万法无自性的执著相实际上是相似胜义的有境，而真实胜义完全是远离承认与戏论的，必须要以此来辨别清楚含义的要点，而单单依靠无自性的片面词句则无法认清。应成派与自续派的说法虽然圆融无违而于究竟的离戏要义中无二无别，但在辨别后得时按照自续派的观点将胜义分为两个则有便宜之处；如果悟入入定无分别智慧中，则无需分开，即建立大离戏的本性。只有通达了此理，才能掌握中观的究竟要点，否则实在是困难重重。

从相似胜义的角度而言，所谓的"生与无生"仅是相互观待而安立的，这两者如果以理分析，则同样不成立。如果明明能够摈除耽著境，却始终不放弃无生的执著，那么实难切合万法的法尔，由此生等的耽著也无法予以断除。

对方的想法是这样的：诸如拿"无瓶的执著"来说，如果所破瓶子的行相与排除瓶子相之分别念二者不存在，也就不能执著无瓶，然而无瓶的分别念是单空的有境。在没有瓶子的地方，所谓的瓶子在名言中也不存在，因此也体现不出缘起性空双运的意义。生等虽然在名言中存在，但实有的生绝对无有，这才是缘起性空的实相，由于是与之相符的智慧，因此对无生的执著永远不能推翻。

这种想法也不正确，正因为是双运，所以它的本体真如必然远离言说而住，否则，所缘境怎么会不成为存在的法呢？然而，凭借分别念将现空结合在一起而执著绝不会成为相合究竟实相的智慧。如果以胜义的观察理来分析，则不可推翻的名言之生与它上面的无生这两者同样了不可得，因此在真实胜义的这一场合里，应成派与自续派的密意完全一致。假设以名义的分别念执著所谓的“无自性”等已不复存在而仍旧不见实相，那么诸位圣者以远离分别念的现量也难以照见实相了。

如果对方认为在凡夫地时只是观修而已。那为什么不生起随同圣者的无分别智慧呢？

对方认为：正因为不能做到这一点，所以暂时不能舍弃执著相。

有谁让你们以强制性方法舍弃它了。但必须对不可思议的法性之理生起诚信。相反，如果一边认为甚深境界为何不是寻思的对境，一边将微妙的智慧行境带入心识的领域，则已丧失了如来教精华的要点。因此，千万不要执著容易相应自心的观点而舍弃甚深之法。如云：“对二谛之法理长久熟练，才能生起相合智慧之安忍[1]。尔时，对离心之境界稍稍诚信后，再借助修习方可现前。”对于佛菩萨们这段语重心长的金刚语加以思维，希望你们能放下以观现世之心固执己见与怯懦不前这两种心态而逐步趋

1 安忍：指谛察法忍。

入不可思议的智慧法理中。《楞伽经》中也说："有之对立无，有亦无对立，是故莫说无，亦不假立有。何者皆不生，不将有灭亡，见无世间相，彼无有与无。"

云尼玛吝派等外宗也声称："乳无酸奶先前无，酸奶无乳灭后无，兔头无角根本无，牛上无马相互无。"他们承许这四种"无"为异转物。从"有"的对立面而安立"无"相当于灭后无等三种。因此，无实也是从有实的对立面角度而安立的。假设没有确定石女与通常的儿子存在，那么所谓"石女的儿子"这一相似概念也无立足之地。单单依赖概念也能作为"无"的名言。兔角等也与之相同。"无"的对立面即是"有"。譬如，所谓"生"是从前所未有的角度而共称的，如果先前已有，则与产生相违；如果本有的"生"还要产生，则那一"生"同样会再度产生，结果就成了无穷无尽。由此可见，有无、有实无实、空不空等这一切，仅是以分别念来安立的，根本不是离戏法性的实相。

我们应当明白，一旦获得了无分别智慧以后安住于离戏的境界中，就会远远离开分别妄念动摇的魔地，而踏入佛陀所欢喜之道。《华严经》云："细微难知大仙[1]道，无念难观非念境，自性寂灭无生灭，敏锐智者方通晓。体性空寂尽痛苦，相续解脱同涅槃，无边无中无言说，三世解脱如虚空。"《宝积经》中也说："胜义中圣者妙慧与本智前，所知或所断或所修或所现前之何法亦无容身之地。"《海龙王请问经》中云："前际空性后亦空，生灭住法皆空性，此非有实非无实，是故诸法体性空。"《慧

1 大仙：指佛陀。

海请问经》中说："梵天，诸法皆不成立，谓有或无均不许。"《现智庄严经》云："诸知义者不说有，所谓无有亦不说，无答无有词句道，不依汝[1]前敬顶礼。"《摄功德宝经》云："设若明明不知而享用色、想、受、思[2]、识蕴，且分别谓此蕴乃空性，然菩萨享用相状而非于无生起信。"这其中已说明无论耽著有实还是无实均不合理。此经又云："何者非有称之无，诸凡愚观作有无，有无二者乃无法，菩萨知此得出离。"这一颂表明依靠断除二边的智慧度而出离一切见。此经复云："于生无生不分别，此乃享胜智慧度。"

《密严庄严经》云："所有任何见，凡众生所具，正为断彼等，而说空性理。虽闻空性见，有见若未灭，具无可救见，如药导致病。如焚干薪火，薪无火不存，如是见薪焚，空性火亦灭。见解灭尽时，生起正智火，能焚诸烦恼，惑焚极庄严。"《圣无尽慧请问经》中云："若问何为世俗谛？所说世间之所有名言、文字、语言与名称。胜义谛，即何法甚至心之运行亦无，更何况说诸文字相？"此处均是从能建立的角度而言的[3]。如是器情世界所享或所知色法等，能享的本体或知晓快乐等，总之无论是出自世间还是圣教，假立此为能知此为所知、此有此无等名言，凡以语言、文字名称来宣说的所有这一切均是世俗。胜义则远离内意言说与外语言说二者。

如果有人认为：意如何言说呢？

---

1 不依汝：指不依一切的佛陀。

2 思：行之一种。

3 此句的意思是说：无论是胜义还是世俗，不是从否定、遮破的角度来说，而是从肯定、建立的角度来说。

这一点经中有明示：佛以意为帝释天说法，以意答复偈颂。而且《大涅槃经》中也说："善男子弥勒，（超离）有无、非有非无之境界，一切声闻、缘觉无法揣度。"

据《圣等持经》中记载：往昔，世尊曾成为一名广闻博学之人时与文殊菩萨进行辩论，文殊说"有"，世尊说"无"，在"有、无"的问题上一直争论不休，结果没有得出一个正确的结论。后来他们下堕，而于无数劫中转生在食用铁球的地狱，从中解脱而值遇迦叶佛。迦叶佛关于有、无的二谛说道：诸法的自性不可偏断一者，你们所说的有与无并不符合事实，为什么呢？万法空性寂灭，此二谛既不是有也不是无，你们所了知的只是文字的内容，而不明甚深的意义，所以对于这样的意义，你们如盲如聋，又怎么会理解、领会如此甚深之义呢？听到此言，他们二人于静处禅修七日而通达了空性。

当然，能入定于不偏堕于现空的离边中观道是最好不过的。尽管将离一切边的法界空性执为有无的戏论进而相互之间视若怨敌的辩论者在藏地多如牛毛，然而（我们自宗）却能远离偏堕而修持、弘扬如来的正道，真是太有福气了。如实开显诸经藏中所说的意义、智慧卓越的圣龙树菩萨也（在《中论》中）亲言："有若不成者，无云何可成？因有有法故，有坏名为无。"关于异转物世间共称不存在的"先前无"等内容正如前文中所说的那样。

龙树菩萨（又在《中论》中）说："浅智见诸法，若有若无相，是则不能见，灭见安隐法。""定有则著常，定无则著断，是故有智者，不应著有无。”“一切实非实，亦实亦非实，非实非非实，是名诸佛法。”“若人见有无，见自性他性。如是则不见，佛法真实义。”（《六十正理论》中云：）“许诸法缘生，犹如水中月，非真亦非无，不由他见夺。”（《七十空性论》中云：）“一切常有者，非常非无常，常无常依性，其性岂能有。”“诸凡所说法，当知体性空，所谓空亦空，如是无不空。[1]”（《中论》又云：）“以有空义故，一切法得成；若无空义者，一切则不成。”“大圣说空法，为离诸见故，若复见有空，诸佛所不化。”“业烦恼非实，入空戏论灭。”“诸法实相者，心行言语断，无生亦无灭，法性如涅槃。”“自知不随他，寂灭无戏论，无异无分别，则名真如相。”

子二、说明言思是世俗之行境：

若依分别念，成俗非真实。

假设对方说：胜义自本体虽然超离语言、分别的境界，但众生由无始以来久经熏习而将无欺显现的这些现相执为破立的对境，依赖于分别念而认为有无等，正是为了在心中生起这种意义，才运用了无生等词语。

但这种“有”的分别念不是对境的本来面目，只是分别念的影像而已，因此除识以外再没有别的。识本身也不是真实的，这一点难道不是已经分析过了吗？再者说，未曾见到对境的实相之心是世俗的本体，它的行境是增益的本体世俗，所以无生等成为世俗，而不是真实的，如同树木等的词义一样。

1 诸凡所说法，当知体性空，所谓空亦空，如是无不空。此偈不知出自何论。

也就是说，此等诸法虽然是缘起、是无实、缘起与无实双运、离戏，但只是生起缘它们的词义相并不代表证悟了实相，原因是，需要真实或相似体验某一名称所表达的意义或者生起灭尽戏论的无分别智慧。（《入行论》中云：）“胜义非心境，说心是世俗。”宣说万法无自性指的是无遮，而非遮则是建立他法的本体，因此这两者结合并不具备双运的含义。对于所安立的显现无自性，如果理解成显现以外另有一个空性，则虽然口中声称是无遮，但实际却成了非遮。显现本身无而显现即是双运，这实在是莫大的稀有。

如是现空无别离言而住，究竟之义远离破立，因此说为离心。经中关于“胜义若成身语意之行境则成世俗而不成胜义”的道理有广说。所以，分别观待戏论之行境所破有法的法性——似乎异体的相似空性，已成了时间、地点等不同分类的形式，并且仅是以心假立的，由于此等尚未超越世俗与二法[1]的自性，因而不含有法界等性之义。因为万法本来无生无灭等故于超离一切戏论的法界中一味一体，无二无别、平等一味即是所谓的法界，也叫唯一真如。

辛二（遣除于彼之争论）分三：一、辩论自性若是空性则成众生皆现量通达；二、辩论若空而不现则成谁亦不证悟故因无义；三、辩论无自性不成宗法等故所立与因之名言不容有。

壬一（辩论自性若是空性则成众生皆现量通达）分二：一、辩论；二、回答。

---

1 二法：指二取。

癸一、辩论：

若尔已了时，彼性现量故，

诸愚何不证，万法此本性？

对方这样辩论道：比方说，现量见到无瓶的地方时，就会知晓在那一位置上不存在瓶子。同样，如果一切法的自性真是远离一切增益的空性，那么已经现量了达有法瓶子等之时，由于与其不可分割的本性必须要现量见到的缘故，一切不具正见、不明推理等的凡夫愚者为什么不证悟万法的这一本性或正相？如果未通达，则成了不是万法的自性，如果是自性，就不可能不证悟。

癸二、回答：

非尔无始心，严重增益法，

故非诸有情，皆能现量证。

尽管万法的自性原本如此，但事实上并非一切众生都能证悟。为什么呢？于所谓的“自此时起而此后无有”之边不可得（即无有前际后际之义）的无始轮回中三番五次投生的有情心相续，被执著万法之毒素所染并且屡屡串习的习气根深蒂固、极为严重，难以断除，因此虽然现量见到瓶子等，却无法了达它的自性正相，由于对某一对境的颠倒增益分别念所牵的缘故，并非一切有情均能现量证悟万法的自性空性，如同见到相续不断的同类事物而蒙蔽内心者无法证悟刹那性一样。所以，虽然并不是有一个与对境的自性空相违的不空法现前，但由颠倒妄念所染而导致颠倒执著，可见这一点并非以现量有妨害。此外，对于现量显现颠倒执著，耽著为有实，此法明明本不存在而加以执著，表面看起来似乎矛盾，令人感到稀有。可是，仅仅耽著现量显现这一点并不值得大惊小怪，而在明明看见牛与瓶子或者这两者之总相不存在的牛等形状时，淡黄派与食米派的邪慧者见到这些并不这样分别，反而妄执见所未见的"总"存在，这才是最稀奇古怪的。

壬二、辩论若空而不现则成谁亦不证悟故因无义：

以能断增益，能知之能立，

比量能了知，瑜伽王明见。

这一偈颂间接引出对方的辩题。

对方是这样认为的：诸法的自性虽然是空性，但如果对具有这一自性的法没有了达，则称其为自性又能有什么利益呢？谁也不可能证悟。

事实并非如此，听闻了上面所说的能断除或遣除对万法之自性的颠倒增益、能无误了知万法之自性的离一多因，并能进一步以如理思维此等意义的智慧进行比量推断的资粮道与加行道者，能以总相的方式了知万法的自性空性。作为极度修习此义的瑜伽王，以无倒智慧眼现量明显照见诸法的究竟平等自性。也就是说，以出世的智慧现量见到等性，即是一地菩萨。从此之后对法界的明现境界越来越增上，最终如理如实圆满地现前实相，即是如来。

依靠辨别诸法等性的三摩地等所生的无分别念垢的智慧通达内外万

法在未经观察似喜存在、无有实质，如同芭蕉树一般，一切增益的种子不得发芽，正如《大悲经》中所说："如于湿性芭蕉树，求精华者渐剖析，然内与外无实质，一切诸法如是观……"《因缘品》中也说："犹如伏魔树边花，世有实质不可知，比丘抵非彼彼岸，如老蛇皮旧蜕换。"意思是说，伏魔树边的昙花并非经常绽放，这并不是说在无花季节存在但由于细微而不见，而是本来无有才不见的。同样，一旦见到了世间根本无有实质可言，就能由轮回世间的此岸趋至涅槃的彼岸，也就是说弃离轮回。

本颂中辩答的这两偈说明了以下的意义：无始以来久经串习的实执难以打破，作为这些实执的对治法唯是理证的观察，只有经过熏陶这种理证的观察方能断除烦恼，如果未经熏陶，则无法断除，因此要集中精力加以修习……甚至心忽然间投入的贪执对境，也会不时萦绕心头而难以立即放下，更何况说无始以来熏习的烦恼呢？因此，我们了知正法的结果就是要对治畏惧、痛苦与烦恼，如果没有达到这种目的，也就失去了正法的价值，就像为了解除饥饿而烹调丰美的佳肴反不食用而饿死一样。我们如果对于一切法的自性空性，只是凭借理证的观察而浮皮潦草地理解，终将无济于事。为此，通过一缘入定而深有体会才是一切修行人唯一责无旁贷的事。如《因缘品》中也说："若虽具理多言谈，放逸之人不奉行，如放牧者数他畜，彼等不得沙门缘。设若具理寡言谈，然随法而奉行法，终能摈除贪嗔痴，彼等获得沙门缘。"如果对于微妙甚深的佛陀之诸道，没有想方设法以百般的理证努力（观察、分析），则无法生起相合真正实相的定解。由此可见，如森林起火般的闻思智慧只有借助精进之风与事势理才能将增益的密林尽焚无余。倘若如此，则既不会在盲修的黑暗中沉睡不醒，也不会以表面的广闻随着油腔滑调之风摇摆不定，放任自流。而会在胜乘的美宅中尽情品尝各种各样妙法的美味；依止真正的善知识令其心生欢喜；与诸多善良的道友朝夕相处，和睦融洽；对殊胜本尊信心百倍；对一切有情的慈爱心与日俱增；享受着现有如幻之戏剧的喜乐。如果达到了这样的境界，就说明闻思的果实已经成熟。希望我们也向往、追随如是诸位大德的足迹。如本论《自释》的结文中写道："愿我享境受用遣昏暗，真实正理伴随正智慧，为利他众恒时敬依止，文殊菩萨纯净之莲足。"

在此，对现证无我的瑜伽现量稍作分析，从本体、分类、释词与遣诤四个方面加以说明。

一、本体：此处的瑜伽现量之本体是清晰显现对境无我，换句话说，依靠修行而生的无念无误之识即称为瑜伽现量的法相。

二、分类：如果笼统地分，则有声闻、缘觉与大乘圣者三种现量。或者，声闻与大乘各分有学与无学，如此也就成了五种。缘觉的有学没有单独计算。如（《俱舍论》中）云："依于第四之静虑，一座间得菩提故。"也有个别宗派认为缘觉也具有学，但他们所承许的有学也超不出声闻与大乘其一，故而在此缘觉只算一个无学。这五种现量均有后得有现之瑜伽现量与入定无现之瑜伽现量的分类，由此共有十种。佛陀虽然入定后得无二无别，但可以从如所有智与尽所有智的反体角度而分。有现之瑜伽现量是指以神通见到，如（《俱舍论》中）云："罗汉麟角喻佛陀，次见二三千无量。"无现之瑜伽现量是指声闻证悟一个人无我，缘觉通达色法无自性，因此证悟一个半无我，大乘菩萨则圆满二无我，佛陀具有尽断一切习气的智慧。

三、释词：依照藏文，“瑜伽”是指心安住于真实义中或者与真实义相应；“现量”则指明了呈现。而在梵语中，“现量”的意思以“札德”与“阿嘉”相结合而称为“札德雅嘉”。其中“札德”，直接翻译则涉及“各自”等许多意义。“阿嘉”是根的意思。实际上就是依靠各自之根或者称为根依。从释词与说词的角度而言，例如，所谓的“海生”一词，对于海生莲花来说释词与说词兼而有之；而对旱生莲花来说唯是说词；海生动物只有释词而无说词。同样，这里的“札德雅嘉”一词虽然就释词而言是依靠根之义，但可涉及取自相的所有识。也就是说，根现量与意现量二者既有释词也有说词；自证现量与瑜伽现量二者只有说词而无有释词；迷乱根识虽有释词却无说词。

四、遣诤分为总说与别说，总说又包括因之辩论及果之辩论。其中第一因之辩论又有关于“本体”的辩论与关于“作用”的辩论两个方面。

（一）关于“本体”的辩论

有些外道说：“尽管久经修习，但最究竟的明现境界不可能出现。”

（在此以三相推理的方式驳斥对方的观点：）不离能修习证悟实空之智慧的方便而修行（有法），有朝一日可以出现究竟的光明境界（立宗），因为自之所依稳固并是串习自然殊胜之修行故（因），如串习贪欲与恐惧之心（比喻）。所谓的“所依稳固”是说前面的能力熏染到后面，致使后面超胜前面，前后连续不断之义。而并非前面对后面无有帮助。顺世外道等认为这一推量不成立，由于前后世不存在导致所依稳固不成立。对于他们的这种理论下文中再予以破斥。只要所依稳固修习就必然会越来越明显，如同串习贪欲与恐惧之心一样，这一点以我们自身的体验可以成立。

（二）关于“作用”的辩论

如果有人认为，即便有修习，但依靠无我却无法遣除三有（轮回）。

完全能遣除，作为一切果当然无因不可能产生。那么，轮回的因到底是什么呢？

大多数外道声称：业、身与心三者聚合即是轮回的因，如果已断除了其中任何一者，果就不会产生，如同无有水肥的种子一样。因此，为了使业与身体穷尽要在（身体上）百般苦行。

但实际上，依靠这种方式并不能断除业，因其无量无边之故。如果尚未断掉我执，即便断除了业，它也会再度萌生，其原因是，如同未铲除树根而剪树枝一样没有任何利益。如果断除了我执，那么就像干薪穷尽的火一样，业力自然泯灭，而无需另行遣除。可见，外教的道并不是消灭三有的正道。其实，轮回的因就是不晓诸法之自性的无明，尤其是俱生坏聚见。只要坏聚见存在，依靠它就必然有烦恼、业与痛苦产生；如果消除了坏聚见，则这一切都不得产生。这一点以事势理成立。因此，业与痛苦的根本即是烦恼，如（《俱舍论》中）云：“于许烦恼如种子，如龙树根与糠秕。”一切烦恼的根本即是坏聚见，如云：“一切过患之根本。”

如果有人心怀这样的疑问：对于（坏聚见）这一根本，能够断除吗？

能，因为坏聚见仅是增益而已之故。断除我执的对治法：由于慈心与不净观等可以与我执相应而存，它们之间并不相违。（所以，慈心与不净观等不能充当断除我执的对治。）而证悟无我的智慧却与我执完全相违，如同光明与黑暗一般。（因此，断除我执的对治法唯有证悟无我的智慧。）由于真能除假，故而铲除轮回之根本的道以事势理成立，就像种子虽无始但被火烧尽可见后际一样，轮回虽然无始，但如果证悟了投生轮回之障碍的无我，则它的后际成立。

第二，果之辩论，包括关于“断”的辩论与关于“证”的辩论两个方面。

（一）关于“断”的辩论

有些外道声称：“垢染是心的自性，因此无法断除。即便能够断除，但凡夫不知断除的方法。即便了知后能予以断除，它也会像衣服的污垢一样恢复如初，所以不稳固。正因为这一点而不可能出现断垢的永久解脱。”

驳斥：垢染根本不是心的自性，原因有二：其一，分别念是客尘而心的自性是光明；其二，明明知道去除垢染的方法证悟无我的智慧存在。倘若因已经根除，则会一去不复返，犹如薪尽之火一般，因此解脱是合理的。

（二）关于“证”的辩论

有些外道说：“无论心中如何串习空性与悲心等，都不可能成为无量。（以三个比喻可证实：）其一，无论怎样串习跳跃，也无法跳到无边际之处；其二，无论水如何沸腾也不可能变成火的自性；其三，无论金子如何熔化，但如果离开了外缘的火，就会再度凝固。”

驳斥：你们所举的比喻与此完全不同。其一，串习跳跃观待当时的努力而不能连续不断地增上，身体的力量是有限度的；而心有连续不断串习慈心等本体而有增上的可能，好似种子产生种子一样，心的自性无有限量。其二，水沸腾的时候，前面干涸之后，前后之间所依不稳固；可是作为心，前面的能力到后面会更为增进，而变成后面的本性，如同薪变成火的自性一样。其三，坚硬的金子有再度恢复的因——金子本身存在；而心不存在垢染再度恢复的因，所以不会复返，由于依靠对治已经断除之故，如同烧柴一样。

别说对于一切瑜伽现量的究竟之王遍知智慧的辩论，分为关于因的辩论与关于果的辩论两个方面。

（一）关于"因"的辩论

外道声称："除了恒常自然的遍知以外无法重新建立遍知智慧，由于它的因不存在之故。"

驳斥：禅定、悲心等的方便与无缘智慧这两者互为因缘，为此（如所有与尽所有）二智成立，原因是，以方便大悲的光明智慧作为近取因、空性妙慧作为俱生缘而成立尽所有智；相反，以空性妙慧的有境作为近取因、以方便大悲作为俱生缘而成立如所有智。未如实了知所知万法的自性即是所知障，其本体是愚痴。依靠与之相违证悟法无我的智慧等正如上文中所说的那样。通过分析可以证实遍知智慧是由因所生，以因与果毫不错乱及事势理可以成立我等本师为量士夫。如（《集量论》）云："敬礼定量欲利生，大师善逝救护者。"

（二）关于“果”的辩论

如果对方说：“一切种智不可能存在，因为一切所知无有边际，如果能了知无边之法，那么就成了已得边际，如此就成了颠倒之识。了知无边之法的心不可能存在，如同虚空的量无法衡量一样。”

驳斥：佛陀的遍知智慧并不是以定量“此边”的方式照见无边所知的，就像所谓的“虚空周遍”也能遍及无边无际一样，佛陀是在无勤平等一味中洞晓万法的。彻见的方式完全已逾越了观现世的樊篱。关于对佛在无分别念中了知以及三时中了知万法的道理生起定解的些许方式，我在其他论典中已阐述过。

在此，仅以观现世（量）来建立佛陀是遍知：能无误地宣说任何补特伽罗所追求之四谛这一主要道的取舍者即称为遍知，犹如百药聚合与众人云集之说一样。而无足轻重的昆虫之数目等对于希求解脱者来说没有任何必要，尽管佛陀本已一清二楚，但将这一切指示给所化众生又有什么用呢？即使已经说明，他们也无法将这所有的数目记在心中。因此，以事势理成立的如此本师是彻知士夫之一切利益的佛陀，这一点我们必须要承认。如果比量推断，则（佛陀对）其他一切所知也必定知晓，因为了知甚深微细之究竟义者无疑能通达粗大之法，如同能见到远处微尘的眼睛必定能看见近处的瓶子一样。

这以上建立解脱与遍知之道果的法理是追循理自在法称论师的观点，依照前辈诸位智者归纳的内容而稍作叙述的。

一般来说，破斥外道等辩方的观点，目的都不只是目光朝外的争辩，而是要认识到像这些外道等的主张，我自身也存在与之相似的颠倒恶念，之后以无垢破立的理证摈除自相续中一切恶劣习气与妄念，如“具智财者于他宗……”偈颂所说之义。并对自己的正道与本师生起坚定不移的诚信，因而这是最该深思熟虑的一件要事。

总而言之，铲除轮回的根本、建立解脱与遍知之因就是分析二谛的无垢智慧。这一智慧也不可能不观待修学等勤作像从天上掉下来、从地里冒出来那样平白无故地出现。因此，希求如此正道的诸位补特伽罗心中具足菩提心，最开始通过离一多理之方式善加观察内外万事万物的比量而生起确认万法无自性的定解。这一定解与对事物的颠倒分别之增益二者好似光明与黑暗般互相对立，因而，所断的一切增益是依靠此定解来遣除的，离开了定解的修行如同天盲衡量色法一样不切实际。所以，我时时刻刻合掌祈请安住在十方的一切修行人“修行一定不能离开定解”，同时也衷心祝愿你们的定解远离怀疑。如果离开了定解，则实在难以证悟真实义；如果离开了理量，则无法生起定解，这是希求正法的诸位学人该铭刻于心的窍诀。所以说，斩断怀疑是闻思的结果，胸有成竹是修行的结果，无有这两种结果的讲修仅仅是影像罢了。

顺便按照诸大德的教言对定解与增益稍作分析：

倘若对方说：“诸如对一个瓶子而言，无实的定解与分别事物存在的增益二者如果对境不同，则所遣与能遣的关系成为不合理，就像外面的光明与里面的黑暗一样。如果这两者的对境是一个，那么彼对境成立还是不成立？如果彼对境成立，则具有所遣不错乱的过失，由于对境真实之故，如正量一样；如果对境不成立，则能遣就不能成为正量，如同无有所量的增益一样。再者，如果对境是一个，则彼对境是真还是假？如果是真，则增益成了真实；如果是假，则正量也成了虚假。”

驳斥：未进行有实无实的鉴别而仅是以遣余之心认定的一个瓶子即是对境所量。由于耽著境是一个而无有“所遣能遣关系不合理”的过失。而执著方式是截然不同、各自分开的，因此安立正量与非量具有合理性。可见，定解与增益的真假也是以执著方式符合不符合（对境）而安立的，而只以对境一者则不能确定。

两个人的耳识中听到海螺的同一个声音，一人认为是常有，另一人认为是无常，二者自己所认定的执著方式与对境海螺声是以现量、遣余混为一体而执著的，因此正量与非量的对境成了他体或一体的过失是无有的。如果真正地通达了这一点，那么因明的许多要点都将迎刃而解。

如果对方进一步地说：“可是，定解与增益这两种心的本体到底是一体还是异体？倘若是一体，则如同剑不能砍自己一样，它们是所遣能遣的关系不合理；如果是异体，那么如同佛陀的智慧未遣除其他众生相续的无明一样，具有所遣与能遣的关系也不合道理。”

驳斥：仅仅对心相续来说是一体，因而不会成为异体的相续，由于二者本质迥然不同，因此也不至于变成自己对自己起作用。

对方又说：“再者，定解与增益（存在）是在同一时间还是不同时间？在同一时间存在不可能，因为具有所断与对治的两种分别念并存的过失；

如果时间不同，那么它们之间有所害与能害的关系不合理，就像白天的阳光与夜晚的黑暗一样。”

驳斥：这两者尽管由于时间不同而不可能接触，然而在一个心相续中首先产生增益，随后生起定解致使增益的相续无法再生，对此立名谓“遣除增益”。凡是作为心之本体的一切所断与对治无不与之相同，由于过去已灭、现在已成而对其不可能妨害，未来未生，也不存在所害的情况，因此刹那性的法不成立所遣与能遣的关系，但对于障碍所断的相续未来持续产生而假立为所遣与能遣的关系。

关于这一问题，有些人说：所断与对治于无数劫中并行不悖，菩萨圣者相续中的智慧与障碍的习气二者长久共存。

如果你们只是考虑名称也就另当别论，不然，如果实际并存，则以智慧又如何能遣除习气？所以说，菩萨圣者相续中各自障碍的对治与所断绝不会并存，所取与能取细微的迷乱习气怎么会是有学圣者其他智慧的所断呢？唯是金刚喻定的所断。如此看来，有关定解与增益二者从对境、本体与时间三个方面进行观察这一点也是非常有研讨价值的，因此在解释“诸比量能知”的偈文后加以探索。

壬三（辩论无自性不成宗法等故所立与因之名言不容有）分二：一、真实答辩；二、否则不合理。

癸一、真实答辩：

抛论所安立，分别有法已，

智女愚者间，共称之诸法，

所能立此法，无余真实成。

如果对方认为：那么，你们承认万法无自性而一口咬定说无有，如果事实真是那样，则运用建立它的因也成了画蛇添足，因为有法不成立等之故。假设认为不说能立的因，则仅仅是立宗而已，实际并不成立。如果说出因，那么由于因存在而导致万法不成无自性，如此一来就会矛盾重重。

这样的辩论实在肤浅，如是所安立的所立有法，其实是指抛开宗派论典中所安立或所提到的分别有法，也就是说并不将这其中的有法定为欲知物，而是将智者、平凡的女人以及愚者之间共现共称的一切万法确定为有法，所立与能立之因的此名言法，无余无有妨害而真实成立。

如果将论著的不同观点所提及的有法作为辩论的焦点，则由于共现的有法不成，而导致所有因不能证实有法。如此一来，具有所立与能立二法的比喻也不可能存在，故而所有因均成泯灭。假设论典中所提出的分别观点完全一致，那么还有什么可辩论的呢？辩论也将不复存在了。如果明明观点一致仍旧辩论不休，就成了不顾自宗一网打尽的结局。

癸二、否则不合理：

非尔事不成，此等如何答？

未鉴别万法存在、不存在的不同观点，而将显现许的欲知法认定为有法，如若不然，你们对“推理的事物不成立”“比喻不成立”此等问题将如何给予答复？根本无法予以答复。比如，佛教徒在外道徒面前，运用“声音（有法），是无常（立宗），万法存在之故（因）”或者“山上（有法），有火（立宗），有烟之故（因）”的推理时，如果将外道论典中所提及的分别有法认定为有法，那么他们必然认定为“山上”指的是有支的山，“声音”是指虚空之功德的声音，这种情况不可能存在，因而有法事物不成。由于有法不成，依赖它的因也不可能立足，如同兔角的花纹一样。结果与有法同品的比喻也不可能存在，最终所推断的有法与作为推理的依据或能立的所有因都将不成立。对于共现的事物与对它的执著方式细致分析而建立名言时，如果像对上述的定解与增益的对境所作的分析那样，自可掌握理证的核心。

庚二（遣除于世俗之争论）分三：一、总说能立所立之安立合理；二、别说前后世因果缘起之安立合理；三、以赞叹远离常断而结尾。

辛一、总说能立所立之安立合理：

我于显现性，实法未遮破，

如此能所立，安立无错乱。

我对于智者至愚者之间的一切众生共同耳闻目睹等具有显现性质依缘而起的有实法并未加以遮破。对此，如果依靠妙慧与智慧进行分析，则如芭蕉树一样毫无实质可现，因此否认在胜义中成立。由于未破显现的事物，如此一来，能遣除对有实法的颠倒增益，并且其无倒能立的比量之因、依此因所立或所推断的安立不会存在些许错乱、成为混乱的过失，为此无自性才得以成立。而反方的观点（此偈颂中）已间接体现，所以无需再宣说。其实，对方就是指将所谓的“无自性”理解成对此显现也予以否定的含义进而认为能立与所立的一切安立都不合理之人。

这里与总的一切中观是一致的，在说“不破显现”之时，千万不要理解成自性不空的显现另外存在。譬如，水月正在显现即是空性，而抛开显现后另外一个空性是绝不存在的。同样，空性也不需要理解成毫无显现之义，假设连显现也不存在，则它的空性也杳无踪影。因而，空性与显现二者相互之间一者无有，则另一者不可能存在，一者存在，另一者必定存在。存在的方式既不是像黑白线搓在一起那样各自分开存在，也不是像排除一者后另一者才接踵而至那样轮番交替，而凡是空性决定为显现，凡是显现决定为空性。如果对这两者永远无合无离的本相生起了即使千佛遮破也不退转的诚信，则证明对中观论典的闻思观察已臻究竟。从此以后，无论认真修行显密任何道，都已奠定了扎实的基础。

这里所谓的“不破显现”只是为了承认共现有法[1]而宣说的，但如果有人刨根问底道：“为什么不破显现呢？”

这并不是仅仅为了辩论而承许的，而需要彻底理解成与自宗观点不相违才“不破显现”的含义。如果通达了这样的道理，那么甚至在名言中也极其便于承认。由于不依赖于各种宗派的浓厚执著，因此可无有妨害而趋入世间共

1 共现有法：众生前共同现量所显现的法，如两个人共见一个瓶子，两个人共听一个声音。

称之理。如云："不依浓厚执，名言极成立，若知诸名言，于论义不昧。"

渐次趋入无分别的意义而确定中观之要义的道理（即中观的四步境界）：

（一）空性：初学者依靠离一多因等进行观察时，如果思维瓶子等了不可得的意义，则在未经观察的侧面存在，而一经观察则不存在，以思索这一实相的现空轮番方式显现空性境界。

（二）双运：当时，通过思维它的单空也不成立或者本为空性的同时即是显现的道理，从而对如水月般"现即是空、空即是现"生起殊胜定解。尔时，现出缘起性空无违的境界或者称为通达现空双运。

（三）离戏：彼时显现、空性这两者虽然在词句表达的方式中异体存在，但就本体而言丝毫也不可分割，对此无二无别的道理生起定解，破基显现与所破空性结合起来而执著的妄念自可消逝，现出远离破立而能自然安住的离戏相。

（四）等性：对于这样的离戏长久串习，从而观待有法的法性各自分开的偏袒所缘之行境得以清净后，对诸法自性等性生起殊胜定解而趋至究竟。如是空性、双运、离戏、等性即是中观的四步境界，依靠逐步修习前前而对后后之理生起定解。这些是极为关键的殊胜窍诀要点。

辛二（别说前后世因果缘起之安立合理）分二：一、略说立宗；二、以理广证。

壬一、略说立宗：

故无始有续，执实无实等，

同类之种子，以比量推断。

如上所述，虽然有实法自性丝毫也不可能存在，但（三）有中形形色色的显现却不可泯灭而纷纷呈现。因此，对于无始以来的三有之心相续，执著有实无实、自他等与本身同类的种子存在这一点，可以依靠因进行比量推断。如果以易懂的缀文法[1]方式将（此颂重新）组合成（实无实等念，同类之种子，以比量推断，无始之相续。）来解释，即柱子、瓶子等有实法与虚空等无实法是显现各种各样分别念的因，各自同类分别念的种子或者习气一直跟随无始以来的相续而存在，这一点凭借理证可以推断。也就是说，尽管在胜义中万法远离戏论，但有实法与无实法的戏论之想林林总总，以此完全染污了无有白法智慧之人的心，对于这样那样的无边显现，无因不可能存在，所以因需要存在，抛开各自同类的种子而以理无法证成其他因，是故唯有同类的种子才成立是各种各样的这一显现之因。

壬二（以理广证）分二：一、破非理观点；二、建立合理观点。

癸一、破非理观点：

此非以法力，以彼无有故。

万法之自性，详细尽遮破。

渐生故非客，非恒现非常。

如果有人想：这形形色色的显现，为什么不存在非同类之种子的其他因呢？

---

1 缀文法：即声律学，小五明之一，主要论述诗句组合规律各梵文偈句轻重音组合规律。

之所以不存在其他因是由于，假设瓶子等一切有实法独立自主而成立，则依赖它分别这样那样的现象固然可以产生。但实际上分别或显现瓶子等的这种情况只是了然现于心中，而并不是依靠另行异体存在之有实法的力量而呈现的，因为有实法本身不存在之故。

如果对方认为：这一理由（因）不成立。

答复：通过上述的理证已经对所知万法的自性详详细细地进行了全盘否定，你们为什么还说理由不成立呢？完全成立。一切有实法除了在自心前的这一现分以外独立自主是无法成立的，当然在真实义中，他们安立的显现也无有容身之地，就像无有印章的印纹一样。

如果有人想：那么，虽然有实法本不存在，但它是以无因而显现的还是依靠非有实法本身的一个其他因而显现的呢？

实际上这两种情况都不是，由于这些显现是次第性产生的缘故，显然不是在无因的情况下突然间随随便便而生的。如果在无因的情况下突然而生，则无论是偶尔性生还是次第性生均不合理，因为必然成了恒常存在或恒常不存在的结局，关于这一点正如前文中所阐述的那样。

如果又有人认为：瓶子等显现是由大自在天等其他因所造或者神我、识等常物所生又有什么相违之处呢？

有相违之处，因为无分别识与分别念前显现的形形色色的这些事物是刹那生灭的自性，而不是不灭不变恒常出现，是故绝非由一个恒常的因所生。

无分别识与分别念前各种各样、不可否认的显现许不可能无因而现。尽管因存在，但由外境有实法本身的力量或者有实法以外的因任何一者中产生都是不可能的事。因此，是由存在于心中的习气界完全成熟所导致的，这一点依理极明显能予以证实。

癸二、建立合理观点：

串习如意故，初由自类生。

刚刚所说的原因可以表明，内外的各种显现均是由串习的习气所产生，如同串习贪欲与恐怖之心一样。因此，前后世存在也同样成立，如是刚刚出生的第一刹那的心也是由自己前面同类的心所生，这一点以此正理可以证实。依靠这种方式，足可证明具贪者后世也存在的事实。就拿今生来说，以往依靠接触对境少女的感受之心，足能引发在相续中存留习气的如今也追求接触同样对境的心。现在享受这样交媾的心能引发将来的贪心。同样，串习任何事物无不是随着串习的力量而在后来现为明显不明显的情形，就像学习读诵等一样。

因而，正如具有贪欲者在屡屡作意对境的美女、懦夫反复作意蛇等可怕的事物，依靠一再串习的力量结果在他们前面他们所想的对境似乎真的了然呈现了一样，修禅、不净观等心的一切流转无不与之相同。因此，第一刹那产生的心既不是由外界事物的力量所生，也不是由常因所生，又不是无因而生，而是由分别本身前面的同类事物等所生，因为现在的此识分别有实法等的缘故。关于这一问题，《成量论》中宣说了名目众多的理证，但如果在这里一一写出，会造成文字繁冗，故而搁置一旁。其中的要义也就是说，明知之识的近取因是除了识本身以外的无情物等绝不合理。因此，以不观待心外他法的理由（因）建立前际无始的彼等要点，作者在此处宣说的这一理证已完全涵盖了。正如前际无始成立一样，未离贪欲的死心由于也与颠倒贪著我与我所的习气相联，所以能结生到他世的心，如前者一样。某法在因具全而无有障碍的情况下，无疑会生果，因而正如现在之前识产生后识一样，在死亡的时刻，作为因的根本我执以及由其所造的业与烦恼这些齐全，并且无有证悟无我的障碍，为什么不结生于三有中呢？由此可见，在尚未证悟无我之前三有就不会销声匿迹。光明的心却不观待我执等而是以本身前面的同类所生，因此，虽然证悟了二无我，但由于障碍一无所有、因完整无缺而不会退转。这种说法是诸位理教主（陈那、法称论师等）所共许的。

按照观现世量的观点而言，不清净的心虽然已灭、但智慧不会间断的道理，也需要依这种方式来建立。

这以上宣说了附加内容。如是名言总的安立不仅合情合理，而且依照所知内派（瑜伽行中观派）所主张的方式来安立名言这一点以事势理成立，并且能将不符合缘起事物之实相、抹杀因果之道的一切观点尽摧无遗。从而对因果之理超胜他道生起坚不可摧、牢不可破的定解。

有部宗等由嗔恨胜义之理的心态所左右而声称："主张万法无自性这是强有力否定因果等一切事实的观点，因此可叫做'全空灌顶派'。"并且他们说："如此损减因果者，以邪见摈诸善法，妙法稼雹虚空花，求善妙者[1]当远弃。"

1 求善妙者：小乘宗谓求自宗所许之善妙解脱者。

这些人由于未通达“万法自性存在则因果不合理、若无自性则因果更富合理性”的要点，因而他们的谬论依靠这种方式也能予以遣除。

辛三、以赞叹远离常断而结尾：

故诸常断见，此论悉远离，

灭尽及随生，如种芽茎等。

任何法在无因的情况下不会生果、倘若因具全则果不会消失的无欺因果缘起的现象原本如此，故而我们应当了知，一切有实法非刹那性的常见，与有实法无有因果关系相续断灭的断见，在安立二理的此中观论典中不相共存，悉皆远远离开，就像在光芒下黑暗无机可乘一样。

由于常断见是依赖有实法而产生的，因而在胜义中连有实法也不存在又岂能有常断见？可是观待世俗本身的常断也不可能存在的道理如下：前前之因刹那灭尽，以及后后之果随着因而产生，如果因应有尽有则必定生果的这一连续不断的因果规律用比喻来说明，即如同种子生芽，芽中生茎等一样。如《宝云经》中也说：“菩萨如何精通大乘？菩萨皆修学一切学处，不缘修学、亦不缘所学之道、亦不缘学者，依彼因、彼缘、彼事亦不堕入断见。”又云：“善男子，于此菩萨以正慧而分别色、分别受、想、行、识，若分别色，则不缘色之生，不缘集。不缘受想行识之生，不缘集，不缘灭。亦即以分析胜义中无生之智慧，非是于名言之自性中……”

粗常断见：执著有实法非为刹那性是常见；诸如认为现在的蕴不生后世的蕴或者业中不生果，进一步地说，虽然有实法的因存在，但它却不生自果，这种执著为断见。能遣除如极险悬崖般外道所执的这种恶见的对治法，即认定一切有实法刹那灭尽、如果因样样齐全则必定生果的道理。也就是说，认定前因的刹那灭尽非但不是断见，反而是遣除常边的对治法。认定由因中产生后刹那的有实法非但不是常边，反而是断见的对治。这两种对治法虽说是符合名言实相的执著智慧，可是仅仅依靠这一点还无法如理生起出世间的见解，因此必须要通晓万法无自性。

这时便出现了观待空性的常断见：也就是指执著万法实有（的常见）与甚至名言中也不存在（的断见）。

彼之对治：以名言存在作为遣除无边的对治，它不是有边与常边。无自性是遣除有边的对治，它不是无边与断边。尽管如此，但“有与无”的这些执著仅仅是所取能取分别念的自性，因而仍旧需要生起入定的无分别智慧。

当达到超出如是“有”“无”分别念的无分别离戏等性的境界而灭尽一切执著相之时，执著名言存在、自性无有的戏论二边也将一并远离，当时，边执见荡尽无余，从而摈除了一切见解。由此可见，遣除粗边、细边、极细边的前前见解作为后后见解的基础，当离戏达到究竟之后也就是符合至高无上之实相的见解。

如云“有无此二亦是边”等，应当明白入定无二的智慧与后得辨别的妙慧对应所遣之细粗边的方式。

戊三（如是通达之功德）分三：一、证悟胜义无自性之功德；二、世俗显现起作用之功德；三、修习二者双运之功德。

己一、证悟胜义无自性之功德：

通法无我者，串习无自性，

颠倒所生惑，无勤而断除。

依靠正理抉择而远离怀疑通达补特伽罗（人）与瓶子等所知万法无我之理的诸位智者，屡屡串习、熟练无自性这一法要，结果对于颠倒增益有实法之实相的二我有境分别念所产生能障碍、束缚心的一切烦恼，总有一日能在无有刻意勤作的情况下如同阳光下的黑暗一样自然而然予以断除。

再进一步说：初学者实执的串习力十分强大，以前未曾熟练修过对治法，所以似乎无论再怎样刻意勤作也无法断除。一旦对治的串习力猛烈，则无需励力勤作而自然生起对治、灭除所断。最终所断完全穷尽之后一切所知相（即万法）之自性如同庵摩罗果置于手掌中现见内外透明一样，这一点以事势理成立。对于具备有境之智慧者来说，遮障对境一切所知的细微障碍也不存在，无碍洞晓之因齐全。同时依理也可证实一切道即是所断之对治。如龙树菩萨言："若有实承许，难忍贪嗔起，恶见普受持，成彼所生诤。彼为诸见因，无彼惑不起，故若尽知彼，见惑悉清净。谓谁了达彼，现见缘起者，依缘生不生，正智佛陀说。"又如《月灯经》中说："贪欲之念、所贪之法与贪者无迹可见。"

所断（烦恼）不可能有再度返回来加害对治的机会，如《释量论》

云："无害真实义，颠倒纵尽力，不能遮自性，觉持彼品故……"按照一般共称之五道十地的安立，应从他论中了知。

下面略述断除所断之方式的附加内容：关于证悟二无我的智慧断除所断的要点，大乘的诸位祖师密意绝对是互不相违而趋入的。稍许说明此等道理：总的来说，十地的智慧不可思议，它们的所断——颠倒的伎俩也是变化莫测，不可计量，所有经中也以多种方式加以教诫。从总的方面而言，烦恼障与所知障定数为二以事势理成立，正因为士夫所追求的是殊胜解脱与遍知佛果，所以（烦恼障与所知障）是从障碍解脱与佛果的角度而安立的。一般来说，障碍的定数也为二，除此之外无需再安立其他一个障碍。《辨中边论》中云："所说烦恼障，以及所知障，彼摄一切障，尽彼许解脱[1]……"一切经论中异口同声地说除了这两种障碍外再无有第三种障碍。所有极细微的习气实际上是对如实现前所知（万法）之自性从中作梗的障碍，因此超不出所知障的范畴。

什么法障碍解脱呢？

我执、我所执等一切烦恼障碍解脱。

什么法障碍了知诸法呢？

是以未现前一切法之自性的愚痴来障碍的。

关于烦恼障与所知障二者的差别，虽然在各论典中出现了因、本体、作用等许多类别，但实际要点是一致的。

1 此偈唐译为：已说诸烦恼，及诸所知障，许此二尽故，一切障解脱。

归根到底，漂泊轮回的因中占主导地位的就是贪等一切烦恼，这所有烦恼中无则不生的根本就是俱生坏聚见，这一点以理也可成立。同样，具有人我执之根本的一切烦恼是烦恼障。未如理如实了知如所有与尽所有之诸法即是对万法之自性愚昧不知的无明，因此具有法我执之根本的一切粗细愚痴即是所知障。

深入彻底地通达了原本如此的内容后再与实修正道的阶段相对应，我执所生的悭等六度各自的某一违品如果存在，则不能趋入对治法的各自波罗蜜多中，这是烦恼障。虽已实行六度，但具有未证悟法无我之法我根本的三轮实执分别念即是所知障，如《宝性论》云："三轮分别心，许为所知障，悭等分别念，许为烦恼障。"由此可见，如果证悟了人无我，则具有我执之根本的一切烦恼将不复存在，这一点以理成立。如果见到了无我，那么由耽著彼所生的贪、嗔、慢等就不可能有立足之地；如果我执存在，则这些烦恼必定得以立足。《宝鬘论》中云："何时有蕴执，尔时有我执，由我执有业，由业而有生。"《释量论》中也说："有我则知他，我他分执嗔，由此等相系，起一切过失。"又云："是故贪著我，尔时当流转。"又如《入中论》云："慧见烦恼诸过患，皆从萨迦耶见生……"

这样的我执是依靠对治法证悟无我的智慧来断除的，在见道中，断除于现见真实法性谛实义起颠倒的一切遍计部分，从此以后在修道中断除俱生部分，有关遍计与俱生的一切内容要点当从他论中得知。

所以，声闻、缘觉唯一修持烦恼障的对治法——人无我，从而能灭尽一切烦恼，如同薪尽之火一样不再存在（三）有的运行，永远不会重返轮回，可是，由于未圆满修行法无我而致使没有断除所知障。一般而言，障碍所知之自性的所有愚痴均可以用烦恼之名来称呼，但这不是指烦恼障所知障二者之中的烦恼障。关于诸如此类的情况，辨清场合在何时何地都是至关重要的。

大乘圣者从见道开始同等断烦恼障与所知障，而在八地的阶段，以无勤趋入对境法性的方式连我执的细微运行也予以灭尽，结果灭尽一切烦恼障，从此以后在三清净地唯一断除二现[1]习气或者所知障。然而对境法界无有细微障碍阻挠的等性境界，除了佛陀以外，有学者是不可能达到的。《入中论》中也说："净慧诸过不共故，八地灭垢及根本，已净烦恼三界师，不能得佛无边德。"这种方式并不是应成派独一无二的观点，实是出自大乘的所有经藏，也是诸大祖师的一致观点。

承许不清净七地唯一断除烦恼障的宗派虽然在此藏地也有出现，但由于对治法即证悟二无我的智慧存在，而为什么不断所知障呢？《辨中边论》云："于法界无明，十种所知障，十地诸违品，对治即为地。[2]……"应当按照一切经论中所说十地各自的所断均有所知障来理解。

此宗派认为断所知障的起点是从八地开始，而且承许声缘阿罗汉已圆满地证悟了法无我并且已断尽一切烦恼。

对此，其他智者进行反驳道：倘若果真如此，那么声缘阿罗汉趋入大乘时在不清净七地获得对治之智慧时就成了无有所断，彼地的无间道是什

1 二现：指二取。

2 此偈唐译为：于斯十法界，有不染无明，障十地功德，故说为十障。

么的对治，解脱道又从什么中解脱，此等也无有立足点了（意为无间道与解脱道也将无法安立）。再者说，菩萨具有无量大悲方便，在两大阿僧祇劫的漫长时间里修习无我，结果所断的法，声闻、缘觉本来远离方便而修行却在三世等短暂的时间便能断除，如此看来，小乘与大乘相比将更快速地成佛了，通过诸如此类的多方面分析而遮破对方的观点。

双方的诸位辩论对手都是具有超凡妙慧的智者，对于他们之间理证技艺较量的精彩表演，我们当以不偏不倚的雅兴来尽情欣赏。

如是烦恼障与所知障不是偏颇而存在，对治法二无我也并非不能混淆。全知荣索班智达（在《入大乘论》中）如此说道："如果有人认为：观察苦谛与集谛的这些所断烦恼到底是一体还是异体？假设是一体，则后面的对治成了无有意义；倘若是异体，则缘所有界、趣、法的异体烦恼均需要断除，结果无法断除。对此应当这样答复：一切烦恼均是来源于我见之处，而产生于实执、相执的对境中，在具有这些烦恼期间，所缘有多少，烦恼也将产生多少。一旦（如幻师般的）我见之依处土崩瓦解，则由于无有幻师而使他所幻变的一切烦恼魔术均销声匿迹，因而此等烦恼已脱离了一体与异体的关系。可见，只是为了调化耽著自相与共相的诸声闻学人，（佛陀才将）轮回分为因（集谛）与果（苦谛），涅槃也分为因（道谛）与果（灭谛），以此差别而归纳分成四谛，缘这种差别，智慧与烦恼也就分成了异体。实际上，一切智慧均是一体，就是指的证悟诸法为无我的智慧。同样，一切烦恼也都是一体，也就是指对于我的愚昧分别。所以说，凭借缘补特伽罗（人）的智慧不能断除烦恼，而缘法的智慧也需要借助遣除颠倒之戏论的力量方可断除烦恼，而以有实见不能断除。

如果有人问：既然声缘尚未离开处于有缘之地的有实见，他们又如何能灭尽烦恼并证得菩提呢？

对此应当如是回答：虽说一切声闻自宗承许灭尽烦恼并获得无为法（抉择灭），但大乘认为：烦恼的有实法已灭而随眠习气未灭、尚未超离异熟之蕴的补特伽罗，已断除了一切结生三界的情况，因而称为灭业寿之众生。正如《普明幻化网续》中‘尽离方便慧，耽著外实法，一切小乘者，岂得无上果？’对此答云：‘菩提说二种，有余及无余，有余蕴本体，尽焚诸烦恼；无余无习气，清净如虚空，菩提即如是，诸佛方便说。’应当依此而了知。

此外，如果有人提出质问：论中说菩提是尽智与无生智，具有无为法者即是圣补特伽罗。既然说菩提共有三种，那么它们的尽智与无生智到底是指什么[1]呢？

对此答复：断除结生三界的一切烦恼者即是阿罗汉；无论何法，集谛的法（顺行十二缘起支）了知为灭尽彼等（逆行十二缘起支）之法者即是缘觉；尽断习气结生的一切烦恼者即是无上真实圆满菩提。”正像全知荣索班智达所说的那样，怙主龙树与月称论师等大德可谓是异口同声，意趣一致。一切烦恼归根到底唯一是愚痴，它的微细部分绝对是十地末际之金刚喻定的独一所断。

1 此句义为三菩提灭尽什么、获得什么？

一切法的究竟实相也不可能逾越真如佛智的唯一境界，如实照见的智慧也是唯一的，即是独一无二的一切种智。为此，金刚乘中说“佛与众生仅是觉与未觉的差别”，依此也能认识到金刚藏的甚深之处。正因为这一点，声闻、缘觉、菩萨依次照见实相的障碍越来越清净，诸位菩萨也是以地的差别而呈现逐步向上的趋势。最终如实现前实相、究竟断证功德者即是佛陀。因此，证悟实相的意义就是智慧。

由此可知，从断除障碍实相的角度而言，照见对境法界是以清净的方式而进行鉴别的。正由于原本如此，因而所有经论中三令五申宣说的成立究竟一乘之理的摄义就是这样。月称论师也说：“离知真实义，余无除众垢，诸法真实义，无变异差别，此证真实慧，亦非有别异，故佛为众说，无等无别乘。”只有以确凿可成的理证才能证实究竟一乘，否则无有建立一乘的方法。

所以说，一切声闻阿罗汉并不是断证究竟的菩提，这是众所承认的。究竟的解脱涅槃唯有佛陀，如《宝性论》中云：“故未得佛果，涅槃不可得，如离光与光芒，日轮永不见。”

其实，声闻、缘觉断除烦恼也是以圣者的智慧来断除的，因此不会有以业惑再度退转（为凡夫）、投生轮回的情况，因为他们是灭尽业寿者的缘故。不仅如此，而且即便未灭尽所断的种子，但获得忍位后不再堕入恶趣等也同样是合理的。大乘圣者一地菩萨现量照见真实义而永远不可能再有颠倒的增益，尽管尚未断除串习的细微俱生所断（俱生烦恼障），但如同蛇腰折断即不能立起一样，依靠业与烦恼身不由己而投生三有等情况是绝不会有的。如云："与圣道相系，摧毁坏聚见，修道智所断，说为如褴衫。"获得圣地之后再也不需要以业惑的依他起而在不清净的世间受生等，可是以大悲心的驱使而在不清净世界中受生为四生随应平凡世间而示现来利益有情，如（《宝性论》中）云："已见真如故，生等已超离，然以悲示现，生老病死等。"受生之因：住于不清净七地的诸位菩萨主要是以善巧方便、悲心、愿力而受生，而住于清净地的诸大菩萨则以自在的智慧而示现投生等。

如果有人提出疑问：既然这些大菩萨是为了利他而示现投生等，那么当时他们身心是否具有自相的苦受？

关于这一问题，正如《经庄严论》中所说："观法如知幻，观生如入苑，若成若不成，惑苦皆无怖。自德利众喜，故意幻化生[1]，自严及自食，园地与戏喜，如是四事业，悲者非余乘。极勤利众生，大悲为性故，无间如乐处，岂怖诸有苦？"

如果又有人问：即使诸地的所断就是如此，但从对治之智慧的角度而言，声闻、缘觉阿罗汉到底有没有证悟法无我？

对此提问，全知法王无垢光尊者（于《如意宝藏论》中）说道："关于声闻、缘觉有没有证悟法无我的问题，尽管前代的诸位阿阇黎展开过辩论，但自宗认为，正像声闻部中以前也出现过说有我、说无我的两派一样，虽然（根基）千差万别，然而对于获得阿罗汉者来说，未证悟蕴执无我不可能证果。可是，正如诸经藏中所说，他们的无我如同芥子为昆虫蚀食的

1 自德利众喜，故意幻化生：此两句在唐译文中无有，依藏文而补译。

内部空间般范围微不足道，并未圆满无我[1]。”能说出如此精妙绝伦之善说的人，可以说在整个藏地雪域前所未有。在此对这些意义稍加说明：以中观理彻底断定之时，法与补特伽罗（人）二者只是空基有法的差别，而在空的方式上无有任何差异。所以，依靠蕴执而假立之“我”的俱生我执的耽著境如果尚未摈除，那么单单断除了常我是不足以断除烦恼的，这一点以理成立。因此，见到法的部分孤立的“我”为空性，也可立为证悟法无我的名言，就像“犹如海水饮一口（可以说是饮了海水）”一样，经中也说“声闻、缘觉也有证悟法无我”。对于畏惧空性而理解人无我的声闻、缘觉来说，如果舍弃空性，那么连自果的解脱也不能获得，因为经中宣说了三菩提是依靠证悟空性而得的道理。然而，这些声闻、缘觉阿罗汉并未圆满证悟所知为无我，就像虽然喝了一口海水，但整个大海的水并未全部进入腹内一样，诸经论中是以“微量”而加否定词的方式说“未证悟法无我”。

那么圆满法无我又是怎样的呢？所谓的“法”涉及十种含义，但此处是指所知，即有实法、无实法，有为法、无为法等一切法。如果了知这一切法为空性，则已圆满了法无我。《入中论》中云：“如是广宣说，十六空性已，复略说为四，亦许是大乘。”这里所说的是大乘之道。

如果有人认为：声闻、缘觉倘若已了知一法的空性，为何不通达万法皆空呢？

---

1 此处所引的内容与堪布根华在《定解宝灯论浅释》中所引用的基本上相同，但词句上却有所不同，不知何者引用的是真正的原文，请观察。

这种想法未免有些幼稚。实际上，虽然万法之自性本已安住于空性中，但如果了知一法空，则不一定就能见到万法皆空，由于声闻、缘觉只是耽著一个人无我而不希求法无我，而且内外善知识、行为、回向之缘不齐备致使证悟缓慢。

就像受持大乘之教理者也是根据智力的不同而有圆满抉择与未圆满抉择法无我的差别以及在修行过程中也有能如实修行离戏与不能如实修行离戏的差距一样，而经中所说的“何者若见一法之真如，则见一切悉皆如是”，实际上是就能够见到一切法同样安住于真实等性自性中的补特伽罗而言的。

此外，所有补特伽罗如果了知一法为空性便需要立即通达万法皆空，那么依靠证悟了外境微尘为空性的智慧也需要将诸法抉择为空性。如此一来，中观派所有广泛的理证都成了无有意义。就连希求法无我并为内外善知识所摄受的诸位大乘圣者尚且在一阿僧祇劫中不能现见法无我，那么与之恰恰相反的声闻、缘觉就更不必说了。如果始终咬定见到一法为空性就必定见到万法皆空，结果（声闻、缘觉、唯识、中观）四种宗派都通通变成了唯一的中观派，倘若果真如此，那该是一件多么容易的事。当然，声闻、缘觉阿罗汉有朝一日也需要证悟（法无我），在一万劫的末际，他们依靠佛陀的威力劝请而从灭尽定的境界起定步入大乘。

所谓的“法无我”也是指的证悟所有一切法为无我，而只是证悟其中任意一者并非就圆满了法无我。由此可见，只有证悟了有实无实、真实非真实凡是可以作为心之对境的法均无有自性后圆满十六空性之有境——

远离一切执著边之圣者入定智慧的那一对境才称得上是法无我，此法无我是超离有实无实的空性离戏等性，而并不是指遮破了真实的有实法而无法超越以非真实的无实法本身作为心之依处，成为否定性、遮破性、分别念之对境的单空。

所以说，尽管声闻已将人我彻底断定为空性，但是彼之有境——如此相似的智慧与大乘远离一切边的入定智慧比较起来，则有着大海与牛蹄迹水或者虚空与芥子为昆虫所食之内部空间般的悬殊差距。正因为智慧有同样的差距才使道也出现了高低之别。倘若证悟无有差别，那么所断也不应该存在着差异。所断如果不是随着证悟而存在、灭尽，那么建立所断与对治的智慧二者相违的正量将不复存在。这样一来，道果的安立以正理也不可建立，这实在成了莫大的损减，因此这种观点无论如何也难以令人认同。

可见，在具有所断障碍的同时如无障碍般证悟或者本不存在所断障碍却如障碍般未证悟的两种情况均不合理，就像承认存在黑暗的同时太阳升起或者太阳高挂却不见色法一样。因此，对于讲真理的人来说实是不合适宜之举。

如果有人问：那么月称论师为何举出经中所说的一地菩萨不能胜过声闻、缘觉的智慧来作为声闻、缘觉证悟空性的依据呢？

这其中的意思应当如此解释：声闻、缘觉如果仅仅连缘起性的我也未见到，则与外道相仿也不会变成圣者，由此（菩萨）该胜过声缘。但是，已见无我的这些圣者具有缘行[1]而入灭尽心与心所之运行的法界中（灭尽

1 缘行：指有入定、出定的执著。

定），从这一点来说，六地以前的菩萨与声缘阿罗汉无有差别。七地菩萨以无行[1]入真实灭尽定的方式使得智慧也超胜他们。

对此问题，仁达瓦大师等论师以充足的理由而认为，智慧胜过的这一道理是指能否刹那入、出灭尽定的差别。

智者索朗桑给则以理证驳斥此种观点，说明其极不合理，进而阐明自宗的观点：相执不复产生的有法（能力）在七地时已获得。

虽然对此说法各一，莫衷一是。但我本人认为（以上说法并不相违，这一点佛经中有明显记载），《圣楞伽经》中云："大慧，自六地起，诸菩萨大菩萨及诸声闻、缘觉入灭尽定，七地心为刹那刹那性，诸菩萨大菩萨遣除诸有实法之体相而入定，诸声闻、缘觉并非如是。此等声闻、缘觉入灭尽定堕入具现行之能取所取相中。"见到佛陀亲自解释自己之密意[2]的此经便可打消疑团。也就是说，声闻、缘觉阿罗汉入共同灭尽定[3]，而菩萨则从六地开始入此定。虽然在这里有许多要讲述的，但只是简要说明到此。

总而言之，法无我的范围中已包含了人无我在内，虽说人我已包括在法我中，但由于主要转生轮回的因就是人我执，因此只要打破人我执，就可以免除以业惑而投生三有的后果。

那么，依靠什么道来打破人我执呢？

---

1 无行：指无有入定、出定的执著。
2 自己之密意：是指在《十地经》中所说之密意。
3 共同灭尽定：指小乘所许的灭尽定。

需要依靠通达补特伽罗（人）为空性来打破。

以怎样的方式来打破呢？

只要通达了俱生我执的对境——依靠蕴执或所缘境之蕴而假立的“我”除了依缘假立或缘起或者依缘而生的本体以外丝毫也是不成立这一点，便可如同去除将绳子视为蛇的执著一样推翻我执。而诸多微尘、诸多刹那的部分与俱生我执之执著相的耽著境直接相违，因此了知（俱生我执与遍计我执）这一切均以我而空并进一步修习，即可从根本上消灭我执，依此所有烦恼也会杳无踪影，仅此便能从轮回中获得解脱。而小乘行人不希求、不修行其他法为无我（之道），当然也就不会有现前法无我的结果。由于法无我不存在，也就不会有遣除所断所知障的情况。

自相续的蕴相续与蕴聚合仅是从未以智慧加以分析这一点而假立、执著为“我”的。所以，如果没有以智慧对这些蕴分析、剖析成多体，甚至人无我也无法证悟，由于缘假立为我之因——蕴的缘故。《宝鬘论》中针对声缘而宣说了蕴是多体聚合之自性故胜义中不存在的道理。《阿含经》中说“观色如聚沫”等（等字包括观受如水泡，观想如阳焰，观行如芭蕉，观识如幻事），按照经中的意义，通达蕴本身是对多体之分而假立的道理者即能圆满人无我。《入中论自释》中在解释“无我为度众生故”这一颂词时说：“人无我是为了令诸声缘解脱而宣说，为了诸位菩萨获得遍知佛果而宣说二无我。声闻、缘觉虽已见到依缘而生的缘起性，然而彼等却未圆满修行法无我，仅有断除行于三界之烦恼的方便。彼等完整修行人无我可以立足。”依此教证也能确定声闻、缘觉并未圆满证悟法无我。如果在尚未圆满证悟法无我时不能断除烦恼，那么声闻均未圆满修行法无我又岂能断除烦恼呢？因为（法无我与烦恼）这两者是随存随灭的相应关系，依据正理也同样可证实这一点。

关于单独依靠人无我断除烦恼之理，在《释量论》与《中观理论集》中说明得十分详尽，并且依靠七相车理[1]等道理足可证明即便未圆满法无我也有证悟人无我的事实。通过修习人无我最终也能成就究竟的明现智慧。

总之，我们应当清楚，无边资粮等殊胜方便之因如果不齐备，必定不会生起殊胜证悟，一旦因完整无缺，自会生起一地等殊胜证悟。当生起了这种证悟时，与之对立的所断也将无影无踪。如果离开了所断，则与之相对立的功德也将圆满齐全。这三者（证悟、所断、功德）之间必定是随存随灭的相应关系，否则就可能出现其中何者存在、何者不存在等类情况。如此一来，在声称“断除一切所断而未证一切所证等各类情况均会出现”的辩方面前，我们通过事势理的途径来正破也成了无有宣说的余地，这一点实难令人承认。

简而言之，如果（认定）声闻、缘觉圆满证悟了法无我，则难以避开所有佛经、注疏的教证以及成百理证的妨害。大小乘的见道等道果的功德有着太阳与萤火虫般明亮不明亮的差别。我们应当了知，这些功德是依靠证悟的智慧光而进行区分的。对于有智慧的诸位学人来说，只是这般简明扼要讲清理证的要点就已足够了，而要引导固执己见者却有一定的难度。

---

1 七相车理：以车喻我，由七种道理进行分析——车与零件是一，是异，是零件依车，是车依零件，是车中有零件，是零件累积为车，是其总形为车？如是确定车无自性，人无我性亦复如是。

一般而言，此类问题是三乘道的关键所在，如果将（龙树与无著菩萨）二大祖师等大德对于此理的密意执为似乎相违，则心里总会有刺痛的感觉。无论任何人也好，如果将诸大祖师的意趣要点如同米饭中拌上三甜一样融会贯通，轻易消化理解，从不泛起想对别人说长道短的唾涎，也不会有见异思迁羡慕他宗的需求，身居自己的床榻，内心怡然自得，那么就证明闻思的的确确已获得了卓越的成效。如云："人人不喜我意足。"

诸位，追随师君三尊[1]的前译派的行人们，我们幸运地拥有了前译这么多、这么好的如来纯净无垢之佛经、六庄严以及传承上师的论典，要想闻思，这些已经足够了，而一味喜爱随声附和又有什么用呢？衷心希望你们恒常与（本派的）上师、本尊与大德之论典的光芒相依相伴。

己二、世俗显现起作用之功德：

因果有实法，世俗中不遮，

染污清净等，安立无错乱。

诸位有实宗论师说：如果无有自性，则诸如染污与清净的差别，如是善与不善、业因果、顺行缘起与逆行缘起、所量与能量、由因所生立宗之智所生能生等所知因果各自的法性则无法互不混淆而安立。

作者正是为了清除诸如此类所有的劣意谬论而阐明因果的合理性才宣说了这一偈颂。能生之因与所生之果的有实法能起作用的无欺显现，仅仅在世俗中存在这一点并不遮破，实际上是以名言量衡量而安立的，所以

1 师君三尊：即莲花生大士、静命菩萨与赞普赤松德赞。

染污、清净等因果随存随灭的一切安立各自法相均不失毁而存在，丝毫不会因为（胜义中）无有自性而导致世俗的这些法相有错乱、混淆之处。

如果对方认为：倘若（你们中观宗也承认）一切有实法的法相能够完整无损地安立，就与我们的观点一致了。

你们承认如此显现在胜义中成立，倘若果真如此，从极微直至识之间建立起一体或多体的自性，请将我们前面所说的一切过失给予如实答复，当时如果无有任何理证妨害而成立，那么我们将随着你们并且承认"这些有实法在胜义中也是真实不虚的有法"。或者，你们也随着我们所说的理证而承认此显现也是虚妄的，这样你我双方才真正称得上是观点一致，否则无法说"观点一致"。

如果对如此自性空生起真实的定解，就一定会对因果生起永不退转的诚信；相反，倘若将因果理解成似乎不合理，则称不上是中观所说的空性，认识到这是断见取名空性之道后，应当弃之千里。如阿阇黎龙树菩萨亲言："不明空性义，唯一行听闻，不造何福德，彼等劣士毁。业之果报有，众生亦尽说，彻知彼自性，亦说为无生。如为世间众，佛说我我所，一切蕴界处，皆以密意说。"并且阿阇黎在其他论典中也讲述了空性极其深奥，难以洞察，所有智慧浅薄者如果颠倒理解则遭殃的许多道理。

己三（修习二者双运之功德）分二：一、略说获得清净资粮；二、广说彼理。

庚一、略说获得清净资粮：

如是而安立，因果此法故，

福资无垢智，此宗皆合理。

由于如是安立了无自性之理的因果此法，故而，布施等一切福德资粮与无有愚昧之垢的智慧资粮圆融双运的正道，对于此（中观）宗来说都是合理的，而对于有实宗来讲极不合理。也可以说，了知尽管在胜义中无有自性但世俗现分之无欺缘起的本相后再进一步学道，不会有对万法之实相颠倒执著染污内心的现象，结果会成为清净的修道。

诸有缘（有实宗）的论师说："布施为利供，亦作施舍行，彼令极生信，无缘处非尔。无有故不缘，抑或非境故？若无坏福德，徒劳而无果。三者佛照见，是故非无境。自心与心所，彼等为自证。"意思是说，（小乘认为）布施以饶益或供养的心态缘对境而发放，能令人极度生起信心，而不缘对境却并非能达到如此效果。如果无有对境而不缘，那么一切菩萨利益众生也成了徒劳无益，因为一切众生不存在之故。实际上也并非无有对境，因为如来已经照见有施主、所施物与受者的缘故。此外（唯识宗论师认为），儿子等所施物、受者与施者的自心与心所均是自证，又怎么会不是对境呢？以上这些辩论无有任何实义，原因是：（中观宗）在世俗中并不遮破因果的缘起。"三者佛照见"与"自证"的说法也是指的在世俗中，而在胜义中由于远离一体多体的缘故，又怎么会有这些呢？

庚二（广说彼理）分二：一、总说因果随存随灭之比喻；二、别说为正见摄持与否之因果。

辛一、总说因果随存随灭之比喻：

清净之因中，所生诸果净，
如正见所生，戒支等清净。
如是因不净，所生果非净，
如由邪见力，所生邪淫等。

一切果均是随着因而存在、灭尽的，也就是相应因而存灭，所以根据因清净与否，果也会成为清净与不清净。换句话说，清净的因中所生的一切果也是清净的。如同“善有善报、恶有恶报”的世间正见中所生的断杀等戒律支以及不放逸支等也是清净一样，随着见解的因，戒律支等果也清净。同理，假设因是不清净的，则由它所生的果也不会清净，如同由持因果不存在的邪见力所导致的邪淫等不善行一样。

辛二、别说为正见摄持与否之因果：

有量妨害故，于事有缘者，
如阳焰等识，尽颠倒分别。
是故彼力生，修持施度等，
如倒我我所，所生力微弱。
于事无缘中，所生广大果，
增因所生故，如良种芽等。

前文中已笼统地说明了果清净与否完全取决于因的道理，接下来在这里宣说有缘的布施等是不清净的资粮、无缘的布施等之举则是清净的资粮。

如果有人想：为什么有缘会导致资粮不清净呢？

下面以正理进行分析：由于有量的妨害，是故万事万物皆不存在，而在事物本不存在的情况下对事物有执著，显然已被颠倒的分别念所染污，犹如将阳焰误认为水或将火烬执为火轮等之识一样，完全是于对境之实相的颠倒分别。由于这般执著事物是颠倒识，是故由实执之见的力量所生而修持布施度等所有波罗蜜多均以障碍法之自性的颠倒妄念所染。譬如说，所有外道秉持将本不存在的“我”执为我与我所之颠倒耽著的坏聚见，由此所生的苦行等不能作为圆满菩提支的正道。同样，具有实执而进行的这种修道也随着错误的心态所转，从而导致力量微弱。与之相反，由对事物无缘中所生的布施等则是为究竟广大佛果而施舍的，因为随着万法之实相无误智慧而转，所以能成熟果报。或者说，由于是能增上的清净之因所生的缘故，就像优良的种子会长出优质的芽与穗等一样。

在缘我的情况下希求圆满菩提的一切善法虽然也会成为遍知佛果之因，但仅是间接成为而并非直接为因，原因是：在没有直接离开我见的情况下不得真实的解脱道。不得解脱的原因也是由于被颠倒之见所染的缘故。本论《自释》中说：“无间不成真实圆满菩提支。”其中无间的意思是指中间需要由经其他途径之义。

所以，以供养与饶益的心愿而慷慨布施如果以三轮体空来发放，则成为所有智者随喜之处，因为这是无倒了达并如理如法而行、不含愚痴成分的善根之故。《摄正法经》中云：“世尊，不见诸法则是真见。”《般若三百颂》中也说：“‘须菩提，于此如何思维？东方之虚空易衡量否？’

须菩提白佛言：‘世尊，否。’……‘须菩提，菩萨不住一切、普皆不住发放布施之福蕴亦不易衡量。’”又云：“须菩提，譬如，有目之人入于暗处时一无所见，如是而观堕入有实法慷慨布施之菩萨；须菩提，譬如，天亮日出后明目之人亲见种种色相，如是而观不堕有实而慷慨布施之菩萨。”

丁二（以赞如是二谛之理而摄义）分二：一、安立二理宗轨；二、对此赞叹。

戊一（安立二理宗轨）分二：一、安立名言真如；二、安立二理双运之道。

己一、安立名言真如：

作为因果法，皆必是唯识，
由自成立法，彼即住为识。

如果有人问：作为如是因果缘起的这些现象，到底是心与心所的本性还是外界的本性？

清辨论师等认为这些是外界的本性，进而将经中所说的“唯识”解释成是为了遮破作者与享受者。

与之不同，本论中承许，成为因与果的法都必定是唯一之识，除此之外无有单独存在的外境，凡是由识自身明确领受而成立的法均安住为识，否则不合道理。

这些显现及识与由识本身感受不可分割，舍弃自己明明感受而成立的本体而了达其他外境是永远无法实现的。假设有这种可能性，那么需要在离开明知的同时来认知外境。但事实上，如果离开了明知（的法相），则无法堪当识的身份。由此可见，识不存在而外境明明存在是绝不合理的，为此成立一切感受均是识本身，如同梦境与魔术等的色相一样。即使色等一切外境在识之外另行存在，但就像眼等[1]一样由于同时不同时都无有关联的因，所以现量不成立。

可见，感受蓝色等实际就是感受与识无二无别的本体，就像感受梦境等的色法一样。

如果对方（经部）认为：感受行相虽然必须是识，而能指点出该行相的外境需要存在，这一点以比量可推。

驳斥：倘若如此，那么由于外境微尘等不存在也可比量推知的缘故，外境存在不应理，你们推断外境存在的观点也仅仅是对现量不成立的隐蔽分以比量推知，而我们的外境不存在以比量与现量感受之心自身而成立，这一点更具有说服力，其他人实在无力推翻。这样一来，也与《密严庄严经解深密经楞伽经》等所有佛经相吻合。

因此，在辨别后得之时，对中观宗来说，在名言中只有承认外境与不承认外境两种而别无其他观点。

己二、安立二理双运之道：

依于唯心已，当知外无实，

依于此理已，知彼亦无我。

1 眼等：指眼根与眼识、耳根与耳识、鼻根与鼻识、舌根与舌识、身根与身识。

依靠了知凡是显现的这一切法唯一是心而外境绝不存在的道理后，应当了达外境无实，随之依靠上述的离一多因之此理而了知心也完全无我、断除一切边离戏中观的本性。《出世品》[1]中云："嗟，佛子了达三界唯心，了达三时亦与心同，通达心亦远离中边。"对于这其中的教义，作者的此颂已妥善地予以了解释。了知（十）方（三时）的一切显现为心，并了知心也是无有生灭之边、现在住之法相中，故为离边。《摄正法经》中也说："世尊，诸法遍计之精华，摄于唯心，不具实体，如幻无根。"

《般若经》中云："如是心者无有心，心之自性为光明。"

戊二（对此赞叹）分二：一、略说；二、广说。

己一、略说：

乘二理妙车，紧握理辔索，

彼等名符实，大乘之行者。

乘着名言唯识宗、胜义中观宗此二理双运之道的大妙车，紧握观察二谛量之无垢理证的辔索不放，这些人由于遵循稀有的妙理，因此称得上是名副其实的大乘行者。

佛陀的大乘包括甚深与广大两个方面。能宣说深广大乘的也就是展示中观与唯识宗义的所有佛经，解释这些佛经之密意的就是龙树菩萨与无著菩萨二大祖师的无垢道轨。而他们的正道并不是偏颇着重强调己方的观点，只不过是分别开显佛经的甚深部分与广大部分两方面而已。因此，如果

1 《出世品》：指《十地经》中的出世品。

已将他们的密意融会贯通，则是真正趋入了甚深广大不偏不倚的大乘，原因是：世尊关于名言世俗谛的安立，染污、清净所摄之尽所有法的教言，归根结底要依赖通达唯识之理；而从色法直至一切种智之间的万法自性抉择为大离戏的最终归宿就是中观。

对于深如大海、广如虚空之二理的大妙车轨，真正不偏不堕而圆满通达无碍者甚至在印度佛教中也是寥寥无几，就更不必说在藏传佛教中了。在印度佛教圣地，各自护持宗轨的当时，这位阿阇黎（静命菩萨）鉴于此种原因深感甚深广大这两种大乘的特法缺一不可，于是将此二理宗轨合而为一，因此这一宗义已远远超胜其他宗。所以，（学修）这样的好论典恰似乘上妙车一般。

那么，到底怎样与妙车相似呢？通常而言，所谓的“乘”如同乘骑，如果驾驶它，便可随心所欲达到目的地。关于其中的大乘，如云：“此乘如空无量殿，得真喜乐最胜乘，乘之度众趋涅槃。”以如虚空般的甚深二十空性、如无量殿般广大的布局严饰，即是所谓的“大乘”。

妙车有四种特点：超胜其他（车辆）；唯为大士所用；无有困难而行；富有精美装饰等。与此相同，此宗超胜各执一方的宗旨；具有深广智慧的大士方能享用；二谛之真如融会贯通而不难成就佛果；富含名言量与胜义量无量理证的喜乐美妙装饰等。因而，此论与妙车相仿。即便依止这样的论典之时，也必须要以理量实地修持论义。本论《自释》中说：圣教如果离开了事势理的比量，甚至对随信者来说也无法满足，更不必说对此论连胜解信也没有的人了。虽然凭借信心而随从圣教，但若与理证脱离，则无法获得由亲身体会而生起定解的满足，如同拼命耽著丰美佳肴与奇珍异宝却不会享用一般。

犹如要控制拉车的马转向何方完全依赖于辔索一样，依靠定解而趋入以事势理成立、不随他转之道，握住观察名言与胜义之理证的左右辔索，由于此等人是以二量的定解而趋入深广意义的，所以获得了名副其实“大乘行者”的称号，因为他们是对具有甚深与广大两个方面的大乘不单单是信受并且凭借二量而生起定解的补特伽罗，所以对于具有大乘，加上主人词“者”而称为大乘者。

如果固执己见地受持不合理的观点而且竭力排斥其他具合理性的观点，则说明他们对佛教根本没有责任心。因此，作为通过具有无垢事势理的途径而随从佛教的诸位智者，应当本着为佛教着想的原则，通过观察而公正如理地进行分析，如云：“论中观察非好争，为解脱故显真理，若有解释真实义，他宗破坏亦无咎。”如此才真正称得上是维护、受持佛法的大德。

己二（广说）分二：一、与众不同之功德；二、依之而生其他白法之功德。

庚一、与众不同之功德：

遍入自在等，未享无量因，

世间首位者，亦未尽品尝。

此真纯甘露，除悲清净者，

如来善逝外，非成他受用。

这样的二理并不是他众的共同行境，即便是堪为世间之最、有聪明才智的遍入天、自在天、梵天与淡黄仙人等一点一滴也未曾享用过；而且不可估量、无边功德之因的此法，甚至是居于一切世间首位、具有出世间道的诸圣者声闻、缘觉也没有完全品尝到；此真正无误实相二谛一尘不染的纯净甘露，除了具有慈悯一切有情的大悲、彻底清净二障之垢者唯一的如来以外，并不会成为他众所受用的。

如果有人想：梵天（舍欲）、遍入天（财神子）、自在天（广目天）等也同样宣说过二理，因而与此相同吧。

完全不同！因为他们所说的只是相似的空性。

（下面介绍他们的说法：）

梵天所说的唯识之理——《密甘露滴论》中说："唯识恒常而清净，如此正觉恒解脱，尽知所谓无取舍，梵天无忧长存住。"这其中的意思是说，唯识之自性的我、无忧无虑的梵天，或者解脱恒常的果位是人们所追求的目标。道：这一唯识之自性是指恒常自然清净、远离无明睡眠的正觉以及解脱贪等束缚，此等即是胜义；而无明与贪等则是倏然性的（世俗）。因此，已经了知除此之外的取舍一概无有，再进一步修行。

此外，同样属于此类观点的淡黄派的论典中说："诸德殊胜性，非为眼见境，凡是目睹法，如幻极虚无。"意思是说，尘、暗、力平衡的主物，即并非眼等所见之境界的自性或主物为胜义，能亲眼见到的色法等一切现象均是如幻虚妄的（世俗）。他们承许唯有识我之士夫才是究竟的果位。

密行派：这一派的教徒将内外的万事万物视为独一无二常有之识的自性，正像他们的论典中所说："如瓶等坏时，瓶内虚空等，回归大虚空，命亦我中摄。尽说色与果，此彼虽不同，虚空无异体，如是命亦空。"他们声称：所谓的色是指外界的色法等，果是内在的身体，如是里里外外形形色色的显现不可能不摄于虚空的自性中，虚空的本性无有异体。同样，（万法）于命或大我的本性中一味一体。所显现的清净不清净之法是无而迷乱，如绳执为蛇或者梦境一般。（此派论中）又云："我分别实有，何时无分别，尔时意无有，无所取无执[1]。"复言："了知吠陀边[2]，视如梦如幻，如乾达婆城，如是见世间，无生亦无灭，无缚无修行，欲解解脱无，此乃胜义性。远离贪畏嗔，究竟吠陀者，见此息戏论，无二无分别。"

归纳而言，以上所有这些宗派均超不出唯识之自性的常我，关于此等不合理之处前文中已论述完毕。他们所声称的"如幻""无分别"等术语对于远离一切戏论垢染的佛经来说，倒是恰如其分，而作为他们宗派本身，尽管如此宣称也只能是攻破自宗而已。

遍入天所说的中观——《五索论》[3]中云："唯名尽超离，断有实无实，生摄定解脱，彼称财神子。实非有实性，无实亦无实，解脱实无实，了彼知吠陀。"意思是说，吠陀或梵天或财神子、胜我是连名言的称呼也已超离、断除色等有实法与无实法、解脱生灭的常法。因此，名言中彼涅槃自性以外的色等有实法，无有真实性，因为它是虚假的缘故。如果有实

1 无所取无执：指无所取故无能取之义。

2 吠陀边：即指究竟的吠陀之义。

3 《五索论》：其中的"索"字在藏文原文是无有重后加字的〖ཞགས〗，但根据此派的观点，本译者怀疑此字为错字，是否应为有重加字的〖ཞགས་〗，请研学者观察。

法不成，则观待它的无实法也会化为乌有。如此认识远离有实无实的那一胜我，即是通达了吠陀或涅槃。

广目天（自在天）所说的中观理——寂静[1]善写的论典《父子品》中说：独子梵天胜谛实，识之自在无边际，凡说唯一有者性，彼即尽说为羂索。这里以呼唤的语气称道：独子梵天，唯有殊胜真如才真实，而其他一切均是虚妄的，所谓的真如实际就是识之自在天，周遍一切，无边无际。尽管原本如此，可是一切士夫却说他是独一无二而存在的本性。认为"他存在"的耽著即是束缚之因，故如羂索，为此称"尽说羂索"。

这些宗派虽然也声称离边，但归根到底，他们心中一直专注着我或梵天等一个边，如此又怎么会是中观理呢？关于这一点已经广破完毕。

大圆满才是最极深奥的法门，难以证悟。因此，如果没有依靠闻思彻底断除对实相的增益，或者不具备甚深窍诀的要点而盲修瞎炼的大多数人都会有与此雷同的危险性。对本来清净未获得定解，而心中只是留恋着一个"既不是有也不是无"的基，终究一事无成。如果执著这样的非有非无的空基本来另行成立，那么无论将它取上不可思议的我、梵天、遍入天、自在天还是智慧等任何名称，都是名异实同。远离四边戏论的实相各别自证之光明大圆满不可能只是限定在这样一个境界中。所以说，依止真实的正道与上师尤为重要。

虽然只是在词句上说如幻、无实、离戏等，但如果没有通过理证引发而生起彻底断定之定解的途径了知如来所说的空性居于诸外道的相似空

1 寂静：根据《中观庄严论难释》中的字面理解，似乎是指外道所供奉的一位天尊。

性之上的道理，则无有任何利益。如果了知了这一点，那么就能理解佛陀所说的这一法理遍入天等丝毫也未曾感受过，他们所说的唯识与中观之观点只是徒有虚名。

由此可见，内外宗派单单从词句上不能区分出差异，而甚深的要点却有着天壤之别。（而且，真正能从意义上将内外宗派区分开来的大德也是为数不多，）正如阿底峡尊者也曾说过：我来到藏地以后，如今在印度，区分内外宗派实在难以做到。在藏地佛教及苯教（在词同义异方面）也与之相同。

上述有关外道之主张的论典中的少许偈颂，在本论《自释》中有记载，（我）依照嘎玛拉西拉论师的《难释》中所说而在此概括性地摘录。

这以上关于颂词中“遍入自在等，未享”的含义已讲解完毕。

接下来介绍“无量因”之义，也就是说，以名言量不可揣测。那么如何不可揣测呢？如来的一束光芒、一个毛孔，从时间与方向两个方面都无法定量谓“仅此而已”，是与法界平等趋入。而能安住于如此不可估量之法性中的因就是通达符合法界、二谛双运的中观理。譬如，从一个角度来说，如来能安住于轮回未空的无量时间之因即是证悟有寂等性[1]的此智慧波罗蜜多。因而，如月光般清净二无我之自性真实空性的此甘露，怙主佛陀在昔日亲自已经完全享用过，依靠此因而具足殊胜的智慧与大悲之微尘积聚的身体，远离一切二障之蕴，成为一切有情的至尊，乃至轮回未空之前

1 有寂等性：即有寂等性加行，智度七十义之一。了知生死轮回与涅槃寂静俱无自性以行修习。

一直住世。如（《现观庄严论》中）云："胜诸有情心，及断智为三，当知此三大，自觉所为事。"唯有佛陀才能永久性彻底根除诸如最为细微的烦恼习气无明习气地、业与蕴苦以及无漏之业、意之自性身、不可思议之死堕，获得远离生灭、常无常、有无等一切边的时方等性智慧身。

如果有人想：为什么将正道称作"甘露"呢？

能令行人获得永久无死的自性，故而才如此称呼。由于除了唯一的甘露以外不含有染污的杂质，完全纯净，故而称为"纯甘露"。

如果有些人这样认为："未享无量因"这一句放在"此真纯甘露"偈颂的前面，难道不是翻译得更妥当吗？

前代的诸位大译师、大智者均是（佛菩萨）故意化现、具有智慧眼的补特伽罗，正因为就连此等句子的顺序也具有要突出的一个内容，所以才如此翻译的。也就是说，以时间为例，佛陀乃至世间流转期间一直住世，而声闻、缘觉并不能做到这一点，他们不能做到的原因也是由于不具备证悟有寂等性的智慧而导致对轮回心怀恐惧，对寂灭存有喜意。再者说，他们不能圆满证得不可思议之佛陀的法（十八不共法），也全部是因为未通达二谛双运中观之此理所造成的。（如此的译文顺序）正是为了表达出诸如以上之类词句中所包含的内容。意思是说，甚至居于世间首位的诸声闻、缘觉也没有享受过（此甘露），那么世间的梵天、自在天、遍入天等就更不言而喻了。

本颂中的"亦未尽……"并非必须加在赞颂的这一场合中，之所以加在此处是为了结合所表达的特定内容而起到加强词气的作用。

“悲清净……”中的“悲”是指佛陀以怜悯一切有情的大慈心指明如实所见之道，大悲心也是所照见远离一切翳垢，即是“清净”。从大悲彻底清净之因所现前的果就是如来。唯有佛尊才能享用二谛的这一甘露。

诸位智者无论讲任何话，绝对是与事势理相关联，因而这里的此句也是为了体现：如来以为他众示道的慈心与清净照见的智慧而指明的这样的无垢正道，是以真正悟入无误二谛之理的因作为前提，所以此二真理并不是佛陀以外他众的境界，这一点以果因可以比量推断……许多要义。然而，这所有词句极有深度，如果要详细表达出隐含的内容来讲，势必导致篇幅过长，因而就此置笔。

庚二（依之而生其他白法之功德）分二：一、于有情生悲心之功德；二、于本师生敬心之功德。

辛一、于有情生悲心之功德：

是故于耽著，倒说宗派者，

随佛诸智士，悲悯油然生。

如来以外的他者无法指明（二谛双运的）此道，是故对于耽著或贪恋诸外道本师颠倒而宣说之非道的宗派者，随学如来教的诸位智士深深地感到他们本想求道反而误入歧途实在可怜至极，想到这一点，强烈的悲悯之情不禁油然而生。

如果这般观察他派的观点，则如同极强的阳光照射到雪片上使之无碍融化一般，外道的主张显然立不住脚，并且了知他们被这种见解所欺惑后，便会更加增上悲心。以此为例，自己在抉择真如的过程中，对由于远离正道而致反复投生三有、无依无怙的众生也会自然而然生起不染些微违品的大悲心，而且会与日俱增，达到无量。大悲心之因就是证悟自他平等性，见到他众处于愚昧的痛苦之中；远离一切悲心之障碍——害心等为主的我执垢染。为此，以因全无障碍的理证也可证实这一点。对于先以悲心的种姓为基础再进一步肩负起利益一切有情的重担并且远离自私自利的作意、相执之垢的人，称为“如来教大悲种姓之家业的承担者”或“肩负重任真正慈悲者”。

任何具有愿他离苦的悲心者，倘若目睹痛苦及苦因增盛滋长，则悲心会如火上加薪般更加增强。所有对胜义法心怀嗔恚者是在造最大的苦因，捕杀鱼鸟等（相对来说）并不是自他的大敌，原因是这些动物即便未被宰杀，（其身）也是如同为风所吹的水泡一般极其无常、对自己毫无益处的有脓身躯，而且所杀的数目也是有限的。而对胜义法嗔恨者，实际上是在损害与乃至轮回未空之前一直住世、以圆满自他利益为庄严、不可胜数之佛陀息息相关的法身，因为对法身之种子——信解真如造成危害之故。因此，经藏中也讲述了舍正法之异熟果极难忍受的诸多情景。正如阿阇黎龙树菩萨所说：“于极深广法，懈怠不修行，自他敌以痴，今谤大乘法。”

不明道理、不事修行的补特伽罗对于如此如此甚深的大乘如是如是恐惧、妄加诋毁，经中也授记说：依赖相应自己凭空想象的相似智慧度而对深不可测的智慧度诽谤说“这不是佛教”等者多有出现。又如《经庄严论》

中云："由小信界伴，不解深大法，由汝不解故，成我无上乘。"正由于大乘法极为深奥，因此对于内心不能接纳并嗔恨大乘的一切众生，我们才更不应该舍弃以大悲心摄受他们的方便法。

辛二、于本师生敬心之功德：

具智财者见，他宗无实义，
如是于佛陀，更起恭敬心。

具有堪为圣财之最的智慧财产者见到置身于此佛教之外的他宗如此无有实义，如是这些善缘智者，深感唯有世尊才能宣说此道，于是对我等本师真实圆满正等觉佛陀更加生起恭敬之心，犹如天气越来越炎热就越来越向往清凉的水一样。也就是说，他宗的观点甚至连劣种愚夫共称的粗大对境也错乱看待，而如来的典籍初中后均善妙，如同上品黄金要经过烧炼、切碎与磨细一样，以现量、比量及无有自相矛盾的三观察而清净，依靠与极度笼罩的轮回不相混杂的智慧对真如无有丝毫错乱或紊乱而照见。对于人间天境为主的一切众生以其双莲足为顶饰的世间上师佛陀出有坏，有自知之明者为什么不生起以不耽著胜义的方式而实修的信心呢？理当生起。

如是从正见中，对有情萌生悲心，而悲心也有唯缘众生之悲心、缘法之悲心与无缘之悲心三种，由正见中生起的是其中居于首位的无缘悲心。对于指明此道的佛陀生起敬意也有清净信、欲乐信与诚挚信三种，其中如国王般的诚挚信一经产生，致使其他两种信心也以从属的方式而起。不退转信与诚挚信只不过是在不被违品所夺的侧面有所差别。经中也说：一切白法的根本就是信心与悲心。如果此二者一一具足，则可获得所有清净法。

在一切缘有寂万法的心当中，缘三有之心没有比悲心更好的，而缘寂灭之心也无有比信心更妙的，如果这二者兼而有之，则此二者双运的菩提心宝自会生起，菩提心是众所共称的“成佛之一法”。如此的世俗菩提心对于真正证悟胜义菩提心的补特伽罗来说始终不会分离而生起。如果无误地见到了万法的实相，则由于远离作意自利之垢，因此为一切不知实相的愚昧众生而希求获得现前实相之佛果的意乐永远也不可能退转。抉择胜义中世俗与胜义这两种菩提心本体无合无离而住是在密宗诸续部中出现的。由此可知，空性与大悲双运即已究竟经行地道，获证自利之法身、他利之色身二身双运果位，乃至虚空际事业不间断，而在无有勤作之中犹如摩尼宝珠或如意树般赐予一切众生暂时与究竟的如意所需。虽然二身从主次的角度而安立谓“自利”与“他利”，但实际上就是本体双运、不可分离的智慧身。如本论《自释》中云：“先觅真实智，了达胜义已，于劣见罩世，生起悲心后，成利众勇士，精通菩提心，智悲作严饰，真持能仁行。”意思是说，首先抉择真如再依此引发大悲心，趋入圆满菩提。此释又云：“随从真信心，发圆菩提心，奉行能仁行，彼勤觅真智。”按此处所说，先以悲心引发而发菩提心，再寻觅希求菩提不可或缺的真如本性。趋入菩提的途径有以上两种。无论如何，世俗与胜义两种菩提心宝相辅相成、密不可分是诸法的必然规律。

丙四（尾义）分二：一、著跋；二、译跋。

丁一、著跋：

中观庄严论颂，是由抵至自他宗派之大海彼岸、顶戴圣者语自在文殊菩萨无垢足莲花蕊的静命阿阇黎撰著圆满。

意思是说，作者对世间出世间宗派为主浩如烟海的无量学问无所不知，于真实文殊菩萨前聆听过正法。所谓的“圆满”是指本论无不齐全之义。

丁二、译跋：

印度堪布色燃札哦德即天王菩提与大译师智慧军由梵语译成藏语，复对句义进行校勘，终以讲闻方式而抉择。

宗喀巴大师认为本论的颂文与散文均是正文，这是因为，释文也是大祖师（静命菩萨）的亲口之语，具有值得品味超群绝伦的深刻含义，如果能将正文与释文一并讲闻，是最好不过的，为此才说均是正文。这种说法也无有意义上的相违之处等。毋庸置疑，大尊者（宗喀巴大师）具有为佛教着想的特殊必要。然而，一般来说，此论并非是时而以偈文宣说、时而以散文宣说的韵文而绝对是颂文的意义再度以释文来诠解，这样才是恰当的。（作者考虑到）如果《自释》按照真正释文的风格来诠注本论，会使文字过多，以致他人难以研学，因此并未（对正文颂词）逐字逐句加以解释，可实际上释文的所有要点已全部明确地诠解了。依靠此释也能品尝到释文本身词句的一切意味。

如果再参阅《自释》与《难释》，那是最好的。

乙二、如是分析之必要：

如是具有许多殊胜功德的此论（有法），进行注释讲解大有必要（立宗），因为可获得共不共特殊利益之故（因），犹如擦拭如意宝一般（比喻）。

其中共同利益：如果能以理证引发生起定解的方式受持如是佛经的这些无垢密意，则有希望获得受持二理所摄的整个大乘的功德，原因是：最殊胜的受持妙法就是证法，受持证法唯一是自己如实证悟后再进一步实修[1]。如是以无垢理证遣除对清净法界的一切颠倒分别后，可根据自身的证悟为他众宣说，关于这其中的功德，《三摩地王经》云："谁能宣说此等持，彼终无疑证菩提，具有殊胜福德蕴，何者无量不可思。除世间师佛导师，自生大悲尊者外，彼下大千诸有情，福德无与伦比者，凭借不可思议智，堪为平等终无有……"应当以此为例而了知。

不共利益：与至尊文殊菩萨本体无二无别的这位大祖师，将佛教的璀璨白光普照谁也难以调化的我们这片藏地雪域，以此宏愿与大悲的缘起特殊加持我们诸位有缘者。尤其是集文字简练、理证尖锐、富说服力于一体的这样的论典甚至是印度的其他论典也罕见，（更不必说其余地方的论典了）对此多费口舌又有什么用呢？犹如金子的光泽与糖的味道一样，对于多闻论典、具有深广智慧的诸位来说，（此论的殊胜性）是现量成立的。此外，也有能极速打开智慧、随念这位怙主的恩德而感恩图报等必要。

萨迦班智达亲言："勤戒胜士具德静命尊，禁行成就莲花生大士，智慧之王莲花戒师等，乃浊世时第二大佛陀。"

---

1 此句的意思是说：以理证引发生起定解的方式受持佛经之无垢密意者一定会实地修持自己所证悟的意义，故有希望获得受持整个大乘的功德。

宗喀巴大师也曾如此赞言："文殊菩萨亲摄受，抵自他宗之彼岸，获证甚深之意义，具德静命尊前礼。彼怙雪域首树立，佛教之时善创造，龙树宗兴之缘起，令今信解深中观，受持之人不断现。是故智王彼之论，我等弘扬莫衰灭，报恩之供最无上，智慧无边如虚空，无缘悲心极猛烈，所引中观庄严论。若享此理之喜宴，如顶饰宝高高居，多世理道百辛劳，众通破立辩智首。尽除一切邪说众，印度亦罕如此法，由吐蕃王所迎请，噫呀！我等藏民真荣幸。情不自禁心澎湃，沉浸稀有快乐中。"所有的赞叹都是了知所赞的对境殊胜功德（才有感而发），这也是赞叹者本身生平非凡的果因，就像如意宝的价值只有具有福德智慧者才能识别一样。

此外，诸多遗嘱的古书中记载，乃至有诚信、受持大亲教师之宗者存在期间，雪域佛法的光芒不会隐没。

关于智悲力的主尊伟大亲教师菩提萨埵亲口的言教，在殊胜大乐洲（秋嘉德钦朗巴）的伏藏品中明确记载道："佛教此珍宝，我于雪域弘，凡随学我者，受持佛胜教。赤松德赞王，至尊莲花生，菩提萨埵我，所颁之法令，有情需奉行。佛教极衰落，众生悲惨时，祈求本师悯，屡屡祈祷吾。外持净戒律，内修菩提心，得密宗成就，杨柳刹成佛，与密主无二，化身护藏教，故定得加持。善造且承侍，佛像佛经塔，有缘塑吾像，宣遗嘱发心，迎请前空中，礼供赞祈祷，净戒得善妙。明观自心间，修成菩提心，持佛慢无二，僧聚得成就……"正如这其中所说，（凡与静命菩萨结缘者）具有利于末法时期佛教之缘起等诸多殊胜必要。

此言：

胜乘宽敞妙宅之中深明智美女，
多论饰品装点净心动眸而睨视[1]，
同时锐智手指弹奏二谛理琵琶，
为令文殊师喜献上善说之歌曲。

呜呼于诸词繁义寡藏地之论典，
久经努力苦研无法解开怀疑网，
难比赐辩除疑胜论利如文殊剑，
思不敬受此等何缘令我增怜悯。

故无名闻利养心，遵师嘱依敬佛陀，
及佛妙法纯净意，以理诠释胜理道。

如来法理如虚空，有学圣者亦难测，
凡愚我者何须说？故若有过发露忏。

依善教证珍宝光，睁开理证之明目，
见妙理宗所撰著，善根洁白如秋月。

愿于四无碍解门，如此甚深妙理论，
自通达后授他众，成就语狮子禁行。

愿讲闻诵此论者，心入文殊欢喜光，
法王静命之自宗，不失兴盛诸时方。

1 睨视：媚眼斜视。

托出诸派之密要，明示一切细奥义，
如此理道与何心，相应即是语狮尊。

见此妙论胜宝饰，夸大其词之他论，
能增童慢假饰品，自诩美意何不弃？

祈愿心莲绽放堪钦文殊尊，
无二无别容光尽除愚痴暗，
同悯普天众常如空于此世，
奋击净如虚空深法之妙鼓。

恐怖浊世日光隐没黑暗极笼罩，
然佛菩萨发心明如晴空千万月，
愿诸无垢佛经注疏依讲修事业，
弘法利生善妙光芒普照诸世界。

此《中观庄严论释》，也是源自集师君三尊之大悲于一体、一切智者成就者之王、真实文殊菩萨化现为比丘形象、对我等恩德无量、无与伦比之殊胜导师、美名飞幡遍扬世间、尊名难言的嘉扬钦哲旺波上师照见如上所述为主的诸多必要，赐予我印度佛教、藏传佛教中有关（《中观庄严论》）的注疏资料，并嘱咐道：“请你细致参阅，作一注释。”当此金刚言教落到头上时，我只有毕恭毕敬接受，可是对于我这样智浅的人来说，实无著写如此微妙之论释的能力，正当依靠至尊上师之加持而使写作才华稍得增上之时，前译自宗大尊者班玛（多吉）也以“认真撰写”之语激励。作者吠陀名称为嘉花吉波让当措雄雅毕给萨（义为文殊欢喜自光莲蕊）的我于自寿三十一岁火鼠年（公元1876年）藏历三月初三开始，于每日上午座间连续撰写，至该月二十四日圆满完成。

本人曾依靠顶戴无等至尊钦哲旺波足下之力而得少许智慧、复承蒙了义大金刚持旺钦吉绕多吉、精通五明的大智者噶玛·阿旺云丹嘉措、佛子智者之王晋美秋吉旺波（华智仁波切）等诸多大德恩育而对佛法稍得信心之微光。完成此释后再次于依怙至尊上师前幸得净相近传[1]的甚深传承，于是立即在二十一日内为八吉祥数目戒律清净的三藏大师传授，在此期间又稍作校正。以此愿成为如来日亲的自宗真理狮吼声恒常震撼一切世间界从而无余摧毁恶魔、外道、边鄙蛮人等对方的辩才致使佛法如意宝于一切时空兴盛之缘起。愿吉祥！

嗡索德！
佛智文殊菩萨尊，化披袈裟之形象，
善树佛法之胜幢，祈愿法王静命胜。

依彼锐智大海中，善说百日之光明，
永尽三有之黑暗，佛教宗旨一庄严。

百千智成就者慧，屡持理道狮子吼，

1 净相近传：指在清净的境界中得到的近传承。

不断传遍佛法地，皆大欢喜众吉祥，
时光流逝讲闻此，暂时似乎已休息，
依三部主集一体，除浊世衰教众怙，
嘉扬钦哲旺波尊，美名飞幡飘世间，
依彼发心深加持，欢喜言教之光芒，
显密教法普圆满，讲修无垢之道轨，
一如既往复弘扬，今尝佛法甘露味。

胜乘大中观理要，依于如此善妙论，
为增定离怀疑暗，智士妙慧之光辉，
甚深中观庄严论，浅显易懂此注释，
无尽法雨得刻印，亦乃无等师事业。
以此善愿三地众，解开深广慧藏已，
以讲闻著佛法藏，庄严一切世间界。

佛教圆满强壮身，具锐理轮之大象，
依此善说天人乘，祈愿佛法胜诸方。

此刻印愿词，依至尊上师恩德之阳光哺育的文殊欢喜（麦彭仁波切）造。善哉！萨瓦达嘎拉雅囊巴芭德（义为愿克胜诸方，增吉祥）！

公元二〇〇四年八月三十日
译毕于喇荣圣处五明佛学院

七十空性论略释

龙树菩萨 造颂
先潘囊瓦尊者 著释
索达吉 翻译

梵语：新大撒哲嘎嘎那玛

藏语：东巴涅抟解波测雷额许瓦西夏瓦

汉语：七十空性论颂

敬礼曼殊室利童子！

（原译：敬礼曼殊室利智慧萨埵！）

生住灭有无，以及劣等胜，
佛依世间说，非是依真实。

生、住、灭、有、无，以及低劣、平等、超胜之类的这一切法，都是出有坏佛陀从世间名言的角度而言的，而不是从真如法性的角度而言的。

无我非无我，非故无可说，

一切所说法，性空如涅槃。

如果对方提出：难道人们津津乐道的诸如“我”等之类的法真的不存在吗？（如果真的不存在，）则因为“无我”的概念可得的缘故，所以我也就毋庸置疑地真实存在了。

无我以及非无我，也因为有我、我以及无我被否定了的缘故，所以无可诠说。为什么呢？因为一切所说之法，都如同涅槃，诸法的自性都为空性。

一切法自性，于诸因缘中，

若总若各别，无故说为空。

如果对方问道：像这样的（诸法自性为空）的说法，究竟是如同国王下达的圣旨一般，（以强权相威胁而必须服从，）还是因为通达“一切万法自性皆空”确有其理证呢？

一切诸法的自性，无论是在因缘、各个因缘的聚合[总]、分散的任一法[各别]上都不存在。既然如此，所以就只能说一切诸法的自性为空。

有故有不生，无故无不生，

违故非有无，生无住灭无，

另外，由于法已经存在，所以已有的法不可能从因法而生。因为我们都承许“有法正存在”的缘故；由于不存在的缘故，无有的法也不可能从因法而生；由于（二）法相违的缘故，有无二者兼具的法不可能生；同理，也由于（二）法相违的缘故，有无二者皆非的法也不可能生。

这样一来，因为生法不存在，住法与灭法也就不可能存在了。

已生则不生，未生亦不生，

生时亦不生，即生未生故。

如果对方提出：佛陀在经书中也说过，有为法具备生、住、灭三种法相。

并且，在正当产生之时也可以示现生法，因此，生法必定存在。

已经产生的某法，不可能是所生之法，因为已经产生过了的缘故；尚未产生的法，也不可能是所生之法，因为还没有产生的缘故；又因为在已生和未生之法以外，不存在其他的法，所以正在产生的法也不会是所生。

有果具果因，无果等非因，

非有无相违，三世亦非理。

另外，因为从因法的角度来说不应理的缘故，所以也不会有生：

首先，如果果法已经存在，则不需要因法，既然如此，具备果法的因法也就与非因法毫无二致了；其次，如果果法不存在，则因法也就不会有作用，没有作用的因法与非因法也是完全等同的；如果果法既非有也非无，则成了相违之法位于同体的法（，所以也不合理）。

还有，如果从三时的角度进行分析，因法也不合理。为什么呢？

因为，如果因法在前面，那么（所谓的因法）又是谁的因呢？如果因法在后面，则因为（果法）已经成立的缘故，又怎么会需要因法呢？如果因果位于同时，（那么请问，这种同时所生的因果，）究竟谁为谁因？谁是谁果呢？因此，从三时而言因法也不应理。

无一则无多，无多亦无一，

以是一切法。缘起故无相。

如果对方提出：因为数字是应理的，所以一切万法不应该是空性。既然存在一、二以及许多之类的数字，而（这些）数字却必须因诸法的存在才可能合理，因此，一切万法不应该是空性。

如果所谓的一不存在，则不可能存在多；反之，如果多不存在，则一也不应该存在。因此，自缘而起的诸法，是不会有相的。

缘起十二支，有苦即不生，

于一心多心，是皆不应理。

如果对方提出：佛经中曾广说过缘起能生苦果的道理，演说佛法的各大传教者，也宣说过一心以及多心。既然如此，诸法就不应该是空性。

（佛经所说的）由十二缘起［有支］所产生的苦果，其自性本为无生。因为因果不可能俱生，所以一心之说不合理；又因为前前支已经息灭，则不应该为后后支之因，所以多心之说也不合理。因此，（缘起之苦果）不会有生。

非常非无常，亦非我无我，

净不净苦乐，是故无颠倒。

我们还可以对无明[十二有支之第一支]之缘——颠倒[常、乐、我、净]进行观察：

因为互相观待的缘故，所以既不会存在常，也不会存在无常；同理，我与无我不会存在；净与不净不会存在；乐与痛苦也不会存在。因为这一切法都是互相观待的法，所以，四种颠倒就不可能存在。

从倒生无明，倒无则不有，

以无无明故。行无余亦无。

既然四颠倒不存在，那么由四颠倒而产生的无明也就不可能存在；既然无明不存在，则诸行也就不会产生。这样一来，其余的识等有支也就可以依此类推（，并从而得出不存在的结论）。

离行无无明，离无明无行，

彼二互为因，是故无自性。

另外，在诸行不存在的情况下，无明也不会产生；反之，在无明不存在的情况下，诸行也不会产生。因为互相为因而生的缘故，所以其二者的自性也无法成立。

自若无自性，云何能生他，

以缘无性故，不能生于他。

既然本身的自性都无法成立，又怎么可能产生他法呢？自身本体无法成立，尚且需要依靠他法而成立。但是，即使依靠他缘，也不应该产生[成立]（，因为无有本体的缘故）。

父子不相即，彼二亦非离，
亦复非同时，有支亦如是。

因为父亲并不是儿子，儿子也并不是父亲，其二者既非互不观待，其二者也不是位于同时，所以父亲与儿子都不可成立。同样，十二缘起的产生也是如此。

梦境生苦乐，彼境亦非有，
如是缘起法。所依缘亦无。

还有，如同依靠梦境而产生的苦乐，以及苦乐二者的对境并不存在一样，如果是依靠某法而产生的，那么，这种缘起法，以及所依之缘都不可能存在。

若诸法无性，应无劣胜等，
及种种差别，亦无从因生。

如果对方提出：倘若诸法的自性都不存在，那么低劣、平等、超胜之法，以及形形色色的众生也就无法成立，还有，从因缘而生的观点也绝不可能成立。

有性非缘起，若非缘起法，
无性云何成，实无实亦然。

（原译：有性不依他，不依云何有？不成无自性，性应不可灭。）

如果诸法的自性成立，则不应该是缘起之法；如果不是缘起之法，无有自性又怎么成立呢？因此，诸法的有实与无实都不可成立。

无中云何有，自他性及无，
故自性他性，性无性皆倒。

（原译：自他性及灭，无中云何有？故自性他性，性无性皆倒。）

如果对方提出：因为不可能不依靠“自法、他法以及无实”之类的概念，所以诸法不应该是空性。

如果不存在自性，那么“自法、他法以及无实”又怎么可能成立呢？因此，“自法、他法以及无实[无性]”之说，完全是颠倒荒谬的。

若诸法皆空，应无生无灭，
以于性空中，何灭复何生。

如果对方提出：倘若一切万法都为空性，则既不可能有灭，也不可能有生。以本体而空的法，怎么可能有灭，又怎么可能有生呢？生灭二者都不可能成立。

有无非同时，无无则无有。

（原译：生灭非同时，无灭则无生。）

一切万法绝对是空性。为什么呢？因为，诸法的有实与无实不可能位于同时，如果无实不存在，则无法观待无实的有实也不可能存在。

应常有有无，无无则无有，
无有亦无无，不从自他生，
是故有非有，无有则无无。

（原译：应常有生灭。无生则无灭，无生时无灭。不从自他生，是故生非有，无生则无灭。）

如果（有实无实）位于同时，则有实无实二者就应当恒常存在。但是，如果没有无实，则不会有有实；反之，如果没有有实，也不存在无实。

诸法既不可能从自己而生，也不可能从他法而成。因此，如果有实不存在，则无实也就无法存在；既然无实也不存在，又有什么法会存在呢？（任何法都不可能存在！）

有有性应常，无者定成断，
有性堕二失，是故不应许。

（原译：有生性应常；无者定成断。有生堕二失，是故不应许。）

如果有实存在，则成为了恒常；如果承许无实，则必定会有断灭的过失。如果承许诸法实有，就会堕犯以上两种过失之一。因此，我们不应该承许诸法为实有。

相续故无过，法与因已灭，
此如前不成，复有断灭过。

如果对方提出：因为有相续的缘故，所以没有常断之过。因法在给予果法以因法后，因法的本性就已经毁灭。（因为存在相续，所以不会断灭；又因为因法会毁灭，所以也不会堕入常见。）

正如前面所说的，有实与无实二者不可能处于同时一样，（你们所承许的这种因果，）同样不可成立，仍然有（堕入常边与）断灭之过。

佛说涅槃道，见生灭非空，
此二互违故，所见为颠倒。

如果对方提出：由于现见生灭，佛陀才宣说了涅槃之道。因此，诸法不应该为空性。

因为生灭二者是互相抵触的法相，所以，“现见生灭”之说完全是颠倒错乱的。

若无有生灭，何灭名涅槃，
自性无生灭，此岂非涅槃。

如果对方提出：如果没有生灭，又会因什么法的寂灭而获得涅槃呢？

如果自性既无生也无灭，难道还不是涅槃吗？

若灭应成断，异此则成常，
有实与无实，涅槃皆不许。

（原译：若灭应成断；异此则成常。涅槃非有无，故无生与灭。）

还有，如果承许以寂灭而获得涅槃，则成了断见；如果承许涅槃另外存在而不会有毁灭，则又堕入了常见。因此，无论有实还是无实，对于涅槃而言都不合理。

灭若常住者，离法亦应有，
离法此非有，离无法亦无。

如果对方提出：灭法是存在的，并且恒常安住。

如果有某个灭法会恒常安住，则应该存在于诸法之外，但这是不应理的。因为，如果离开了有实法，则不会有灭法；也正因为离开了有实法，所以无实法也不可能存在。

能相与所相，相待非自成，
亦非展转成，未成不能成。

为什么呢？因为，诸法的事相[能相]，是观待其自身之外的法相[所相]而成立的；反之，（法相）也是依靠事相而成立，不可能依凭自己而成立。事相法相二者，也不可能彼此依靠展转而成。因为尚未成立之法不可能成为未成之法的能成[能立]。

因果受受者，能见所见等，

一切法准此，皆当如是说。

因此，包括因法与果法、受法与受者、能见与所见等等一切万法，都可以参照以上推导进行宣说。

不住相待故，乱故无体故，

无性故三时，非有唯分别。

如果对方提出：因为研究时间的学者认为三时存在，所以时间应该存在。

因为（三时）不可停驻，因为（三时）互相观待而成，因为（三时）会相互错乱，因为时间的本体不可成立，又因为安立时间的基础[性]不存在的缘故，所以三时也就不可能存在。所谓三时之说，完全是分别妄念。

由无生住灭，三种有为相，

是故为无为，一切皆非有。

如果对方提出：佛经中说，一切有为法都具备生、（住、灭）等三种法相，与其相违的法，即是无为法。因此，有为法与无为法应该存在。

如果对生、住、灭这三种有为法法相进行观察，则可知其无有丝毫自性。因此，有为法既不应该存在，无为法也不应该有一鳞半爪的存在。

还有，如果承许有为法存在，则因为经不起审慎观察的缘故，所以（有为法）的自性不可能存在。

灭未灭不灭，已住则不住，
未住亦不住，生未生不生。

如果这样承许（有为法存在，那么请问），在毁灭之时，究竟是未灭的法毁灭，还是已灭的法毁灭呢？（但这两种说法都不合理。因为，）首先，未灭的法不可能毁灭，因为尚未毁灭的缘故；其次，已灭的法也不可能毁灭，因为已经毁灭的缘故。同理，已住的法不可能驻留，因为已经驻留的缘故；未住的法也不可能驻留，因为尚未驻留的缘故；已生的法不可能产生，因为已经产生的缘故，未生的法也不可能产生，因为尚未产生的缘故。

有为与无为，非多亦非一，
非有无二俱，此摄一切相。

如果对有为法与无为法进行详细观察，则既不可能是多，也不可能是一；既不可能是有，也不可能是无，还不可能是亦有亦无。而以上情形，已经涵摄了（有为法与无为法）森罗万象的一切法相。（因此，有为法与无为法绝不可能存在！）

世尊说业住，复说业及果，
有情受自业，诸业不失亡。

如果对方提出：众生导师世尊也说过业之存在[住]、业之本体、业之果法，有情承受自（作）之业（果），诸业无有失耗的道理。因此，业与业果是存在的。

已说无自性，故业无生灭，

由我执造业，执从分别起。

佛经中已经说过："诸业无有自性。"所以无生之业也不会失坏［灭］。诸业是从我执而生，而产生诸业的我执又是从分别妄念而生。

业若有自性，所感身应常，

应无苦异熟，故业应成我。

如果诸业存在自性，则从彼业所感的身体就应当成为恒常，身体也就不会成为痛苦的异熟果[1]。又因为是常有的缘故，我也就随之而成立了。为什么呢？因为无常即是痛苦，而痛苦即成无我。（反之，如果是常有，即可因此而成立我。）

由此可知，正因为业无有自性，所以无生；又因为无生，所以不会失耗。

业缘生非有，非缘亦无有，

诸行如幻事，阳焰寻香城。

业不可能从缘而生，也没有丝毫从非缘而生的可能。为什么呢？因为，诸行如同幻觉、如同寻香城、如同阳焰，所以业无有自性。

业以惑为因，行体为惑业，

身以业为因，此三皆性空。

---

1 此处与法尊法师所译的龙树菩萨《自释》说法不同，《自释》译为"彼业应无苦异熟果"，望斟酌。

还有，诸业是以烦恼为因，烦恼与诸行为业的本体[1]，而身体又是诸业的果法。所以，其三者[业之因法——烦恼，业之本体——烦恼与诸行，业之果法——身体]的本体都为空性。

无业无作者，无二故无果，

无果无受者，是故皆远离。

因为果法无有自性，所以业也不可能存在；既然业不存在，则作业者也不会存在；因为业与作者二法都不存在，其果法也就不可能存在；既然果法不存在，则（果法的）承受者也不可能存在。因此，诸法都是远离自性的。

若善知业空，见真不造业，

若无所造业，业所生非有。

如果能真实通达诸业为空的道理，彼人则因现见真如法性的缘故，而不会再造业；如果不会造业，则自业所生之法也就不会存在了。

如佛薄伽梵，神通示化身，

其所现化身，复现余变化。

如果对方提出：这一切是绝对不存在，还是有稍许存在呢？

可以存在。怎么存在呢？

---

1 此处与法尊法师所译的龙树菩萨《自释》说法不同，《自释》译为“诸行从业及烦恼为因而生”，望斟酌。

如同佛陀世尊以神通而幻化出化身，此（幻化出的）化身又幻化出其余化身。

佛所化且空，何况化所化，

一切唯分别，彼二可名有。

如来所幻化（的化身）自性尚且为空性，又何况该化身所幻化的（其余）化身呢？

业与所作等等二者也是徒有其名，这一切都仅仅是分别而已。

作者如化身，业同化所化，

一切自性空，唯以分别有。

同理，作业者如同（佛陀所幻化出的）化身，业又如同化身所化出的其余化身。

因为以自性而空，所以任何点滴的存在都只不过为分别而已。

若业有自性，无涅槃作者，

无则业所感，爱非爱果无。

如果业的自性存在，则因为自性成立的缘故，所以不可能存在涅槃以及自作者而生之业，（因为不存在自作者而生之业，所以作者也就无法存在了）[1]；反之，如果业的自性不存在，则从业而生的果法——贪爱与厌憎也不可能存在。

1 此处藏文原文，与法尊法师所译的龙树菩萨《自释》说法不同，因《自释》观点比较容易理解，故未改偈颂，并将其注释内容加入括号内，望斟酌。

说有或说无，或说亦有无，

诸佛密意说，此难可通达。

如果对方提出：经中曾不吝笔墨地宣说过："诸业存在"的道理，（既然如此，业又）怎么可能不存在呢？

所谓"存在"之说，只不过是假立而有的；所谓"不存在"之说，也是假立而有的；而所谓"亦有亦无"之说，还是假立而有的。

佛陀以密意而宣说的这些道理，是非常难以通达领会的。

色从大种生，则从非真生，

非从自性生，彼无非他生。

如果对方提出：色法是由大种而产生［大种所造］的，（所以应该存在，）既然色法存在，其余非色诸法也应当存在。

如果色法是从大种而产生的，则应该是从非真实或者非自性中产生了色法。

既然色法不是从自性而生，又因为他法不存在的缘故，所以也不可能从他法而生。

诸大种也不可能存在。因为，如果承许大种从法相而生，则法相成立于大种之前的前提也无法立足。

如果法相不成立，则事相，也即大种也无法成立。

一中非有四，四中亦无一，
依无四大种，其色云何有。

在一种色法之类的法中，不可能存在四大种；而在四大种中，也不可能存在一种色法。既然如此，以（原本无有的）四大种为因而成立的色法，又怎么可能存在呢？

最不可取故，由因因亦无，
从因缘生故，因无有非理。

（原译：最不可取故，由因因亦无，从因缘生故，有无因非理。）

还有，因为色法是极其不可执取的，所以不可能存在自性。

如果认为以执取色法所存在的心为因[推断]，并从中可以推知（色法）。但你们所声称的这种作为因的心，也是不存在的。

因为是从因缘而生的缘故，所以这种所谓的因不可能存在，这样一来，色法的存在也就无法以理服人了。

若谓能取色，则无取自体，
缘生心无故，云何能取色。

如果承许以识可以执取色法，则成了自体能取自体。然而，这种事情是不可能出现的，也就是说，以识根本不可能执取色法。这样一来，以自性而空的识[缘生心]为缘所产生的法也就不可能存在。既然所生之法不成立，（以识）又怎么能执取无色呢？（绝不可能！）

以刹那生识，不取刹那色，

云何能通达，过去未来色。

（原译：能刹那生心，不取刹那色。云何能通达，过去未来色？）

如果对方提出：佛经中曾浓墨重彩地宣说过“色法之过去与未来可执”的道理，因此，执取色法应该存在。

以刹那而生的识，是不可能执取这种刹那而生的所谓色法的，既然如此，这种识又怎能通达过去以及未来之色呢？因为不存在的缘故，所以不应该通达。

显色与形色，异性终非有，

不应取彼异，许同是色故。

还有，虽然我们承许显色与形色，但执取色法之说还是不应理。为什么呢？因为，显色与形色在任何时候都不可能为异体，所以不应该存在执取它们为异体的情形。

如果其二者为异体，则因为显色与形色同为色法的缘故，所以不应理。

眼识非在眼，非色非中间，

彼依眼及色，偏计即颠倒。

眼识既不存在于眼根之上，也不存在于色法之上，而在眼根与色法的中间，也不可能存在眼识，因此，依靠色法与眼根所产生的通晓（诸法的眼识），纯粹是一种颠倒之念。

若眼不自见，云何能见色，

故眼色无我，余处亦同尔。

如果对方提出：眼根等诸处是存在的，因为其行境所见等等存在的缘故。

如果眼根不能见自性，又怎么能见到色法呢？因此，眼根与色法二者是不存在自性的。同理，耳根与声音等其余诸处也同样不存在自性。

眼由自性空，复由他性空，

色亦如是空，余处空亦尔。

眼根既以自性而空，也以他性而空；色法也同样以自性与他性而空。耳根与声音等其余诸处也同样为空性。

另外，因为（诸处）是缘起之法的缘故，所以也应该是空性：

因为色法的产生是以因缘而成立的，所以色法应当是缘起之法。而任何以缘起而成立的法，其自性都不可成立。所以，色法的自性应当是空性。

而所谓的他性，也应当是空性。因为，（作为他性的）眼根与眼识也一样（为空性）。（我们都知道，）包含眼识在内的眼根即为有境，而色法即为对境，对境并不是有境。因此，（色法的）他性也应该是空性。

另一种说法为：因为（眼）识是里面的法，而色法却是所作以及外面的法，因为不是里面的法，所以他性应该是空性。

为什么呢？因为眼识是依靠（他法）而产生的。

如何依靠（他法）而产生呢？眼识是依靠所知等等而成立的。凡是依靠（他法）而成立的法，就不会有自性，所以眼识无有自性。因此，所谓“眼识可以执取细微色法等等”的说法，是毫无道理的。

所谓“色亦如是”的说法，也就是说（色法）也与其[眼根或者眼识]相同。就像眼根是以自性以及他性而空一样，色法也是以自性以及他性而空。

为什么色法是以自性以及他性而空呢？正如前面所说：“一切自性空，唯以分别有。”如果审慎观察，一切法都不存在，即是“一切诸法皆无自性”的另一种说法；所谓“空”，即是“不可得”的另一种说法；

因为眼根是缘起之法的缘故，所以是空性，也即为：眼根是缘起而成之法。而任何缘起而成之法，其自性都不可成立，因此，眼根的自性为空性。但是，如果承许他性存在，也不合理。

为什么呢？因为，任何无有自性之法，其所谓的他法又怎么能在何处存在呢？这样的所谓他法是不可能存在的。因此，他性也必然是空性。

还有一种说法为：所谓“他性亦为空”中的“他”，即表示（眼）识，即为“眼根以眼识亦空”的另一种说法。

为什么呢？因为，在眼根上面是不存在眼识的，既然没有眼识，则“具有眼识”的自性就不应该成立，所以，他性也就成为了空性。

若触俱一起，则余者皆空，

空不依不空，不空不依空。

如果一个“处”与“触”共同在一起的时候，其他的法也就成了空性。空性不依赖于不空，不空也不依赖于空性。

三非有自性，不住无和合，

则无彼性触，是故受亦无。

因为自性不住以及不存在[非有]，所以三者的和合也不可能存在。既然和合不存在，则不存在它们之间的“触”，此时，由触而生的受也就不可能存在了。

彼止内外处，而有心识生，

是故识非有，如幻如焰空。

依靠内外各处，从而产生了心识，因为心识是依缘而生之法，所以如同阳焰以及幻觉一般为空性。

由依所识生，是故识非有，

识所识无故，亦无有识者。

而所谓的心识，又是依靠所识而产生的，但所识的自性却并不存在，（所以心识也不可能存在。）[1] 既然所识与心识都不存在，识者也就不可能存在了。

---

1 此处藏文原文，与法尊法师所译的龙树菩萨《自释》说法不同，因《自释》观点有一定道理，故未改偈颂，并将其注释内容加入括号内，望斟酌。

一切无常者，非常无有常，
常无常依性，其性岂能有。

如果对方提出：佛经云：“诸法无常。”既然宣说了诸法无常，其实也就是在宣说诸法不空。（因此，诸法不可能为空性。）

因为一切万法皆为无常，也就是“非常”或者“不存在常有”的意思。如果诸法［性］存在，所谓的常与无常就可以成立。但是，诸法［性］又怎么会存在呢？不可能存在。

爱非爱颠倒，缘生贪嗔痴，
是故贪嗔痴，非由自性有。

如果对方提出：因为佛经中曾广为宣说的缘故，所以贪嗔痴诸法应当存在。

因为是由贪爱之缘、嗔恨之缘以及颠倒之缘，才产生了贪爱、嗔恨以及愚痴的缘故，所以贪嗔痴不可能以自性而存在。

于彼起贪欲，嗔恚或愚痴，
皆由分别生，分别非实有。

（对于同一个对境，）有的人贪爱其境，有的人嗔恨其境，而有的人又对其蒙昧无知，由此可见，这一切都是由分别念而产生的。而分别念本身，又并不是真实实有的。

所分别无故，岂有能分别，

以是缘生故，能所别皆空。

为什么不是真实实有的呢？因为，任何所分别之法都不可能存在。既然没有所分别，又怎么会存在能分别呢？因为所分别与能分别都是从缘而生的缘故，所以其自性都为空性。

四倒生无明，见真则非有，

此无故行无，余支亦如是。

如果能证达真如法性，则不会再有从四颠倒而产生的无明；如果没有无明，则不会产生诸行……依此类推，其余识等有支也就同样不可能存在了。

依彼有性生，彼无此不有，

有无即有为，无为乃涅槃。

（原译：依彼有性生，彼无此不有。有性及无性，为无为涅槃。）

某法以及依靠某法而产生的有实法，不但彼法不存在，从不存在的彼法而生的此法也不会存在。

有实法与无实法二者，即为有为法；而无为法，也就是涅槃。

诸法因缘生，分别为真实，

佛说即无明，发生十二支。

将从因缘而生的诸法，分别执著为真如法性。佛陀就将此作法，称之为“无明”。从无明当中，就产生了十二缘起有支。

见真知法空，则不生无明，
此即无明灭，故灭十二支。

如果能证悟诸法自性为空，则因为现见真如的缘故，所以就不会生起蒙昧无明，这就是无明的毁灭；（因为无明已经毁灭的缘故，）则从已经毁灭的无明中所产生的所有十二有支也一并毁灭。

行如寻香城，幻发及阳焰，
水泡水沫幻，梦境旋火轮。

（原译：行如寻香城，幻事及阳焰，水泡与水沫，梦境旋火轮。）

为什么呢？如果详细观察就可以了知，诸行如同寻香城、如同幻觉、如同阳焰、如同（具眼翳者所见之）毛发，还如同水泡、水沫、幻术、梦境以及旋火轮等等，因此，其自性必然为空性。如果能善加了知（这一切），则不会产生无明。

无少自性法，亦非无有法，
以从因缘起，法无法皆空。

（此偈颂在藏文原版中缺漏。现依据龙树菩萨自释略作解释：如果仔细抉择，则既不可能存在少许具有自性的法，也不可能存在少许无有自性的法。因为有自性的法与无自性的法，都是从因缘而生的缘故，所以全都是空性。）

以此一切法，皆是自性空，

故佛说诸法，皆从因缘起。

因为一切诸法都以自性而空，所以无等善逝佛陀殷重地告诫世人：只有自缘而生、本体为空，并且寂灭一切有无戏论，才是诸法的实相。

胜义唯如是，然佛薄伽梵，

依世间名言，施设一切法。

在胜义中，一切缘起诸法都只可能是自性为空、无有戏论。但薄伽梵世尊针对世间人，依靠世俗名言，假立了纷纭繁杂的一切诸法。

不坏世间法，真实无可说，

不解佛所说，而怖无分别。

既不破坏从世间角度所宣说的诸法，而于真实性中却未曾宣说过任何法。因为不能解悟如来所宣说的这些道理，彼等愚夫就会对（如来）所说的这些无有污垢、不可言说、无有分别、无有法相的境界，生起恐怖之心。

依彼有此生，世间不可坏，

缘起即无性，宁有理唯尔。

虽然不破坏“依靠彼法而产生此法”的世间所成之理，但是，凡是依缘而生之法，其自性都不可能存在。而所谓不存在的自性，“又怎么可能存在呢？”真理必定是这样！

于具信求真，以理类推者，

宣说无依法，离有无寂灭。

（原译：正信求真实，于此无依法，以正理随求，离有无寂灭。）

对于具有正信，精勤寻求真实之义，并且于此所说能以正理类推的人们，（佛陀）又宣说了无所依之法，（以便其）能舍离有性无性二者，从而获得寂灭。[1]

了知此缘起，遮遣恶见网，

断除贪嗔痴，趋无染涅槃。

用这些（诸法）仅为缘起的道理，就能够遮遣一切恶见之网，因为这种人能够断除贪嗔痴的缘故，所以能不染诸垢而获得涅槃。

《七十空性论》，由圣者阿阇黎龙树菩萨圆满撰著完毕，并由译师旬呢却［童胜］、念达马扎［盛称］以及库·尊珠雍中[2]所译之词义善录而成。

依照前译派译师意西得［智军］等所译之（龙树菩萨）自释本所作之此释文，是由前辈诸大菩萨译师之敬随者——贫僧先潘曩瓦恭书而成。愿吉祥！

重校于 2007 年 12 月 11 日

1 此处与法尊法师所译的龙树菩萨《自释》说法不同，《自释》中为“若成就正信勤求真实，于此所说都无所依之法，能以正理随求、随欲者，则能远离有性、无性而得寂灭。”望斟酌。

2 库·尊珠雍中：阿底峡尊者三大弟子之一。